2011年度教育部哲学社会科学研究重大课题攻关项目招标课题《马克思主义文化理论发展研究》（项目批准号：11JZD003）阶段性研究成果

马克思学说体系研究

王清涛 著

The Study of the System of Marx's Theory

中国社会科学出版社

图书在版编目(CIP)数据

马克思学说体系研究／王清涛著．—北京：中国社会科学出版社，2014.5
ISBN 978 - 7 - 5161 - 4390 - 2

Ⅰ.①马…　Ⅱ.①王…　Ⅲ.①马克思学—研究　Ⅳ.①A81

中国版本图书馆 CIP 数据核字(2014)第 126188 号

出 版 人	赵剑英	
选题策划	田　文	
责任编辑	夏　侠	
责任校对	王海楠	
责任印制	李　建	

出　　版	中国社会科学出版社	
社　　址	北京鼓楼西大街甲 158 号（邮编 100720）	
网　　址	http://www.csspw.cn	
	中文域名:中国社科网　　010 - 64070619	
发 行 部	010 - 84083685	
门 市 部	010 - 84029450	
经　　销	新华书店及其他书店	

印　　刷	北京市大兴区新魏印刷厂	
装　　订	廊坊市广阳区广增装订厂	
版　　次	2014 年 5 月第 1 版	
印　　次	2014 年 5 月第 1 次印刷	

开　　本	710×1000　1/16	
印　　张	15.5	
插　　页	2	
字　　数	250 千字	
定　　价	47.00 元	

凡购买中国社会科学出版社图书,如有质量问题请与本社联系调换
电话:010 - 64009791

序

　　摆在读者面前的这部学术著作——《马克思学说体系研究》，是王清涛博士在其博士学位论文基础上修改而成的。作为作者的导师，我想谈谈该选题的由来和成书过程，也许是有意义的。

　　我本来学的是哲学专业，研究重点是马克思主义哲学。20世纪90年代末，由于工作的需要到山东大学马克思主义学院从事马克思主义理论教学与研究工作。在工作中我发现，当下马克思主义理论研究中，分门别类的研究，特别是分学科的研究，比如马克思主义哲学研究、马克思主义政治经济学研究和科学社会主义研究等，比较突出，可以说蔚然成风，成果也比较丰硕。相对而言，把马克思主义作为一个整体来研究，则是一个薄弱环节。这种情况，马克思主义研究存在于其他学科、专业学院中是可以理解的。但是，在当时的"马克思主义理论与思想政治教育"学科的研究中也广泛存在。这与马克思主义理论学科的特点是不完全吻合的。因此，如何从整体上研究马克思主义理论，是摆在马克思主义理论学科建设面前的一个重要问题。如果说，解决这个问题，在马克思主义理论成为一级学科之前就有必要，那么，在此之后，就更加迫切了。基于以上情况，我提出把从整体上研究马克思主义作为该学科研究的主攻方向，并建议开设一门体现马克思主义整体性研究的新课程——"马克思主义学研究"。这一意见和建议得到本人所在单位同事的一致认可。因此，从2000年开始，我们学院调整了研究生培养方案，为硕士生和博士生开设了"马克思主义学研究"，并把马克思主义整体性作为研究的重点。马克思主义的整体性研究涉及诸多方面，其中，马克思主义理论体系的整体性研究是一个基本的首要的方面。马克思主义理论体系的整体性研究本身又是一个复杂的问题，这一问题的解决，需要开展多方面的工作。众所周知，马克思主义是发展的学说。在马克思主义发展的历史进程中，产生了马克思主义理论的多种形态。如马克思主义（狭义上的）、列宁主义、毛泽东思想、中国特色社会主义理论体系，等等。这些理论形态，都有相对独立的理论体系。研究马克思主义理论体系的整体性，不能不研究这些相对独立的马克思主义理论形态的体系。其中，作为马克思主义原创形态的体系研究，即马克思的思想体系，也就是列宁称之为马克思学说体系的研究，又是首先应进入研究视野的。因此，当王清涛开始博士生学习的时候，我们就商定，以马克思学说体系研究作为他的博士学位论文的选题。

马克思学说博大精深，就像一座巍峨屹立的高山，把马克思学说作为一个整体来研究，这无疑需要大无畏的学术胆量和勇攀高峰的勇气。一旦选择研究目标，清涛就矢志不渝、不畏艰难地投入到研究之中。难能可贵的是，在社会上弥漫着学术浮躁、急功近利、短期行为等不良风气的情况下，他能够静下心来，潜心学问，认真研读马克思主义的经典著作，缜密梳理学术前沿成果。清涛经过三年的研读文献，独立思考，精心写作，反复修改，终于完成了博士论文，并顺利地通过了论文答辩。期间，他从逻辑结构和内容结构视角切入马克思学说体系研究，并取得一定成果，许多阶段性成果在学术期刊上发表，并在一定范围内引发学界反响。在我为本学科研究生讲授"马克思主义学研究"的课堂上，曾让他以学术专题形式介绍了自己研究马克思学说体系的情况及其成果，给大家诸多启迪，深受同学们的欢迎。博士生毕业后，在紧张的工作之余，他继续加强这方面的研究，对博士论文进一步修改、完善，终于有了这本著作的出版。

概括地说，作者在马克思学说体系研究方面得到以下一些基本认识：

其一，马克思学说是一个内涵丰富、结构严谨的科学体系。马克思从现实的人出发，通过揭示存在于现实的人自身之内的矛盾，从而发现了现实的人的内在矛盾是人类社会发展的动力，这一矛盾也是其学说展开的内在动力，而现实的人的内在矛盾的解决——人的解放也就成了马克思学说体系的逻辑主线，全部的马克思学说体系就是围绕人的解放这一主线的逻辑展开，现实的人通过由低级到高级的人类历史的实践活动，最终完成人与人的真实的本质的统一，实现人的本质的复归。整个马克思学说体系就是从现实的人出发，通过人的实践活动，最终达到全面发展的人，马克思学说体系就表现为一个正、反、合的逻辑结构。马克思学说体系以人的解放为主线通过否定之否定逻辑构筑成完整的大环，这个大环包含着若干低一层次的小环。围绕人的本质，马克思开启了他的哲学视界，在现实的人的本质的构筑过程中，马克思发现了唯物史观，以唯物史观为基本原则，马克思对资本主义社会否定人的本质作了彻底的批判，这部分内容展开为马克思的政治经济学，马克思还以唯物史观为基本原则揭示人类历史的发展规律、发展道路，对未来社会加以构想，从而构筑了科学社会主义理论体系。

其二，马克思是在批判旧世界中发现新世界的，马克思正是从现实的矛盾出发揭示现实发展的趋势及其条件，正是在对旧哲学、政治经济学的批判中发现了唯物史观和剩余价值学说，即在批判旧世界中发现新世界，马克思是在批判中建构其学说体系的，批判是马克思学说体系产生的根本路径。马克思学说是一个严密的逻辑体系，对人本质的揭示及人的解放道路的探索是马克思学说的主题。马克思对人本质的构筑经历了一个从抽象的人出发，经过对人本质的异化的揭示最后到达现实的人的层层深入的三个阶段，这三个阶段表现为一个正、反、合的辩证过程。现实人的本质的内在矛盾是人类历史发展的动力，也是马克思学说展开的内在动力。人类历史发展的必然趋势和马克思学说展开的逻辑结论就是对导致人本质异化的社会关系的克服和全面发展的人的实现。

其三，现实的人是马克思学说体系的逻辑起点，全面发展的人是马克思学说体系的逻辑终点，而革命的实践则是贯通马克思学体系说体系的逻辑起点、逻辑终点的逻辑中介。马克思学说体系的逻辑起点、逻辑终点和逻辑中介的准确定位是构筑科学的马克思学说体系的前提，也是确保马克思主义发展一脉相承的基本准则。

其四，要真正理解什么是马克思学说体系，什么是马克思学说体系的根本属性，不仅需要弄清马克思学说体系的基本原理和具体结论，还必须搞清楚马克思学说体系赖以产生的最根本的思维方式，即弄清马克思学说体系的生成方式是什么。在马克思学说体系这一鸿篇巨制之下起支配作用的是他的思维方式。对马克思学说体系思维方式的寻找其实就是在找寻马克思学说的"理论框架"，这个"理论框架"当属马克思学说的"元哲学"。一门哲学的元哲学应当规定着这门哲学的对象、属性和功能，辩证法是马克思学说体系的元哲学，辩证法是马克思学说体系产生的根本方式，是构筑马克思学说整个体系的内在原则，是决定马克思学说永恒在场的根据。《哲学的贫困》揭示了马克思全部学说产生的秘密——辩证法，马克思全部学说就是以辩证法的形式逐层次展开的学说体系，这一按照历史顺序依次展开的立体形态就是马克思学说体系的历时态结构。共时性研究和历时性研究是马克思学说研究的两个基本维度，共时性研究以系统性和整体性为手段，得出的结论是二维的平面化的马克思学说原理体系；而历时性研究则专注马克思学说体系在不同时期的结构形态以及它们之间的逻辑演进关系，构筑的是马克思学说的立体结构。马克思学说就是通过辩证法建构起来的历时态结构，这一结构按照历史顺序依次展开为五个层次，其主题统一，逻辑递进，思想前后承接。每一个层次分别从各自最初的抽象上升而成具体的形态，五个层次共同构成马克思学说的立体结构。

其五，正确建构马克思学说体系，必须进行共时性研究，共时性结构所勾勒出的是马克思学说体系的宏伟框架。共时性研究是相对于历时性研究而言的，二者分别从静态与动态、横向与纵向两个维度考察社会结构及其形态以及文化理论结构与形态。共时性研究侧重于研究对象系统以及系统中要素间相互关系为基础，重在把握对象的结构，而历时性研究则侧重于对象运动的过程，以过程中的矛盾运动发展的规律为基础，把握过程的形态。共时性研究与历时性研究是辩证统一的关系。对马克思学说的层次性结构的正确划分是马克思学说体系共时性研究的重要内容，是重建马克思学说整体性的前提。对马克思学说体系层次性的解读存在不同范式，结构性解读和功能性解读是已有的基本解读方式，而按照马克思的文本逻辑对其学说的层次性结构进行解读则是马克思学说层次性研究有效的范式转换。马克思文本中有关于其学说层次性理解的逻辑，这是对马克思学说层次性划分的最终根据。在此基础上，马克思学说体系被分为三个层次：第一层次是人，第二层次是唯物史观，第三层次是其科学体系。以辩证法为生成方式构筑的马克思学说体系的宏观结构是共时性研究的又一重要内容，马克思学说体系就是一个建立在辩证法基础上，由正题、反题、合题构成的逻辑圆圈，整个马克思学说体系的正题：马克思的哲学；反题：马克思的政治经济学；合题：科学社会主义。马克思学说体系还包含若干低层次的圆圈，是一层圆圈套另一层圆圈，一层层圆圈环环相扣，共同组成马克思学说体系。

其六，马克思学说是一个庞大的理论体系，包括哲学、历史学、社会学、政治学、经济学、文化学等众多学科领域，从认识论的角度来看，这是一个纷繁复杂的理论体系，但从价值论的角度来看，整个马克思学说体系存在一条基本的思想路线和一条非常清晰的逻辑主线。要全面深刻地把握马克思学说体系，必须认真剖析这条逻辑主线，只有如此，才能科学、严谨地理解马克思学说体系。从马克思学说体系本身的逻辑结构来看，从马克思学说体系的内容结构来看，都存在这样一条主线，这条逻辑主线，就是人的解放。

其七，现实的人是马克思学说体系的逻辑起点，对现实的人的正确认识是科学理解马克思学说体系的基本前提。马克思从对人本质的异化形式的批判中发掘人本质的真实内涵，继揭露"法"、"国家"、"宗教"、"抽象的人"是人本质异化的分形式之后，马克思把"一切社会关系的总和"归结为人本质异化的总形式。生成性、否定性、统一性是马克思人本质理论的基本属性，唯物史观的科学性并未终结马克思学说的价值批判功能，马克思学说是真理观和价值观的统一，异化仍然是马克思唯物史观的理论"构件"。前提批判和价值立场应是当下哲学、社会科学建构的出发点。

其八，要深入理解马克思学说体系还必须廓清马克思学说体系的本体论，作为社会理论体系存在的整个马克思学说体系存在统一的本体论，"主体"本体是整个马克思学说体系的本体论。在马克思的理论体系中，"主体"就是"实体"，"实体"上升为"本体"；这与传统哲学"主体"、"实体"以及"本体"之间的转换关系正好相反，在传统哲学那里，"本体"被转换为"实体"，在黑格尔那里，"实体就是主体"。

其九，在解剖马克思学说体系的结构基础上，必须回答马克思学说体系的当代性问题，对马克思学说体系结构的揭示是回答马克思学说体系当代性的前提，马克思学说体系当代性的建构是马克思学说体系结构性研究的价值所在。马克思学说体系从诞生那天起就面对着挑战，这些挑战是多方面的，有来自马克思学说体系自身的问题，也有来自共产主义实践中出现的新情况、新问题所带来的对马克思学说体系科学性的质疑，还有来自当代西方哲学文化思潮对马克思学说体系的诘难。总之，时至今日，马克思学说体系的当代性受到前所未有的挑战。我们究竟是要"告别马克思"，还是要"回到马克思"？是"历史的终结"，抑或

"马克思是我们的同代人"？如何捍卫马克思学说体系的科学性和当代性，是当代马克思主义工作者们所肩负的历史使命。

其十，必须坚定马克思学说体系科学性信仰。马克思学说体系永远是批判现实世界锐利的思想武器——这绝不是独断，这是从马克思学说体系自身的本质属性中生发出的结论。马克思学说体系的主题、马克思学说体系的基本精神、马克思学说体系的生成法则是马克思学说体系在场性的根本保证。马克思学说体系在场性的三大法宝是人的解放理论、批判精神和辩证法。

以上认识，也许并非完全正确或十全十美，也可能不为所有的人所认同、所接受。但确实是清涛几年来对马克思学说体系诚实探讨的结果。这些认识对于我们进一步完整、准确、全面和系统地研究、理解和把握马克思学说体系乃至整个马克思主义理论体系，还是有参考价值的。当然，对这些认识的科学性、真理性及其价值和意义到底如何评价，只有研读本书之后才能正确地作出。在这里，我和作者一样，真诚地欢迎读者朋友提出宝贵的批评意见。我相信，作者会在大家的批评中，进一步加深对问题的理解，并取得新的更好更多的研究成果。

从一定意义上说，作为导师，没有比看到自己指导的学生出版学术著作更高兴的事情了。为在自己多次审阅、指导过的论文基础上出版的著作写几句话，谈谈体会，也是十分自然和责无旁贷的。所以，当清涛博士要我为本书作序时，我欣然应允，就写了以上的话，不一定对，仅供读者参考。

是为序。

周向军

2013 年 12 月 26 日于泉城

目　录

导　论

马克思学说体系研究是当下马克思主义研究中的重大理论课题。马克思学说逻辑结构以及内容结构的研究是马克思学说体系研究的基本前提。导论在回答上述问题的基础上，对围绕马克思学说的几个基本概念及其相互关系进行详细梳理，对研究内容作概括性说明，对本书的叙事框架进行简单陈述，并简要说明笔者致力于达到的理论创新之努力。

一　马克思学说体系的研究意义

在对马克思主义理论体系的认识上，马克思主义经典作家关于马克思主义是由马克思主义哲学、政治经济学和科学社会主义三大部分组成的认识构成了关于马克思主义理论体系结构的基本论断，这一共产主义世界观的判断勾画出了马克思主义理论结构和理论体系的内在逻辑关系，为我们认识和掌握马克思主义基本原理提供了一定的指导性思路。但正是这一基本论断造成了对马克思主义理论的肢解，从 20 世纪 80 年代开始，学界已经认识到这一弊端，许多学者开始在对马克思主义理论体系肢解化批判的基础上重新建构马克思主义理论体系，更有部分学者努力探索仅属于马克思本人的思想理论，马克思学说体系的建构工程开启。

在马克思主义发展史上，有在适应时代和人类社会实践发展的历史背景下对马克思主义的贡献与发展，也出现过迷茫和困境。马克思主义的发展为何有时会走入歧途，为什么有人打着马克思主义的旗号却走上了反马克思主义的道路？其区别的根据就在于有没有真正把握马克思主义的本质，而要真正把握马克思主义的本质，就必须弄清马克思本人的真正思想体系与逻辑，并以之为马克思主义当代发展的指导，以之为甄别马克思主义与非马克思主义的明镜。马克思学说体系的准确定位与马克思主义在当代世界的发展以及马克思主义中国化等都有着内在的关联。

（一）马克思学说体系研究的理论意义

马克思主义有广义和狭义之分，马克思学说也有广义和狭义之别。学界认为：狭义的马克思学说相对于马克思主义来说是既成的理论体系，狭义的马克思学说以马克思本人的文本为基础，它不包括后继者对马克思思想的发挥，因此它是一个稳定的结构，一经生成，就相对稳定，但是，广义的马克思学说因为众多的研究者对马克思学说的不同阐发，使得广义的马克思学说在不同的研究者那里又呈现出不同的形态。随着 MEGA2 的陆续问世，对于狭义的马克思学说的准确、全面的研究也会在此基础上达到一个新的高度，马克思学说体系的建构也将达到一个相对客观、稳定的结构。马克思学说以马克思当时所处的社会历史为背景，以对人的异化的批判为动力，以实践为基础，以人的解放和全面发展为最终目标，构筑了一个恢宏的理论体系。

本书所研究的马克思学说即指狭义的马克思学说；而与狭义的马克思学说不同，广义的马克思学说与广义的马克思主义却是复数，甚至在马克思还在世时，马克思主义的发展就出现了多种形式，进入 20 世纪后，马克思主义发展的多元化倾向更加突出。狭义的马克思学说是马克思主义发展的基础和基本内核，马克思学说体系需要系统化、科学化的概括。马克思学说体系还是对马克思主义的发展进行价值判断的依据，按照科学性的原则建构起来的马克思学说，总是对时代保持批判的活力，总是"时代精神的精华"，会使我们真正认识到"马克思是我们的同代人"。

一方面，马克思主义体系研究是马克思学说体系研究的重要支撑与参照；另一方面，马克思学说体系的研究，通过探寻马克思学说的逻辑结构、层次、逻辑起点、方法、主线、内涵等，进而考察马克思主义的本真意义，是当下马克思主义研究的重要方向。围绕马克思学说体系研究，马克思主义的和非马克思主义的、西方马克思主义和马克思主义展开了激烈的争论，出现了若干不同的结论和观点。马克思学说体系的多元化认识，导致对马克思主义本真意义的不同阐释。

　　通过对马克思学说体系的厘定和重构，可以还原马克思学说的真正本质，使马克思学说的本真内涵更清晰、明确，也使马克思对同一问题在不同时期的不同表达实现内在的统一，从而使马克思学说的科学性、逻辑性、现实性得以彰显。马克思的学说体系是马克思思想元素的统一体，马克思学说体系的正确构建是正确建构和理解马克思的人的理论、社会历史理论、经济学理论等一系列理论的基础，我们只有在整体上正确把握马克思学说，才能真正把握马克思学说的真正内涵。通过文本来构建马克思学说体系，能够反映马克思正是通过逻辑起点：从现实的人出发，通过人类的社会历史实践最终达到全面发展的人的人类社会历史运动的"铁的必然性"和"正在实现的趋势"，能够反映马克思学说的逻辑严谨性、内容真理性、结构和方法的科学性，使马克思学说更具有逻辑说服力。马克思学说体系的正确建构，将有力地回击对于马克思的各种攻击，澄清对马克思主义理论的各种歪曲，纠正对马克思学说的各种误解。

　　马克思学说从创立那天起就遭遇各种各样的误解和歪曲、谩骂和攻击。在形形色色的对马克思学说的攻击中，一个重要的方面就是歪曲甚至否认马克思学说体系的存在，从而达到歪曲甚至否认马克思学说科学性的目的。本书的研究就是要揭示马克思学说体系的客观性，明确马克思学说体系的科学性与当代性，从而回击对马克思学说科学性的攻击，批判在马克思学说上的诸多错误思潮，诸如"两个马克思"、"认识论上的断裂"、马克思主义是反人道主义的、马克思拒绝一切主体等各种各样歪曲和否定马克思学说科学性的错误认识，对纠正以往理论界对马克思学说的各种误解都将具有参考价值和积极意义。

（二）马克思学说体系研究的实践意义

　　马克思主义理论体系问题是马克思主义发展史上的一个老问题，但对马克思学说体系问题的特别关注和集中研究则是最近几年的事。这些关注源于在理论和实践上正确认识和对待马克思主义的需要。产生这一需要的一个重要理论背景是马克思主义受到破坏，其形式是通过对马克思主义理论体系的自觉或不自觉的肢解而导致对马克思主义的曲解或误读。因此，明确马克思学说体系的结构是避免对马克思主义肢解的前提。从根本上说，马克思学说体系问题也是一个"什么是马克思主义"

的问题，也是关于如何正确认识和对待马克思主义问题中的一个重要问题。弄清什么是马克思学说体系是理解马克思主义理论体系的前提。

当下中国特色社会主义建设实践和理论创新正全面推进，这使得马克思主义基本原理与中国当今具体实际相结合的进程呈现出与以往各个历史阶段不同的整体性特征。实践的这种整体性，必然对指导它的理论提出整体性要求，以实现理论的指导功能和在认识世界的过程中达到实践的预期目的。

马克思学说体系研究正是要重建马克思学说的整体性，揭示马克思学说体系的逻辑结构和内容结构，探索马克思学说产生的前提、基础、根据以及马克思学说在场性的方式，从而推动马克思主义的当代发展。马克思学说体系的正确建构可以帮助我们分析和鉴别一切马克思主义的和非马克思主义的学派和理论，从而达到澄清马克思主义和非马克思主义的界限，规范马克思主义发展的目的，还可以为当代中国马克思主义发展的新形式：科学发展观、和谐社会理论与"中国梦"的马克思主义性质提供理论依据，为中国马克思主义的发展开辟现实的道路。

二　研究对象

本书研究对象是"马克思学说体系"，这里的"马克思学说"是狭义的马克思学说。该论题主要包括以下两个相互联系的子论题："马克思学说""马克思学说体系"，马克思学说体系又包含"马克思学说体系的逻辑结构""马克思学说体系的内容结构"这两者构成马克思学说体系的客观性，在解决马克思学说体系的客观性之后，对于马克思学说体系的基本框架的构筑即大概完成，也就是说，我们厘清了狭义的马克思学说体系结构等问题，也正是在此基础上，我们可以讨论马克思学说的当代发展问题，即与中国当代社会主义建设相适应的广义的马克思学说问题——"马克思学说体系的当代性"。

要研究马克思学说体系，必须明确"马克思学说""马克思学说体系"等基本概念。任何一项理论研究都必须首先明确所使用的概念的内涵和外延，给予其性质上的确定性。在此将对围绕马克思学说体系的几个基本概念及其相互关系，在前人研究的基础上进行缜密的界定，并对在本书中使用这几个概念的角度和方式做说明。

学术经验告诉我们，越是经常使用，越看起来含义极其清楚，甚至可以认为是不证自明的概念，其理论含义越可能含混不清。在学术实践中许多概念歧义丛生，各个学科都会从各自的视角对其进行差异较大的界定，各个学者出于不同的学术追求，在其研究中这些概念也呈现出不同的面貌。因此，非常有必要对围绕马克思学说，以及本书所使用的几个基本概念及其相互关系予以澄清。

（一）关于马克思学说

"马克思学说"是当下马克思主义研究中的重要概念，而许多人在许多场合并没有对"马克思学说"与"马克思主义"、"马克思学"等清晰划界，因此，廓清这一概念的内涵与外延成为马克思主义研究中的重要课题之一，并且这一工作成为划清马克思主义和非马克思主义的界限，坚持马克思主义的正确方向，在马克思主义的原初形态"马克思学说"的基础上创造性地发挥马克思主义的理论前提。

"马克思学说"是马克思主义发展史中较早诞生的概念，在恩格斯看来，"马克思学说"专指马克思本人的学说，而列宁则把整个马克思主义当成了马克思的学说，早期中国共产党人在"马克思主义"意义上使用"马克思学说"概念，当下中国学界多是在严格区分马克思与恩格斯思想的基础上使用"马克思学说"这一概念的。20世纪新马克思主义则是把他们的"马克思主义"建构在马克思的异化理论基础之上从而形成其批判理论，使新马克思主义成为马克思学说的逻辑延伸和发挥。"马克思学说"在不同的历史时期和"马克思主义"、"马克思学"既有联系又有区别，狭义的马克思学说专指马克思本人的学说，并不包括后继者们发挥的成分，而广义的马克思学说则是指马克思创立的科学理论体系和他所确定的基本原则，以及在此基础上后继者的发挥。

1. 恩格斯对"马克思学说"概念的理解和使用

通过对《马克思恩格斯全集》的研读，笔者在马克思的文本中没有发现马克思本人对"马克思学说"概念的使用，恩格斯曾经使用过这一概念。

在《马克思恩格斯全集》中，"马克思学说"这一概念出现过两次，一次是恩格斯在1895年1月3日"致卡尔·考茨基·斯图加特"

的信中说，"法尔曼的文章由于错误地解释马克思学说的其他方面和许多形而上学的、即反辩证法的倾向，的确有些地方相当混乱，这几乎抹杀了他所采用的那种使他比其他任何人都更接近于问题实质的成功的方法"①。在此，恩格斯所使用的"马克思学说"所指称的对象就是马克思本人的学说，因为恩格斯所批判的彼·法尔曼的文章（《马克思价值理论的批判》）是针对马克思的经济学。这是在全集正文中发现的唯一的"马克思学说"概念，恩格斯对这一概念的理解和使用跟当下学界对其的理解和使用基本相同，都是在狭义上使用这一概念，只是在文中恩格斯用它仅仅指示马克思的经济理论。

"马克思学说"概念在全集中另一次出现是在注释中，也是恩格斯批判针对马克思的经济理论的质疑而引发了"马克思学说"的使用。1880 年 10 月，恩格斯计划撰写"法学家的社会主义"，批判奥地利资产阶级社会学家和法学家安门格尔的著作《十足劳动收入权的历史探讨》，"该书企图证明马克思的经济理论'没有独创性'，他的结论似乎是从英国李嘉图学派空想社会主义者（汤普逊等人）那里抄袭来的。恩格斯认为不能对门格尔的这些诽谤谰言，以及他对马克思学说本身的实质的伪造置之不理，因此，决定在报刊上予以反击"②。在此，全集中所使用的马克思学说所指称的仍然是马克思本人的学说，专指马克思的经济理论，并不包含恩格斯的学说，可见在全集的翻译与注释中对"马克思学说"的理解是专指马克思本人的学说——狭义的马克思学说。

恩格斯所理解的马克思学说的基本内涵是什么呢？这个可以从恩格斯撰写的传记《卡尔·马克思》③ 中找到答案，"在马克思使自己的名字永垂与科学史册的重要发现中，这里我们只能谈到两点"。"第一点就是他在整个世界史观上实现了变革。"④ "马克思的第二个重要发现，就是彻底弄清了资本和劳动的关系，换句话说，就是揭露了在现代社会内，在现存资本主义生产方式下资本家对工人的剥削是怎样进行的。"⑤可见，在恩格斯看来，唯物史观和剩余价值学说是马克思学说的核心内

---

① 《马克思恩格斯全集》第 39 卷上，人民出版社 1974 年版，第 344—345 页。
② 《马克思恩格斯全集》第 21 卷，人民出版社 1965 年版，第 719 页。
③ 《马克思恩格斯全集》第 19 卷，人民出版社 1963 年版，第 115 页。
④ 同上书，第 121 页。
⑤ 同上书，第 124 页。

容。恩格斯虽然没有给马克思学说以明确定义（笔者在对恩格斯著作研读的过程中始终没有找到恩格斯对马克思学说全面准确的定义），但是，恩格斯在 1892 年写作传记《卡尔·马克思》之前，在一张纸上开列了第一份马克思著作书目（这份书目在该文翻译的注释中①），在该传记的文末，又开列了一个马克思著作书目，从这两个书目中，我们可以窥测出恩格斯所理解的马克思学说的大体框架和基本内涵：

恩格斯开列马克思著作书目，这是马克思本人也没有做过的工作，对马克思学说文本研究具有开创性和奠基性意义，但是，恩格斯所开列的书目除《博士论文》未公开发表外，其余部分均是公开发表的论著。因此，当时马克思所未公开发表的重要篇目如《1844 年经济学哲学手稿》、《关于费尔巴哈的提纲》、《德意志意识形态》等未能列入马克思著作书目是个遗憾。恩格斯所开列的书目也为恩格斯所理解的马克思学说的基本内涵及其学说的性质作了框定，使马克思学说内容更加明确，为一段历史中的马克思学说定了调子，成为"以恩解马"的基本依据。恩格斯开列书目时并未刻意把马克思文本中的哲学、政治经济学以及科学社会主义的文本区分开来，而是合在一起，这和恩格斯在《卡尔·马克思》中所界定的马克思学说的基本贡献在于唯物史观和剩余价值学说一样，并不致力于把马克思学说肢解为三个组成部分。

恩格斯在《马克思，亨利希·卡尔》一文最后部分再次为读者开列了马克思全部发表作品书目②，这一书目是为了方便读者参阅。恩格斯开列这一书目的目的是"以飨读者"，而写作之前所开列的书目是恩格斯为了自己研究所开列的，目的并不完全相同，因而篇目也不尽相同。但是这两个书目成为我们考察恩格斯所理解的马克思学说的最终根据。

在恩格斯开列的第一个供其研究使用的马克思书目中，理应包括马克思的最基本的篇目，这个书目应该体现重点性和全面性，就是应该把体现马克思基本思想的经典篇目作为研究重点，还要尽可能地囊括马克思在不同历史时期的著作，这个不能看是否发表，因为这是仅供恩格斯研究使用的。但是很明显，在恩格斯的书目中，马克思的异化理论以及建立在异化理论基础之上的批判理论并没有被包含在内，马克思这么重

---

① 《马克思恩格斯全集》第 22 卷，人民出版社 1965 年版，第 727—729 页。

② 同上书，第 400—404 页。

要的理论恩格斯为什么会从书目中剔除出去呢？与异化理论相关的《手稿》当时没有发表是根本原因吗？显然不应当这样推测，只能说，在恩格斯所理解的马克思学说中，异化理论并没有地位，这就是"以恩解马"被诟病的根源。

2. 列宁对马克思学说概念的理解和使用

列宁对"马克思学说"的研究做出了四点重要贡献：

第一，在马克思主义理论研究中对"马克思学说"的内涵做出了里程碑式的结论："马克思学说中的主要的一点，就是阐明了无产阶级作为社会主义社会创造者的世界历史作用。"①

第二，从马克思是马克思主义唯一创始人的角度认为马克思主义基本理论应该属于马克思："马克思主义是马克思的观点和学说的体系。"②

第三，从世界观和方法论的角度对"马克思学说"概念进行层次性划分，把马克思学说区分为基本理论和基本理论的运用。在《卡尔·马克思》一文中，指出哲学唯物主义、辩证法、唯物主义历史观、阶级斗争是马克思学说的组成部分，马克思的经济学说、社会主义理论、无产阶级阶级斗争的策略则是马克思学说的运用。③列宁在阐述马克思的经济学说之前，首先阐述马克思的基本观点："我们在阐述马克思主义的主要内容即马克思的经济学说之前，必须把他的整个世界观作一简略的叙述。"④列宁接下来阐述的马克思的"整个世界观"："马克思的观点极其彻底而严整，这是马克思的对手也承认的，这些观点总起来就构成作为世界各文明国家工人运动的理论和纲领的现代唯物主义和现代科学社会主义。"⑤马克思的观点的总和——马克思的世界观就是马克思学说，这是马克思的经济学、社会主义理论、无产阶级阶级斗争的策略产生的理论前提。

列宁在《马克思主义的三个来源和三个组成部分》⑥中指出马克思学说的基本内涵是指马克思的哲学部分，而政治经济学、科学社会主义

---

① 《列宁选集》第 2 卷，人民出版社 1992 年版，第 305 页。
② 同上书，第 418 页。
③ 同上书，第 413 页。
④ 同上书，第 418 页。
⑤ 同上。
⑥ 同上书，第 309 页。

以及无产阶级阶级斗争的策略是"马克思学说"的证明和运用:"使马克思的理论得到最深刻、最全面、最详尽的证明和运用的是他的经济学说。"①

第四,在1914年为《格拉纳特百科辞典》撰写《卡尔·马克思(传略和马克思主义概论)》词条时,列宁在恩格斯开列的马克思著作书目的基础上,在文末开列了马克思著作书目②,列宁所开列的书目,为我们考察列宁所理解的马克思学说提供了文本依据。

列宁开列的书目补充了1892年恩格斯所开列书目后新发表的一系列马克思的遗著:《哥达纲领批判》、《工资、价格和利润》、《资本论》第4卷《剩余价值学说史》、《马克思恩格斯通信集》4卷本等,还把曾经在恩格斯《费尔巴哈论》一书附录中发表的《关于费尔巴哈的提纲》单独开列,共列出马克思个人论著29部,马恩合著5部共34部,比恩格斯的第一个书目增加了11部(篇)。列宁所理解的马克思学说主要是根据他所掌握的马克思的著作,但列宁对马克思学说的认识并不全面,因为当时"马克思的著作和书信到现在还没有全部收齐出版"③。马克思的许多重要篇目是在列宁去世之后才陆续出版的,列宁的书目中不包括,列宁也认识不到马克思在此类著作中的相关思想。

应当指出,恩格斯所开列的马克思著作书目虽然比列宁所开列的书目数量少,但是,由于恩格斯是和马克思共同开创马克思主义理论的奠基者,在工作和生活上是并肩战斗的战友,马克思去世后,恩格斯又是马克思遗著正式委托的保管人(还有马克思的女儿艾琳娜),而列宁所接触的马克思的文本大多限于已经发表的部分。因此,从一定意义上说,恩格斯所掌握的马克思的著作要远比列宁所掌握的马克思的著作丰富,恩格斯所理解的马克思学说要远比列宁所理解的马克思学说全面。恩格斯书目和列宁书目勾勒了马克思学说的轮廓,但是也在一定程度上限定了马克思学说的疆界。

从列宁所开列的马克思著作的书目来看,马克思的这些书目并不包括其早期的相当一部分重要著作,诸如以异化批判为核心的社会批判理

---

① 《列宁选集》第2卷,人民出版社1992年版,第428页。
② 《列宁全集》第26卷,人民出版社1988年版,第83—88页。
③ 同上书,第83页。

论，如马克思的《手稿》等，凝聚马克思哲学以及辩证法的《德意志意识形态》等。然而也正是这一部分内容（在以后章节中将专门讨论该部分内容是马克思学说的肇始）——才是马克思全部学说肇始的动因，马克思以后部分的理论研究就是为了解决早期理论研究中遇到的困惑。

3. 早期中国共产党人对"马克思学说"概念的理解和使用

"马克思学说"是早期中国共产党人普遍使用的概念。但当时所使用的"马克思学说"概念既非广义也非狭义，和当下学界对这一概念的理解不尽相同。从逻辑上来说，早期中国共产党人对"马克思学说"这一概念的使用应该跟"马克思主义"概念是一致的。从当时共产党人的先驱者们所撰写的著作来看，早期中国共产党人是在"马克思主义"的意义上来理解和使用"马克思学说"的。1922年，陈独秀著作出版《马克思学说》，这"主要是介绍了马克思主义唯物史观的基本内容，是在中国早期传播马克思主义哲学的一篇重要著作"①。陈独秀当时对"马克思学说"的理解和使用等同于"马克思主义"。1923年5月15日李达在湖南自修大学《新时代》杂志第1卷第2号上发表《马克思学说与中国》，从三个方面论述了马克思学说与中国革命的关系，根据马克思学说的原则和中国的产业状况及文化程度，就中国共产党如能掌握政权拟出了"不作工者不得吃饭"、"平均地权"、"大产业国有"等12条大纲。"此文努力以马克思主义的原则分析中国社会和中国革命的实际，提出中国无产阶级和中国共产党的革命策略和政策大纲，对党制定正确的统一战线政策及在统一战线中保持自己的独立性，在理论上有积极的影响。"② 同样，李达也是在"马克思主义"意义上来理解和使用"马克思学说"概念的。蔡和森于1921年8月1日出版的《新青年》第9卷第4号上发表《马克思学说与中国无产阶级》，对当时中国共产党刚刚成立，中国走什么道路，需不需要共产党等问题展开讨论，主张通过唯物史观、阶级斗争和无产阶级专政来实现社会主义，这才是中国唯一的出路。该文的发表"为马克思主义在中国传播和与中国工人

---

① 蒋锡金主编：《文史哲学习辞典》，吉林文史出版社1990年版，第894页。
② 印进室主编：《党建八十年 中华擎天柱：中国共产党八十年建设的历程与思考》，军事科学出版社2001年版，第51页。

运动相结合起了巨大的作用"①。另外，1920 年 3 月由李大钊、高崇焕、王有德、邓中夏、罗章龙等人在北京大学发起成立"北京大学马克思学说研究会"，"组织会员翻译和学习马克思主义著作、讲演、宣传以及吸收青年和工人入会"②。显然，马克思学说研究会即马克思主义研究会。

早期中国共产党人也曾经开列了一个马克思学说的书目，从中我们也可以看出早期中国共产党人对马克思学说的理解就是马克思主义。冰冰（袁五冰，1899—1927）为南京社会科学研究会（即马克思学说研究会）成员，他编写马克思学说书目，供学习、宣传马克思主义著作及中国共产党文献的导读书目，发表于《中国青年》1924 年第 24 期上。文中选介了 23 种书籍，包括《共产党宣言》《工钱劳动与资本》等原著，《资本论入门》等辅导读物，《俄国共产党党纲》《第三国际议案及宣言》《陈独秀先生讲演录》《社会文义讨论集》等近期文献。从以上史料中可以看出，早期中国共产党人是在"马克思主义"的意义上理解并使用"马克思学说"这一概念的。

4. 当代中国学界对"马克思学说"概念的理解和使用

对"马克思学说"的研究是当代中国马克思主义研究领域中的重要内容，该概念也是学界普遍使用的概念，当下中国学界致力于从马克思学说的内涵以及在对马克思、恩格斯思想区别的基础上来确立关于"马克思学说"概念的理解。

在马克思学说的基本内涵方面，主要是把马克思学说看作是革命的和批判的学说：

衣俊卿教授经常使用"马克思学说"概念，在《国外马克思主义论丛——现代性焦虑与文化批判》③ 第一编中，他专门讨论"马克思学说的文化批判精神"。早在 2001 年《21 世纪哲学创新——黄楠森教授八十华诞纪念文集》一书中，衣俊卿教授就撰文《马克思思想：人之

---

① 王虹生、邓仲华等主编：《工青妇大辞典》，中国经济出版社 1990 年版，第 582 页。

② 张宪文、方庆秋等主编：《中华民国史大辞典》，江苏古籍出版社 2001 年版，第 535 页。

③ 衣俊卿著：《国外马克思主义论丛——现代性焦虑与文化批判》，黑龙江大学出版社有限责任公司 2007 年版。

存在的本质性文化精神——揭示马克思学说当代意义的新视角》① 专门论述马克思学说的基本内涵，首先他说，"马克思明确地把自己的各种理论探索称之为哲学批判、政治经济学批判、社会历史批判等"②。但马克思评判德意志意识形态的目的，"并不是要建立某种新的哲学、政治经济学或社会主义理论去取代传统的理论体系，而是根本超越建立在传统分工基础之上，以'解释世界'为特征的纯理论形态的学说，形成一种实践性的、批判性的、行动性的理论精神，其宗旨是人的解放和人的自由，是建立'自由人的联合体'。因此，马克思所有的理论批判和理论研究实际上构成了一种以人的劳动、现实的生产活动，即人的实践为现实基础而说明人类社会的生成与分裂，以及扬弃这些分裂和对立，使人类获得解放的一体化的革命的和批判的学说。这种一体化的学说从总体上属于哲学，但它不是由给定的理论范畴和命题构成的抽象的哲学理论体系，而是一种植根于人的实践活动的超越本性之上的理性批判与反思活动，一种文化批判精神。这应当是本真意义上的哲学"③。衣俊卿教授对"马克思学说"概念的理解和使用是学界的一个基本看法。

在马、恩关系上，许多学者还致力于指出马克思和恩格斯的对立，并在此基础上理解和使用"马克思学说"概念：

为明确"马克思学说"的基本内涵，有学者还力图阐明马克思和恩格斯的界限，寻找马克思和恩格斯的"对立"，从而把恩格斯的思想从"马克思学说"中剥离出去，打造纯而又纯的"马克思学说"。俞吾金教授于 2004 年撰文《运用差异分析法研究马克思的学说》④ 指出，若用差异分析法来研究马克思的学说，就会发现马克思和恩格斯思想之间的不同，恩格斯对马克思思想的阐发甚至是有偏差乃至错误的。"差异分析法是对马克思和马克思主义学说研究方法的一个重大转折、发现和创新。以此方法来研究马克思，会发现三大差异。"⑤ 首先，马克思主

---

① 北京大学哲学系等编：《21 世纪哲学创新——黄楠森教授八十华诞纪念文集》，中央编译出版社 2001 年版，第 272 页。

② 同上书，第 274 页。

③ 同上。

④ 俞吾金：《运用差异分析法研究马克思的学说》，《哲学动态》2004 年第 12 期。

⑤ 熊春兰主编：《观点 哲学 2005》，福建人民出版社 2006 年版，第 147 页。

义的创始人就是马克思，马克思思想和恩格斯思想之间存在差异。其次，马、恩的研究视角存在差异。恩格斯从自然哲学推论出社会哲学，其逻辑前提是假定自然和人类社会的二元对立，恩格斯开辟了从普列汉诺夫、列宁到斯大林的马克思哲学思想的解释路线。而卢卡奇并不是在自然与社会分离的基础上建构马克思学说的出发点；相反，他认为自然是一个社会范畴，以"从人类社会到自然"的解释路线取代了恩格斯"从自然到人类社会"的解释路线。"马克思从未把人类社会与自然抽象地对立起来。"① 马克思否定了自然与人类社会的二元分离与对立，否定了辩证唯物主义与历史唯物主义之间的二元分离。从最终本质上来看，"马克思的哲学就是历史唯物主义，而历史唯物主义的研究对象则是人类社会，而在马克思的理解中，人类社会也就是人化自然。也就是说，成熟时期的马克思并没有提出历史唯物主义以外的任何哲学理论，如果一定要保留'辩证唯物主义'这个术语，那么，它只能是历史唯物主义的别名，而决不意味着与历史唯物主义有别的另一个研究领域"②。最后，俞吾金教授还指出了在研究文本上存在的差异。正是从差异分析方法中，俞吾金教授找到了马克思和恩格斯的区别，为把恩格斯的思想从马克思学说中剔除出去提供了参考依据。

对应马克思和恩格斯的对立与差异，何中华教授也在《重读马克思》③ 中表述了二者之间的明确区别，何教授还撰写文章（《究竟应当怎样看待"马克思—恩格斯问题"——再答我的两位批评者》《江苏社会科学》2009 年第 3 期、《如何看待马克思和恩格斯的思想差别》《现代哲学》2007 年第 3 期、《论马克思和恩格斯哲学思想的几点区别》《东岳论丛》2004 年第 3 期）集中说明他对马克思、恩格斯区别的基本态度：马恩之间的区别并不限于"分工说"和"情景说"，而是在于"思想上的异质性"，"'分工说'只能解释马克思、恩格斯思想之间次要的、非实质性的差别（例如侧重点、着眼点之类的不同，但这类差别必须是基于共同的预设而形成的），但无力说明基本预设上的距离亦即所谓思想上的异质性。其实，我们所讨论的马克思和恩格斯的思想差

---

① 俞吾金：《运用差异分析法研究马克思的学说》，《哲学动态》2004 年第 12 期。
② 同上。
③ 何中华：《重读马克思》，山东人民出版社 2009 年版。

别，不是指他们在研究领域或研究重点上的不同种类外在方面，而是指即使在同一领域甚至同一问题上都存在的分野。'分工说'无法充分地解释基本预设上的不一致。基于同一预设上的分工所造成的差别，应当仅仅局限于侧重点或着眼点的不同，它决不能危及到预设本身；否则，就完全超出了'分工说'所能够给出合理地解释的范围"①。"情景说"也是错误的："'情境说'则认为，恩格斯思想之所以在某些方面与马克思的不一致，乃是由他所面临的特殊历史处境决定的，从而不能被解释成原则的区别。"② 在批判"分工说"、"情景说"基础上，何中华强调马克思在马克思主义哲学创立过程中的地位是"拉第一小提琴的"，并且主张"马克思、恩格斯思想有原则区别"，指出"自然辩证法仅仅属于恩格斯的思想"。③ 何中华从正视马克思同恩格斯在思想上尤其在哲学思想上的区别，恢复马克思和恩格斯各自思想的本来面目，认为马克思和恩格斯在哲学上的区别主要表现在："1. '超验'视野与'经验'视野的分别；2. '存在决定意识'与'物质决定精神'的不同；3. 大写的'真理'与小写的'真理'的距离；4. '彼岸'的'自由王国'与'此岸'的'自由王国'的差异；5. 马克思与恩格斯之间个性分野及其影响。"④ 何中华揭示马克思恩格斯思想异质性差距的实质在于澄清并矫正以往在马克思、恩格斯问题上的种种误读成分，"当归马克思的归马克思，当归恩格斯的归恩格斯，以便恢复马恩各自思想的本真性"⑤。

正确区分马克思、恩格斯的思想是当下马克思学说研究者的基本功课，只有划清马克思和恩格斯思想之间的界限，马克思学说才能建构起来。但是，学界对于马克思恩格斯之间区分还是遭到了广泛的质疑，每每有马、恩思想区分的文章，往往就有诸多学者"与其商榷"，在此不赘述。

（二）马克思学说和马克思主义的关系

在确立马克思学说基本内涵的基础上，要准确完成对马克思学说体

① 何中华：《如何看待马克思和恩格斯的思想差别》，《现代哲学》2007 年第 3 期。

② 同上。

③ 同上。

④ 何中华：《论马克思和恩格斯哲学思想的几点区别》，《东岳论丛》2004 年第 3 期。

⑤ 何中华：《究竟应当怎样看待"马克思—恩格斯问题"——再答我的两位批评者》，《江苏社会科学》2009 年第 3 期。

系的建构，还必须正确区分马克思学说体系与马克思主义的关系、马克思学说与西方马克思主义的关系，以及马克思学说与马克思学之间的关系，只有明晰它们之间的区别和联系，才能廓清马克思学说的疆界，正确建构马克思学说体系。

对于马克思主义，我们通常把它定义为："是关于全世界无产阶级和全人类彻底解放的学说。它由马克思主义哲学、马克思主义政治经济学和科学社会主义三大部分组成，是马克思、恩格斯在批判地继承和吸收人类关于自然科学、思维科学、社会科学优秀成果的基础上于 19 世纪 40 年代创立的，并在实践中不断地丰富、发展和完善的无产阶级的思想体系。"马克思主义有狭义和广义两重属性，以上是对广义马克思主义的定义，狭义的马克思主义专指马克思恩格斯创立的基本理论、基本观点和学说的体系，而狭义的马克思学说，则是专指马克思本人的学说，不牵扯包括恩格斯以及马克思主义的继承者们对马克思学说的发挥，狭义的马克思学说的内容以马克思本人的文本为依据，以对马克思文献研究的重要理论成果为参考，是马克思主义理论的最初形态，是马克思主义理论的基本内核，它建构了马克思主义理论的基本框架，创立了马克思主义的基本原则，是马克思主义理论的源泉。广义的马克思学说则是在狭义的马克思学说基础上，按照马克思学说的基本原理、基本规则，在共产主义实践中的发展。马克思学说与马克思主义有着多重关系。本书所探讨的马克思学说是指狭义的马克思学说。

1. 马克思对"马克思主义"概念的理解和使用

马克思主义经典作家对马克思和恩格斯在马克思主义形成中的地位和作用都有过明确阐述，马克思在给维·伊·查苏利奇的复信草稿二稿中，使用过"马克思主义"概念："关于您所讲到的俄国的'马克思主义者'，我完全不知道。现在和我保持个人联系的一些俄国人，就我所知，是持有完全相反的观点的。"① 显然，马克思是在否定意义上使用这一概念的。

在恩格斯的转述中以及第三者对恩格斯的转述中，笔者发现了五次马克思对"马克思主义"概念的使用，这五次转述的内容基本相同，马克思都是从否定意义上使用"马克思主义"概念的，都是在反复转

---

① 《马克思恩格斯全集》第 19 卷，人民出版社 1963 年版，第 443 页。

述马克思的"我只知道我自己不是'马克思主义者'"。例如，恩格斯在给"萨克森工人报"编辑部的答复中说："我在这家报纸上看到了……被歪曲得面目全非的'马克思主义'，……马克思在谈到七十年代末曾在一些法国人中间广泛传播的'马克思主义'时也预见到会有这样的学生，当时他说：《toutcequejesais, c'estquemoi, jenesuispasmarxiste》——我只知道我自己不是'马克思主义者'。"①

显然，马克思是不赞成他同时代的"马克思主义"以及"马克思主义者"们的，马克思总是在否定意义上使用"马克思主义"概念，对于"马克思主义"以及"马克思主义者"的态度，在恩格斯对马克思所讲的话的转述中已经说得很清楚："我播下的是龙种，而收获的却是跳蚤。"② 马克思所不赞成的"马克思主义"显然是后继者们对马克思思想的错误发挥，从此我们也可以看出厘定马克思本人思想的"狭义马克思学说"这一范畴的价值和意义。

2. 恩格斯基本在肯定意义上使用"马克思主义"概念

在《马克思恩格斯全集》的说明和注释中可以发现，恩格斯曾多次使用"马克思主义"概念，除以上所引用的之外，恩格斯还有 30 余次从肯定意义上使用"马克思主义"概念，主要集中在第 22 卷、第 37 卷和第 39 卷。

在全集 22 卷的《法兰西阶级斗争导言》、《法德农民问题》、《国际社会主义和意大利社会主义》（给《社会评论》杂志编辑部的信）、《答保尔·恩斯特先生》、《伦敦的 5 月 4 日》等文章及书信中，恩格斯多次在肯定意义使用"马克思主义"概念，如"对英国'每日纪事报'记者的谈话"中，恩格斯批评英国社会民主联盟，指出："它把马克思主义变成正统教义。"③

在全集 37 卷《致斐迪南·多梅拉·纽文胡斯》（1888 年 2 月 23日）、《致卡尔·考茨基》（1889 年 4 月 20 日）、《致保·拉法格》（1889 年 5 月 27 日）、《致弗·阿·左尔格》（1889 年 6 月 8 日）等书信中，恩格斯仍然在肯定意义上使用"马克思主义概念"。

---

① 《马克思恩格斯全集》第 22 卷，人民出版社 1965 年版，第 81 页。
② 《马克思恩格斯全集》第 37 卷，人民出版社 1971 年版，第 446 页。
③ 《马克思恩格斯全集》第 22 卷，人民出版社 1965 年版，第 633 页。

在 39 卷《致菲·屠拉梯》、《致奥·倍倍尔》（1893 年 10 月 18 日和 21 日）、《致劳·拉法格》（1893 年 12 月 19 日）、《致弗·阿·左尔格》（1893 年 12 月 30 日）、《致弗·阿·左尔格》（1893 年 12 月 30 日）、《致弗·阿·左尔格》（1894 年 2 月 23 日）、《致菲·屠拉梯》（1894 年 8 月 16 日）、《致保·拉法格》（1895 年 2 月 26 日）、《致格·瓦·普列汉诺夫》（1895 年 2 月 26 日）等书信中，恩格斯仍然是在肯定意义上使用"马克思主义"概念。

另外，在《致卡·考茨基》的信中（1891 年 4 月 30 日）"我不能责备施米特去担任讲师，这是他和他父母渴望已久的事。何况目前在瑞士，一个马克思主义者也有一些这样的机会。诚然，你因而失去了一个最可靠的——虽然并不是最好商量的——编辑同仁，不过还是能找到一个你至少可以依靠他做各种技术工作的人"①。在《致斐迪南·多梅拉·纽文胡斯》（1888 年 2 月 23 日）中"声明自己是马克思主义者的肯宁安—格莱安，在上星期一的大会上直接要求把全部生产资料收归国有。这样，我们在这里也有了议会内的代表"②。在《法学家的社会主义》附录中③、在《致卡·考茨基》（1884 年 9 月 20 日）中讲"谈马克思主义历史学派，无论如何还为时太早"④。在《致奥·倍倍尔》（1886 年 8 月 18 日）中"激进主义即褪了色的老牌法国社会主义在议院中的胜利，将意味着马克思主义首先在巴黎市参议会中的胜利"⑤。在《致劳·拉法格》（1887 年 2 月 2 日）中，讲"塞维林关于企图抛弃所有其他派别的胡言乱语将被说成是马克思主义者常有的偏执"⑥。可见，恩格斯对马克思主义始终是从肯定意义上进行理解和使用的。

恩格斯也曾在责备意义上使用"马克思主义"概念，不过他在"马克思主义"概念之前还有所限定：在《致约瑟夫·布洛赫》（1890 年 9 月 21—22 日）中讲："可惜人们往往以为，只要掌握了主要原理，而且还并不总是掌握得正确，那就算已经充分地理解了新理论并且立刻

---

① 《马克思恩格斯全集》第 38 卷，人民出版社 1972 年版，第 79 页。
② 《马克思恩格斯全集》第 37 卷，人民出版社 1971 年版，第 29 页。
③ 《马克思恩格斯全集》第 21 卷，人民出版社 2003 年版，第 550 页。
④ 《马克思恩格斯全集》第 36 卷，人民出版社 1975 年版，第 211 页。
⑤ 同上书，第 500 页。
⑥ 同上书，第 590 页。

就能够应用它了。在这方面，我是可以责备许多最新的'马克思主义者'的。"①

从以上的分析中我们可以看出，马克思是在否定意义上使用"马克思主义"概念的，而恩格斯则大多是在肯定意义上使用这一概念，可见，在马、恩在世时，大家对"马克思主义"的理解并不统一，并且马克思和恩格斯所使用的"马克思主义"概念不一致。东方社会主义国家所认同的"马克思主义"理论体系创立于马克思、奠基于恩格斯、发展于列宁而在斯大林时期才得以最终完成。"马克思主义"在马克思、恩格斯、列宁那里还没有相对固定、完整的轮廓。

3. 从列宁对马克思、恩格斯关系看列宁所理解的"马克思主义"的真实内涵

对于马克思、恩格斯在马克思主义中的贡献和地位，列宁是有明确态度的，他认为马克思主义基本理论应该属于马克思，"马克思主义是马克思的观点和学说的体系"②。作为马克思主义理论前提的马克思学说是 1844 年马克思创立的，而其完整化、系统化则凝聚在《共产党宣言》中，"马克思首次提出这个学说是在 1844 年。马克思恩格斯合著的，于 1848 年问世的《共产党宣言》，已对这个学说作了完整的、系统的、至今仍然是最好的阐述"③。恩格斯是根据马克思创立的唯物史观阐明最一般的科学问题："1870 年恩格斯移居伦敦，直到 1883 年马克思逝世时为止，他们两人始终过着充满紧张工作的共同精神生活。这种共同的精神生活的成果，在马克思方面，是当代最伟大的政治经济学著作《资本论》，在恩格斯方面，是许多大大小小的作品。马克思致力于分析资本主义经济的复杂现象。恩格斯则在笔调明快、往往是论战性的著作中，根据马克思的唯物主义历史观和经济理论，阐明最一般的科学问题，以及过去和现在的各种现象。"④ 对于马克思主义经济学，列宁则说得更具体，在《弗里德里希·恩格斯》中，列宁说："奥地利社会民主党人阿德勒说得很对：恩格斯出版《资本论》第 2 卷和第 3 卷，就是替他的天才朋友建立了一座庄严宏伟的纪念碑，无意中也把自己的

---

① 《马克思恩格斯全集》第 37 卷，人民出版社 1971 年版，第 463 页。
② 《列宁选集》第 2 卷，人民出版社 1995 年版，第 418 页。
③ 同上书，第 305 页。
④ 《列宁选集》第 1 卷，人民出版社 1995 年版，第 94 页。

名字不可磨灭地铭刻在上面了。"① 对于在马克思主义的整个形成过程
中，马克思和恩格斯的地位关系，列宁转述恩格斯自己的话来表达二者
的关系："恩格斯总是把自己放在马克思之后，总的说来这是十分公正
的。他在写给一位老朋友的信中说：'马克思在世的时候，我拉第二小
提琴。'"② 这是列宁对马克思、恩格斯两位导师在马克思主义形成过程
中的地位和作用的准确定位。

列宁力图构筑一个不受后继者干扰的马克思学说，把马克思主义定
位于马克思本人的学说从而把马克思学说同后继者们（包括恩格斯）
的思想区分开来，使得马克思学说得以独立存在，同时，后继者们的思
想也在坚持马克思主义基本原则的基础上构成相对独立的体系。在此基
础上，列宁开创了帝国主义时代的马克思主义——列宁主义。

（三）马克思学说与西方马克思主义的关系

西方马克思主义诞生于 20 世纪 20 年代，在 90 多年的发展中大致
经历了三个时期，在不同历史时期，针对不同问题出现了思想倾向和侧
重点各不相同的诸多流派，但西方马克思主义根源于马克思的异化理
论，坚持马克思的批判精神，因而，与其说西方马克思主义是马克思主
义的发展，毋宁说是马克思学说的发挥更贴切，尽管在对马克思学说的
发挥中最终还是走上了非马克思主义的道路。

1. 西方马克思主义形成于 20 世纪 20—30 年代，卢卡奇等人在寻找
革命失败原因、探索革命道路的过程中，坚持总体性辩证法，以"物
化"理论来诠释马克思的异化理论（尽管当时马克思的饱蘸异化思想
的几个手稿尚未发表），形成了与列宁主义相区别的黑格尔主义马克思
主义。这时的西方马克思主义还只是共产国际内部的一种非正统马克思
主义观点，还没成为独立的哲学派别。

2. 西方马克思主义的鼎盛时期在 20 世纪 30—60 年代末，这一时期
马克思主义研究异彩纷呈，法兰克福学派、弗洛伊德主义马克思主义、
存在主义马克思主义、新实证主义马克思主义、结构主义马克思主义等
先后粉墨登场，他们从《1844 年经济学哲学手稿》中发掘马克思的异

---

① 《列宁选集》第 1 卷，人民出版社 1992 年版，第 94 页。
② 同上书，第 95 页。

化理论和批判精神，寻找"哲学家的马克思"，以马克思的异化理论和批判精神剖析法西斯主义兴起的心理根源，反思启蒙精神、科学技术、工具理性、大众文化等弊病，批判发达工业文明，他们还以各种哲学流派解释、补充、打造马克思批判理论的哲学基础，并力图重建马克思主义。这时的西方马克思主义已经从国际共运内部的非正统马克思主义观点，蜕变为非正统马克思主义与非马克思主义结合的社会思潮。

3. 20世纪70年代以后，西方马克思主义离马克思已经渐行渐远，西方马克思主义步入转型时期，20世纪90年代初至今，研究主题实现了从哲学、文化问题向政治、经济等现实问题的转向，研究重心也从对资本主义的批判转向对市场社会主义的反思。

尽管西方马克思主义始终没有形成统一的思想体系，他们的思想倾向不同，出现众多的理论流派，如卢卡奇、葛兰西、科尔施、布洛赫等人代表的早期西方马克思主义理论，霍克海默、阿多尔诺、马尔库塞、弗洛姆、哈贝马斯等人代表的法兰克福学派，萨特的存在主义马克思主义，列菲伏尔的日常生活批判、南斯拉夫实践派、布达佩斯学派、波兰意识形态批判学派，等等；但西方马克思主义者们大多奉马克思学说为其经典，是从马克思异化思想开出来的批判理论："这些流派尽管有许多差别，但都以人的存在和人的命运为自己的哲学主题，致力于批判和超越现代人的文化危机和生存困境，以马克思的异化理论为依据，建立起关于现代工业社会的独特的文化批判理论。"① 西方马克思主义与新马克思主义是以马克思与恩格斯的区别甚至对立为出发点来建构他们的"马克思主义"的，他们的"马克思主义"是他们认为的马克思思想的延展，在他们看来是广义的"马克思学说"。

（四）马克思学说和马克思学、马克思主义学之间的关系

马克思学说和马克思学，都以马克思的文本为研究依据，以马克思的思想和理论体系为研究对象，但二者还是有很大区别的。

20世纪前期，在列宁支持下，梁赞诺夫首创苏联马克思学；20世纪中后期，法国吕贝尔、德国费切尔、英国麦克莱伦、美国胡克等人建

---

① 衣俊卿：《新马克思主义的文化批判理论及其启示》，《江苏社会科学》2006年第2期。

构了西方马克思学。

西方较早提出和研究"马克思学"（Marxologie）概念的是法国学者吕贝尔，1958 年前后，他在多年研究马克思的基础上，首创了"马克思学"这一研究问题，创办了《马克思学研究》学术杂志，开始了系统、持续、深入的"马克思学"研究。近年来，对于"马克思学"的研究逐渐得到国内广大学者的重视，但学者们的看法不尽相同，而王东教授对其的定义比较中肯："所谓'马克思学'，就是专门研究马克思的一门学问、一门学科。更具体地说，就是专门研究马克思主义创始人马克思生平事业、文本思想、理论体系及其实践发展的一门分支学科。"①

对应"马克思学"的定义，我们可以发现，马克思学以马克思学说为研究对象，马克思学说为马克思学的研究提供素材，马克思学是以客观的、居于研究对象之外对研究对象进行研究的一门学科，而马克思学说则致力于构筑马克思学说体系以及探索马克思学说在实践中的发展。

近年来，"马克思主义学"的研究正方兴未艾，国内较早提出和创立这一概念的是周向军教授，周教授曾给"马克思主义学"这一概念下过比较完整、准确的定义，对这一领域的研究发挥了奠基性作用："马克思主义学作为一门学科，当然有自己的学科体系。我认为，马克思主义学学科体系可以从不同角度来理解。其一，按照一般的看法，学科体系应由三方面构成：即历史、理论与应用。马克思主义也是如此。就是说马克思主义学学科体系，是由马克思主义学史、马克思主义学原理和马克思主义学应用三部分构成，每一部分的具体构成也是丰富多样的。其二，从形态上说，马克思主义学学科体系是由马克思主义具体形态学构成的，如狭义马克思主义学、列宁主义学、毛泽东思想学、邓小平理论学等。其三，从学科领域看，马克思主义学学科体系是由马克思主义哲学、马克思主义经济学、马克思主义政治学、马克思主义教育学、马克思主义文化学、马克思主义军事学等构成的。其四，从行为或实践角度看，马克思主义学学科体系是由马克思主义信仰学、马克思主义学习学、马克思主义宣传学、马克思主义教育学、马克思主义研究

---

① 王东：《马克思学新奠基——马克思哲学新解读方法论导言》，北京大学出版社 2006 年版，第 200 页。

学、马克思主义解释学、马克思主义发展学等等构成的。"①

　　从周教授对"马克思主义学"的定义中,我们可以进一步理解"马克思学说"和"马克思学"之间的关系,马克思主义学"属于元马克思主义。这一点与狭义马克思主义学的第一层含义是一致的。但又与狭义马克思主义学的第二层含义有区别。概括起来说,我们讲的马克思主义学,就是反观马克思主义自身,从宏观上对整个马克思主义或马克思主义的不同形态、不同学科进行整体性研究的学问"②。可见,相对于马克思学说而言,马克思学属于元马克思学说,马克思学就是反观马克思学说自身,从宏观上对整个马克思学说或者马克思学说的不同形态、不同学科进行整体性研究的学问。

(五) 马克思学说体系的基本内涵

　　列宁依据当时所掌握的马克思著作以及相关史料在《卡尔·马克思》、《马克思主义的三个来源和三个组成部分》等文章中阐明了马克思学说的基本内涵,但马克思学说体系的基本内涵应该在列宁论述的基础上有所调整。首先,列宁在世时,马克思的许多重要著作尚未出版,《1844年经济学哲学手稿》、《德意志意识形态》等都是在列宁去世后才得以出版的,列宁根本没有机会看到这些著作,当然不可能把马克思这些著作中的思想纳入马克思学说体系之内,作为马克思学说的基本内涵;其次,列宁对马克思和恩格斯对马克思主义的贡献划分并不严格,应该说,被列宁归于马克思学说的辩证唯物主义是恩格斯的发明,不应该算在马克思头上,恩格斯以《反杜林论》、《路德维希·费尔巴哈》等著作系统论述了马克思主义的辩证唯物主义思想,因此,应当把辩证唯物主义从马克思学说中剔除掉。

　　这样,马克思学说体系的基本内涵应该包括辩证法、唯物主义历史观、阶级斗争、经济学说、社会主义理论、无产阶级阶级斗争的策略等,不过作为体系研究对象的马克思学说的内容结构则是把马克思学说看做是一个整体,这个整体是一个严密的逻辑结构,这个逻辑结构具有

---

　　① 孙世明:《把马克思主义研究建立在科学的基础之上——访山东大学马克思主义理论教学部主任周向军教授》,http://www.sdass.net.cn/sdass/webpublish/block.254.view.detail.newsdetail? key=304。

　　② 同上。

逻辑起点、逻辑终点和逻辑中介；具有严密科学的构筑逻辑。

有人对马克思学说体系的存在产生过怀疑，对此，列宁也有鲜明的态度："马克思主义是马克思的观点和学说的体系。"①列宁直接肯定马克思学说体系的存在，马克思学说体系的存在是体系研究的前提。

另外，在翻译学中，"马克思学说"和"马克思的学说"的内容是不同的，"马克思学说"的含义跟"马克思主义"的含义基本相同，通常翻译为 Marxism，但"马克思的学说"则应该翻译为 Marx's theory，这两者的含义是有区别的，事实上，作为体系研究的马克思学说本意应该是"马克思的学说"，但当下中国学界通常是使用"马克思学说"来替代"马克思的学说"，因此，在本书的研究中，遵从学界的共同的做法，使用"马克思学说"意指"马克思的学说"。

（六）马克思学说以及马克思学说体系的基本属性

在以上对马克思学说、马克思主义、马克思学及其关系梳理之后，有可能对马克思学说、马克思学说体系的基本属性予以澄清。

马克思学说的基本属性应当包括：以马克思本人的文本为根据，以现实的人的关怀为出发点，以人的解放为最终诉求，以唯物史观为理论工具对资本主义政治、经济、社会进行揭露和批判，并在此基础上构筑人类未来社会理想的学说。马克思学说体系：按照逻辑原则构筑起来的统一的、整体性的思想体系，辩证法是马克思学说体系的生成方式、存在根据；马克思学说从现实的人出发，现实的人的内在矛盾是其学说展开的内在动力，通过实践这一中介环节，最后达到全面发展的人；人，现实的人的内在矛盾通过实践中介展开，并在革命的实践中实现了高层次的回归——全面发展的人；理想的人的实现，马克思学说的逻辑起点在否定之否定中实现了跃升，也保持了与自身的统一，使马克思学说成为系统的严谨的理论体系。

三　研究综述

自 20 世纪 80 年代以后，学界对于马克思主义理论体系的研究已经

①　《列宁选集》第 2 卷，人民出版社 1995 年版，第 418 页。

取得了丰硕成果，而对于马克思学说体系研究相对于马克思主义理论体系的研究取得的成果并不多，因而，要对以往马克思学说体系研究成果进行总结，就不得不回顾马克思主义理论体系的研究成果，从而根据这些研究成果推论出关于马克思学说体系的研究成果的结论。

马克思主义理论体系的研究，始终是马克思主义理论研究的重要内容，尤其是 20 世纪 80 年代以后，马克思主义理论体系研究取得了新的重大的突破。对马克思主义理论体系的研究重点集中在对马克思主义理论体系整体性研究、层次性研究、逻辑起点研究以及马克思主义理论体系的方法论研究上。以上诸领域的研究都取得了丰硕的成果。当代学者在探索马克思主义理论体系结构的同时，也力图构建新的马克思主义理论体系，在各个马克思主义理论体系的建构尝试中，也都透露出作者对马克思主义理论体系建构的原则。因此，系统总结马克思主义理论体系的当代形式，发掘诸个马克思主义理论体系的构建原则，是马克思主义理论体系研究的重要内容。本书对当代有影响的国外、国内的马克思主义理论体系进行了系统的考察，对内在于其中的马克思主义理论体系的建构原则进行梳理、抽象，为马克思学说体系的建构奠定了坚实的基础。

（一）关于马克思学说体系逻辑起点研究

逻辑起点是事物在运动过程中的原初状态或本质属性，任何事物的发展变化都要经历一个从逻辑起点经过中间环节到逻辑终点的辩证的否定过程；马克思学说的逻辑起点的确立对我们深化理解马克思理论和构建社会主义和谐社会理论来说有着极其重要的理论和实践意义。

按照黑格尔的理解，逻辑起点具有"原素"的意义，用今天的科学术语来说，逻辑起点就是事物的"基因"，黑格尔以自然科学的结构来说明什么是出发点：语言学从字母这个"原素"出发，几何学从点、线等"原素"出发，物理学从电、磁、气体等"原素"出发，通过演绎得到复杂而具体的体系。这样，黑格尔体系的逻辑起点就是"纯有"，语言学的逻辑起点就是"字母"，几何学的逻辑起点就是"点"和"线"，物理学的逻辑起点就是"电"和"磁"等。那么，马克思学说体系的逻辑起点是什么，近年来对马克思学说的逻辑起点的研究取得了怎样的进展？

20 世纪 80 年代以来，许多学者试图构筑对马克思主义理论体系的经济学、哲学、社会学、伦理学、美学、历史学等学科的逻辑起点，而试图构筑马克思学说理论体系逻辑起点的成果却不多见。那么，究竟应该怎样来理解马克思学说体系逻辑起点的既有成果呢？首先需要明确的是，马克思学说、整个马克思主义是一个整体的理论体系，这个总体性的理论体系只能有一个逻辑起点。那究竟哪个学科的逻辑起点可以充当马克思全部学说的逻辑起点呢？从马克思学说探索的历史、马克思学说自身的内在逻辑来说，哲学的逻辑起点正是马克思全部学说的逻辑起点。马克思理论诞生的历史就是从哲学开始深入社会历史各个领域的探索的历史，哲学正是全部马克思学说理论体系的支撑，哲学的逻辑起点正是马克思全部学说的逻辑起点。因此，我们需要特别重视在马克思主义理论体系逻辑起点研究历史上哲学逻辑起点的研究。

1. 逻辑起点与历史起点（出发点）的区分：逻辑起点与历史起点都是马克思学说体系的起点，它们之间是否是同一的，有没有区别，是否需要区分，这是确立马克思学说体系逻辑起点的基础性工作。许多学者对马克思主义理论体系的逻辑起点与历史起点作了区分："马克思理论的逻辑起点是'本质的人'，出发点是'现实的人'，即在一定的生产方式下从事生产活动的人。逻辑起点是事物在运动过程中的原初状态或本质属性，是整个过程的出发点，从逻辑起点经过中间环节到逻辑终点是事物运动发展的一个辩证的否定过程；出发点是认识事物及其运动过程的着眼点和突破口，是揭示事物本质属性及其运动规律的方式和方法。逻辑起点和出发点既可以是一致的又可以是不一致的，这是根据研究对象的具体情况而定的。马克思理论的出发点和逻辑起点的区分，标志了马克思思维方式的彻底变革，为马克思理论的产生和形成奠定了科学的基础。同时，它对我们深化理解马克思理论和构建社会主义和谐社会来说有着极其重要的理论和实践意义。"[①] 事实上，逻辑起点和历史起点可能一致，同一出发点既可以是逻辑起点也可以是历史起点，但二者的价值属性是不同的，逻辑起点从属于该体系的科学性，而历史起点则是这个学说价值判断的依据。马克思学说体系的出发点和逻辑起点的区分为马克思学说体系的产生和形成奠定了科学的基拙。

---

① 徐国民：《论马克思理论的逻辑起点与出发点》，《求实》2007 年第 4 期。

2. "物质"是马克思主义理论体系的逻辑起点。这是辩证唯物主义对马克思主义理论体系逻辑起点的理解。斯大林的《辩证唯物主义和历史唯物主义》一书几十年来一直作为我国哲学教科书的蓝本，在国内影响巨大而深远。这一马克思主义理论体系——斯大林体系把"物质"确立为马克思主义哲学的本体，也确立为马克思主义理论体系逻辑起点。这一马克思主义理论体系在马克思主义发展史上影响巨大，一直充当着社会主义阵营中马克思主义的正统理论。但是这一理论体系存在着重大的缺陷，忽视了本来应该作为哲学主题的人的存在和发展问题，并且人为地把马克思主义哲学分成逻辑关系不清的辩证唯物主义和历史唯物主义两大块。

3. "存在"是马克思主义理论体系的逻辑起点。这是存在论对马克思主义理论体系逻辑起点的理解。《求是学刊》1982 年第 4 期发表的张奎良的《论存在范畴及其在马克思主义哲学体系中的地位》一文认为，存在是标志事物最基本的共同特性的哲学范畴，它的唯一含义是对事物现实性的肯定；从人对世界认识顺序来说，存在高于物质，是最广泛的哲学范畴，应该作为马克思主义哲学体系的逻辑起点。

4. "实践"、"劳动实践"是马克思主义理论体系的逻辑起点。这是实践唯物主义对马克思主义理论体系逻辑起点的理解。实践唯物主义是当前影响巨大的马克思主义学派，代表人物众多，理论影响非常大。在陈先达教授主编的教育部示范教材《马克思主义哲学原理》中，"实践"概念被作为基础性范畴，充任整个体系建构的逻辑起点，是同类著作、教材中的代表。该教材把实践作为马克思主义哲学首要的基本的观点，认为实践观点在其中的作用是全方位的，杨耕教授梳理了实践在该教材中体系的地位：

> 在自然观中，实践是自在自然和人化自然分化与统一的基础。
> 在历史观中，实践构成了人的存在方式和社会的本质，是"社会的自然"和"自然的社会""二位一体"的基础。
> 在辩证法中，实践是主观辩证法和客观辩证法自然辩证法和历史辩证法分化与统一的基础。
> 在认识论中，实践构成了认识活动的基础，"实践反思法"构成了马克思主义认识论的根本特征，并填平了一般认识论与历史认

识论之间所谓的鸿沟。

继而对这个教材的体系结构进行了介绍：

第一章"马克思主义哲学是科学的世界观和方法论"，重点阐述马克思主义哲学的基本特征和功能，突出马克思主义哲学的实践性。

第二章"世界的物质性和人的实践活动"，从自然观和历史观的统一去阐述物质及其存在形式，说明实践是人的存在方式和社会生活的本质。

第三章"联系和发展的规律及其核心从唯物论和辩证法、唯物主义自然观和历史观的统一去考察马克思主义辩证法的总体特征"。

第四章"认识的本质和过程"，以实践观为基础考察认识的结构，并把真理和价值作为人类活动的两个基本原则来展开论述。

第五章"人类社会的本质和基本结构"，以实践观为基础揭示人类社会的本质和结构。

第六章"社会发展规律和历史创造者"，阐述社会发展的基本规律。

第七章"社会发展和人的发展"，分析社会发展过程中的决定性与主体选择性，以及社会发展道路的统一性与多样性的关系，考察人的发展和社会发展的关系以及人的发展的历史形态，并从历史观和价值观的统一探讨共产主义社会的基本特征。①

何中华教授的《哲学：走向本体澄明之境》（山东人民出版社 2002年版）、《社会发展与现代性批判》（社会科学文献出版社 2007年版）、新作《重读马克思》（山东人民出版社 2009年版）以及诸多论文都主张实践是马克思学说的逻辑起点，他深入挖掘实践的新意与深意，从实践出发来构筑马克思学说体系。

5."交往实践"是马克思主义理论体系的逻辑起点。这是以任平教

---

① 杨耕：《如何编写马克思主义哲学教科书》，《北京大学学报》（哲学社会科学版）2000年第5期。

授为代表的交往实践唯物主义对马克思主义理论体系逻辑起点的理解。任平教授的《交往实践与主体际》（苏州大学出版社 1999 年版）、《走向交往实践的唯物主义——马克思交往实践观的历史视域与当代意义》（人民出版社 2003 年版）、《交往实践的哲学（全球化语境中的哲学视阈）》（云南人民出版社 2003 年版）、《当代视野中的马克思》（江苏人民出版社 2003 年版）等著作对交往实践在马克思主义理论体系中的地位作了充分的论述。在任平教授的视野中，资本主义市场经济是马克思主义的地平线，马克思主义正是在市场经济织就的密切交往中诞生的，研究对象也是人类在市场经济的密切交往中的社会历史理论，交往实践是马克思理论探索的最后也是最高的境界，交往实践是对实践的历史性超越，实践不能充当马克思主义理论的本体，也不能充当马克思主义理论体系的逻辑起点，交往实践才是马克思主义全部理论体系的逻辑起点。

6. "关系""社会关系"是马克思主义理论体系的逻辑起点。这是以俞吾金教授为代表的关系本体论对马克思主义理论体系逻辑起点的理解。俞吾金教授在《对马克思实践观的当代反思——从抽象认识论到生存论本体论》（《哲学动态》2003 年第 6 期）中指出，人们都把马克思主义哲学理解为实践，但是人们很少对马克思的实践观进行追根究底的思索。俞吾金教授指出，要从生存论的维度来理解实践，而这一维度"首先关心生产劳动中人与人之间的关系"[①]，这一路向是通往人文社会科学的路向。马克思正是从关系本体出发构建其学说体系的。

7. "人""个人""人的需要""本质的人""现实的人"是马克思主义理论体系的逻辑起点。这是人学马克思主义理论对马克思主义理论体系逻辑起点的理解。

从 20 世纪 80 年代以来的人学热潮中，关于"人"是马克思主义的逻辑起点的主张就不绝于耳。有人主张"个人"是马克思主义学说的逻辑起点："马克思、恩格斯全部思想理论的逻辑起点是'个人'"，"马克思、恩格斯作为逻辑起点的'个人'，首先是'有生命的个人'——自然的人；其次是'现实的个人'——社会的人；再次是

---

① 俞吾金：《对马克思实践观的当代反思——从抽象认识论到生存论本体论》，《哲学动态》2003 年第 6 期。

'具有二重性的人'——既是'个人的存在'又是'社会存在物'。"①
以"本质的人"作为马克思学说的逻辑起点是新提法"马克思理论的
逻辑起点是'本质的人'"②，但是徐国民的"本质的人"同"人"没
有作严格区分。"人的需要"作逻辑起点也是比较独特的观点："人的
需要是人从事一切生产活动的原初动因，正是通过生产实践活动，人的
需要才能够得到实现和满足，同时使人的内在本质力得到确证，并且在
这一过程中产生社会关系，形成人类社会，从而在自然属性的基础上，
形成了包括社会属性、精神属性在内的完整的人性。也就是说，马克思
是从现实的人的需要出发构筑自己的人性论的。人的需要是马克思人性
论的逻辑起点。"③

　　以"现实的人"为逻辑起点这是在逻辑起点争鸣中占主导地位的一
种观点，研究成果最多，在此不一一陈述。他们的基本观点是：历史是
人类社会实践活动的结果，人类社会是由现实的、有生命的个人的存在
结成的，"现实的人"是历史唯物主义最简单、最基本的范畴，在历史
唯物主义理论体系中，"现实的人"这一范畴居于基础地位，是整个原
理体系的支撑，历史唯物主义的一系列范畴和原理都是从"现实的人"
这个范畴出发引申出来的，"现实的人"成为马克思学说体系逻辑结构
的基本元素，贯穿于全部学说的其他主要范畴之中，这些范畴构成"现
实的人"的合乎逻辑的展开：生产力、生产关系；经济基础、上层建
筑；社会关系、社会结构；政治制度、意识形态等范畴，都不过是从特
定角度对人与自然、人与人、人与社会等现实联系进行抽象的结果。以
"现实的人"作为历史唯物主义的逻辑起点，可以把历史唯物主义与一
切形形色色的历史唯心主义区分开来。以现实的人为起点，就把历史唯
物主义建立在了坚实的基础上，同时也确立了真正的历史主体，把历史
从抽象概念的运动中解放出来。持这些观点的学者主要包括：柯木火
《历史唯物主义体系的起点应该是"现实的人"》（《学术研究》1980 年
第 5 期）；陆晓禾《关于历史唯物主义出发点问题的思考》（《社会科
学》1993 年第 8 期）；李鸿烈《简论历史唯物主义体系的起点与终点》

---

① 叶昌友：《论马克思是、恩格斯"个人与社会关系"是想的逻辑起点》，《科学社会主义》2006 年第 4 期。

② 徐国民：《论马克思理论的逻辑起点与出发点》，《求实》2007 年第 4 期。

③ 戴景平：《人的需要：马克思人性论的逻辑起点》，《长白学刊》2007 年第 2 期。

（《哲学动态》1980 年第 8 期）；李荣海《从"人"的发现到"以人为本"——克思的"人学"发展理路》（《理论学刊》2005 年第 1 期）；欧力同《略议历史唯物主义的出发点问题》（《社会科学》1994 年第 9 期）；李静、李明《唯物史观的逻辑起点新探》（《延安教育学院学报》2001 年第 4 期）等都有类似的观点。

在《德意志意识形态》中，马、恩指出现实的人是唯物史观的出发点，"现实的人"就是在一定的生产力水平下从事生产劳动之人，现实的人的活动构成了人类的社会历史，现实的人是人类历史的出发点，是马克思学说体系的出发点。但对于把"现实的人"作为马克思学说的逻辑起点也受到质疑："也有不少学者不赞同把'现实的人'作为唯物史观理论体系的逻辑起点，认为这样很容易把马克思主义归结为人道主义。"①

（二）马克思主义理论体系整体性研究的几个基本维度

近年来，马克思主义理论体系的整体性研究正成为马克思主义理论研究的重点内容，而马克思主义理论体系整体性研究对马克思学说体系整体性研究提供了重要参照。马克思学说体系的整体性研究成果寓于马克思主义理论体系整体性研究当中，马克思学说体系整体性研究成果应当到马克思主义理论体系整体性研究中去寻找。

对于马克思主义理论体系的整体性研究，马克思主义经典作家早就有一系列真知灼见。改革开放以来，对马克思主义理论体系整体性研究是一个不断深化的过程，马克思主义理论体系整体性研究缘起于对肢解马克思主义的批判，陈先达教授的《走进历史的深处》（上海人民出版社 1987 年版）就已经指出传统的教科书体系把马克思主义理论肢解为哲学、政治经济学和科学社会主义的做法是错误的，马克思主义理论体系是一个整体；随着对马克思主义理论体系的整体性认识的不断深化，有学者开始对马克思主义理论体系的形成过程的整体性进行研究，批判在马克思主义的形成过程中对马克思前后期思想割裂以及马、恩对立论的错误，指出马克思主义理论体系的整体性不仅是指马克思主义理论体

---

① 赵绥生：《唯物史观理论体系逻辑起点问题研究综述》，《重庆邮电大学学报》（社会科学版）2008 年第 7 期。

系的内容的整体性，而且包括马克思主义理论体系形成过程的整体性；进入 21 世纪以后，对马克思主义的整体性研究已经深入马克思主义整体性的内在联系的研究上，马克思主义的整体性研究也推进到了一个新的阶段。马克思主义理论体系的整体性研究硕果累累，诸多学者也对马克思主义理论体系的整体性研究成果进行系统总结，梁树发的《近年来关于马克思主义整体性研究综述》等文章对马克思主义整体性研究成果作回顾，分析马克思主义整体性研究的意义，"怎样正确认识和对待马克思主义问题的核心是能否坚持马克思主义的整体性的问题。马克思主义整体性问题是整体的马克思主义问题。马克思主义整体性首先是其内容构成的完整性，实际则是其构成要素之间的关系。理论斗争中的马克思主义整体性问题的实质在于是否坚持马克思主义的基本原理"①。他同时还分析了当下马克思主义整体性研究的迫切问题等，梳理了马克思主义整体性研究的脉络，对马克思主义理论体系的整体性研究作出了突出贡献。

马克思主义理论体系的整体性研究为马克思学说整体性研究提供了重要参照。

对于马克思学说体系的整体性，恩格斯早有论断，在《反杜林论》中，虽然恩格斯批判杜林以及当时整个德国科学界和哲学界存在的动辄都要创造一个完整的体系的现象，但恩格斯还是在全面阐述了马克思主义基本原理的过程中，构筑了一个完整的马克思主义理论体系。恩格斯指出，他撰写《反杜林论》一书的目的"不是以另一个体系去同杜林先生的'体系'相对立"，但恩格斯为了对杜林评判的需要，不得不在"一个广阔的领域"对杜林展开批判，其结果自然要形成一个整体，于是，他还是强调不要忽略他在批判中提出的"各种见解之间的内在联系"②。

列宁也认为马克思学说体系"完备而严密"，是"完整的世界观"③。在《唯物主义和经验批判主义》中，列宁阐述了马克思学说体系的整体性，把马克思主义哲学比喻为"一整块钢"："在这个由一整

---

① 梁树发：《马克思主义整体性问题的实质》，《教学与研究》2005 年第 8 期。
② 《马克思恩格斯选集》第 3 卷，人民出版社 1995 年版，第 344 页。
③ 《列宁选集》第 2 卷，人民出版社 1995 年版，第 309 页。

块钢铸成的马克思主义哲学中，决不可去掉任何一个基本前提、任何一个重要部分，不然就会离开客观真理，就会落入资产阶级反动谬论的怀抱。"①

卢卡奇致力于以辩证法构筑马克思学说体系的整体性，把辩证法看作是"历史的解释"中马克思学说同资产阶级科学的"决定性区别"，是"马克思取自黑格尔并独创性地改造成为一门全新科学的基础的方法的本质"，"是科学中的革命原则的支柱"②。与卢卡奇相反，以考茨基为代表的"第二国际马克思主义"理论家忽视了辩证法在马克思学说体系中的地位，把马克思学说归结于科学实证主义，把意识与现实、马克思主义理论与实践割裂开来。卢卡奇重提辩证法的整体性就是为了恢复马克思主义的基本精神，目的就是重建马克思学说的整体性："对马克思主义来说，归根结底就没有什么独立的法学、政治经济学、历史科学等等，而只有一门唯一的、统一的——历史的和辩证的——关于社会（作为总体）发展的科学。"③卢卡奇辩证法的整体性强调"整体对各个部分的全面的、决定性的统治地位"，"把所有局部现象都看作是整体——被理解为思想和历史的统一的辩证过程——的因素"。④

近年来，我国学者对马克思主义理论体系的整体性探索取得了丰硕成果，得出了一系列基本结论，逄锦聚的《研究和把握马克思主义整体性的四个角度》⑤指出研究和把握马克思主义的整体性，至少存在四个维度：一是从马克思主义的形成过程研究和把握其整体性；二是从马克思主义各个组成部分的内在联系和马克思主义基本著作的内容研究和把握其整体性；三是从马克思主义的革命性与科学性统一研究和把握其整体性；四是从马克思主义的创新性和实践性研究和把握其整体性。马克思学说体系整体性研究在马克思主义理论体系整体性研究成果的基础上也取得了丰硕成果，主要存在以下几个角度：

第一，针对教科书体系对马克思学说体系肢解为三个组成部分的错

---

① 《列宁选集》第 2 卷，人民出版社 1995 年版，第 221—222 页。

② 卢卡奇：《历史与阶级意识》，商务印书馆 1992 年版，第 76 页。

③ 同上书，第 77 页。

④ 同上书，第 76—77 页。

⑤ 逄锦聚：《研究和把握马克思主义整体性的四个角度》，《南开大学学报》（哲学社会科学版）2008 年第 4 期。

误，强调马克思学说体系内容上的完整性、贯通性。马克思学说体系是完整严密的科学理论体系，从共时性视角来看，马克思学说体系是涵盖众多领域知识的有机整体。在哲学、政治经济学和科学社会主义之外，还包含政治学、历史学、法学、社会学、人类学、民族学、文艺学等。

第二，针对把马克思学说在历时性上的割裂：例如对马克思作青年马克思、成熟的马克思和老年马克思的划分，认为在马克思学说的形成过程中存在"认识论上的断裂"；根据马克思早期与晚期研究领域的不同把马克思学说割裂为人本主义的马克思和科学主义的马克思等，强调马克思学说在形成上是阶段性和继承性的统一，从其历时性角度来看，由于马克思学说体系的内在联系和逻辑规则的前后贯通，马克思学说体系是一个过程的整体。"马克思思想的发展历程也表明了这种整体性。从马克思思想发展的历程来看，他的思想的发展总是呈现为一种整体性的发展。""这是因为马克思的成熟的理论体系是由最初的理论期望成长起来的，期望的同化生成性决定了理论建构过程的历史整体性。"①马克思学说体系的动态的历时性的整体性最终凝结于其定态的逻辑整体性之中。马克思学说的形成虽然历经了一个很长的过程，但人的解放始终是其主题，马克思学说整个理论体系就是围绕这一主题展开的，"世界的哲学化和哲学的世界化"这一双向运动是马克思学说不同历史时期哲学探索和改造世界的哲学形式，是马克思学说体系首尾呼应，并且过程一致的根本保证。

第三，近年来，学界致力于深入马克思学说体系整体性的内在根据层面，指出马克思学说体系逻辑上的一致性。仰海峰的《政治经济学批判中的历史唯物主义》②一文就指出"如何理解哲学、政治经济学与社会主义思潮这三条线索的内在关系，是当前马克思思想研究中最为根本、也最为困难的问题"。而把这三大组成部分划归为三个不同的学科，"这种学科壁垒使我们无法从整体上把握马克思的思想"。"历史唯物主义的历史性思想是马克思政治经济学批判的理论基础"，是马克思学说三大组成部分联系在一起的纽带，"只有理解了马克思的政治经济学批判才能理解他对从政治经济学出发的社会主义思潮的批判，从而从根本

---

① 郝敬之：《回到整体马克思》，东方出版社 2004 年版，第 105 页。
② 仰海峰：《政治经济学批判中的历史唯物主义》，《中国社会科学》2010 年第 1 期。

上揭示马克思思想中这三大组成部分的内在关联。在这一新的理论视阈中，历史唯物主义的深层建构与资本逻辑的批判分析有着相同的理论意义"①。

叶险明的《马克思哲学革命与经济学革命的内在逻辑及其启示》②一文也探讨了"马克思的哲学革命与经济学革命的内在逻辑联系，是关于马克思学说整体性研究中的一个关键性问题"。他分析认为，"马克思的哲学革命与经济学革命的内在逻辑联系是在马克思超越政治经济学领域的政治经济学批判和超越哲学领域的哲学批判的过程中展现出来的，即在超越哲学领域的哲学批判中构建政治经济学的方法论系统，同时在超越政治经济学领域的政治经济学批判中丰富和发展初步完成的哲学革命的成果，最后在这两种'互动'的批判中基本完成经济学革命并使哲学革命的内容和形式趋于完善。马克思的哲学革命与经济学革命的内在逻辑联系对当代中国马克思主义哲学研究的重要方法论启示是：作为马克思主义创始人的马克思（和恩格斯），其学说的整体性实际上包含着对后人研究和发展其哲学的一个最为根本的方法论要求——从其学说的整体性出发来研究和发展其哲学。为此，就必须形成由批判理念、问题理念和时代理念构筑而成的跨学科意识"③。马克思学说体系在逻辑上就是一个有机的逻辑整体。"逻辑的整体性是因为马克思的全部学说是从目的出发的，目的的同一性决定了理论体系的逻辑整体性。"④ 马克思学说体系是一个严密的整体，这个统一的整体的内在根据就在于其形成过程的逻辑的统一性，马克思的哲学思想、政治经济学思想、共产主义思想等相互作用，相互渗透，相互交融以人的解放和发展问题为核心共同构成一个逻辑的整体。

但是需要说明的是，学界这种致力于对马克思学说三个组成部分内在联系探索的努力，没有涉及马克思学说的历时态结构问题，只是在共时性角度对马克思学说的整体性研究。

第四，也有学者从马克思学说的成因上寻找马克思学说体系整体性

---

①　仰海峰：《政治经济学批判中的历史唯物主义》，《中国社会科学》2010 年第 1 期。

②　叶险明：《马克思哲学革命与经济学革命的内在逻辑及其启示》，《中国社会科学》2010 年第 3 期。

③　同上。

④　郝敬之：《回到整体马克思》，东方出版社 2004 年版，第 105 页。

的根据：“马克思学说的整体性最终是由其成因的整体性规定的。”① 成因上的整体性，指的是马克思学说体系这一有机整体，是传统理论、时代因素和作者个性结构所共同作用的结果。

第五，马克思学说体系的整体性还在于其构筑方法的整体性。马克思以整体性的思维方式分析问题、解决问题，“马克思在分析解决问题过程中形成了他的总体思维方法，这表现在马克思在分析解决问题对归纳和演绎、分析和综合、抽象和具体、逻辑和历史等诸多方法的灵活和有机的运用”②。马克思致力于从总体上理解把握事物的规律，把难以理解的抽象问题变得具体和易于明白：“人体解剖对于猴体解剖是一把钥匙。反过来说，低等动物身上表露的高等动物的征兆，只有在高等动物本身已被认识之后才能理解。”③ 在马克思整体思维方法的影响下，卢卡奇在《历史与阶级意识》一书中，提出了辩证法的“总体性”原则：“总体性范畴，总体之于部分的完全至高无上的地位，这是马克思从黑格尔那里汲取的方法论的精髓，并把它出色地改造成一门新科学的基础。”④ 卢卡奇的辩证法的总体性原则是马克思整体性特征的反映。

第六，有学者从马克思学说的学科归属问题建立其整体性，例如：经济学领域的学者将马克思学说归类于经济学，哲学领域的学者把马克思学说归类于哲学，而历史学领域的学者把马克思学说归类于历史学……这虽然也在一定程度上有助于马克思学说的整体性建设，但依靠学科归属来建构马克思学说的整体性始终不能从最根本的层面解决问题。

第七，对于马克思学说体系整体性建构还没有学者从辩证法角度作出尝试，本书的马克思学说体系的共时性结构一章将做这一努力。

（三）关于马克思学说体系的层次性研究

跟马克思学说体系的整体性研究一样，对于马克思学说体系的层次性研究，也应到马克思主义理论体系的整体性研究当中去寻找。

马克思主义理论体系层次性研究图绘：对马克思主义层次性的划

① 郝敬之：《回到整体马克思》，东方出版社2004年版，第2页。
② 张云芳：《论马克思主义整体性特征的表现》，《新乡教育学院学报》2008年第2期。
③ 《马克思恩格斯选集》第2卷，人民出版社1995年版，第23页。
④ 卢卡奇：《历史与阶级意识》，重庆出版社1989年版，第23页。

分，在恩格斯和列宁那里早就有定论，那就是马克思主义三个组成部分同时也包含着三个层次的理解的划分："第一，新唯物主义哲学。这是整个体系的哲学基础；第二，马克思主义政治经济学。这是整个体系的主要研究领域和经济学基础；第三，科学社会主义。这是整个体系的实践应用和政治学基础。"但近来对马克思主义的研究则力图超越传统的教科书体系的局限而做新的探索。

纵观马克思主义层次性研究当前的学术版图，各种研究范式多元并存的格局已经基本形成。除了结构性研究范式外，功能性研究范式也占据了比较引人注目的位置，需要我们特别关注。

1. 结构性研究范式

从马克思主义的结构研究其层次性，是 20 世纪 80 年代以来对马克思主义体系研究的积极成果。这一研究范式，以走出传统马克思主义教科书体系的桎梏，重建马克思主义的当代形态为自己的时代目标，为"重读马克思"，在更加宽泛、完整的历史语境和思想语境中对马克思主义的形成、本质及其当代价值开辟了新的认识路径。

第一，在坚持马克思主义的三个组成部分结构的前提下，探讨马克思主义的层次性问题："马克思主义不仅具有显性的板块结构，即分为马克思主义的哲学、政治经济学和科学社会主义三个板块，而且具有隐性的层次结构。"[1] 认为马克思主义分为三个层次："即分为根本方法、基本原理和具体论断三个层次"[2]，三个层次在马克思主义理论体系中的地位是不同的"第一层次根本方法是唯一的，是统摄和贯穿马克思主义的灵魂，第二层次基本原理是成系别的，是马克思主义的骨骼，第三层次具体论断是大量的，是马克思主义的血肉"。[3]

第二，把马克思主义理论看作是建立在以马克思的三个新贡献即："我的新贡献就是证明了下列几点：（1）阶级的存在仅仅同生产发展的一定历史阶段相联系；（2）阶级斗争必然要导致无产阶级专政；（3）这个专政不过是达到消灭一切阶级和进入无阶级社会的过度。"[4] 为核心内容的马克思主义浑然一体的整体基础上，对马克思主义理论的整体

---

① 王彦深、吴鹏：《关注马克思主义的层次结构》，《河北学刊》2005 年第 2 期。

② 同上。

③ 同上。

④ 《马克思恩格斯全集》第 28 卷，人民出版社 1973 年版，第 509 页。

结构进行层次性的分析："马克思主义理论体系可以划分为三个层次：外层是学说，中层是理论，内层是主义。"① 外层学说是"以马克思的文献、著作、信件等为载体的具体思想和学问，是马克思对每一个具体问题和具体情况的分析与批判"②。中层理论则是"马克思得出他的学说的道理和依据、理法和方论"③。内层主义则是"以马克思的三个新贡献构成的整个马克思主义理论体系的核心部分"④。马克思主义理论体系正是分为这样三个层次的整体，是"以三个新贡献为核心而展开的纲领体系和科学学说"⑤。

第三，在"马克思主义理论是科学，并且是人类历史科学"⑥ 的基础上，根据科学规范，把马克思主义理论看成是"一系列环节是紧密相连，环环相扣"⑦ 的整体结构。这一理论首先界说了科学具有环环相扣的结构规范："对于一个科学体系，它不是对某一环节的具体描述，而是包含了一整套的科学规范。目前的自然科学已经建立起来了这套规范。也就是说，尽管自然科学有不同的学科，如，物理学、化学、生物学，以及大量的工程学等等，但这一套规范是统一的。"⑧ 其次，认为全部科学所遵循的规范是统一的，这套规范具有"A. 对研究对象的正确描述；B. 前提条件的正确提出；C. 合理的假设；D. 概念的建立；E. 系统的本质结构（微分方程）的建立；F. 基本定律的发现；G. 结论和推论；H. 实验检验"⑨。统一的逻辑结构；最后，认为"马克思的这个体系基本上是完整的，并基本符合自然科学的研究规范"⑩。那么马克思主义理论的"基本构架完全是按照上面所归纳的从 A 到 H 的一系列过程"⑪。从 A 到 H 的这个过程，就是马克思主义理论体系次第展开，环环相扣的基本层次，也就是说，马克思主义理论体系被分为 8 个

---

① 《马克思恩格斯全集》第 28 卷，人民出版社 1973 年版，第 178 页。

② 同上。

③ 同上。

④ 同上书，第 179 页。

⑤ 同上书，第 180 页。

⑥ 赖泽民：《人类历史科学原理》，中央编译出版社 2006 年版，第 11 页。

⑦ 同上书，第 13 页。

⑧ 同上。

⑨ 同上。

⑩ 同上书，第 14 页。

⑪ 同上。

层次，这 8 个层次是紧密相连，环环相扣的。

第四，以思维抽象程度的高低来划分马克思主义的层次。马克思主义作为一门哲学，思维的抽象高度具有层次性。思维的抽象的层次性决定着马克思主义的结构的层次。

"实践思维方式不仅是马克思主义的哲学思维方式和一般哲学或曰元哲学内容，而且是整个马克思主义的一般基础和核心。唯物史观和剩余价值学说，就是马克思和恩格斯在实践思维方式这个新坐标上所做出的两个科学发现。而科学社会主义理论，则是他们在这个坐标上对社会主义做出的新的科学解释。在马克思的整体结构中，实践思维方式是一般哲学即元哲学这个层次上的主要内容。唯物史观是科学哲学具体来说是社会科学这个部门的科学哲学，即社会科学这个层次上的主要内容。剩余价值学说属于一门基础科学政治经济学的内容，科学社会主义的主要内容则是技术科学层次上的东西。除此之外，社会主义实践革命和建设可以说是工程技术层次上的内容，或者用钱学森的术语来说，是一门'社会工程'。"① 即马克思主义的"实践思维方式""剩余价值学说""科学社会主义的主要内容""社会主义实践革命和建设"理论分别对应"一般哲学、科学哲学、基础科学、技术科学、工程技术"②，这样，马克思主义被划分为五个层次。

2. 功能性研究范式

马克思主义的价值是其在场性的根据，同时其功能性也开辟了马克思主义层次性研究范式的另一领域。

第一，为了回答哪些是必须长期坚持的马克思主义基本原理，哪些是需要结合新的实际加以丰富发展的理论判断，哪些是必须破除的对马克思主义的教条式的理解，哪些是必须澄清的附加在马克思主义名下的错误观点，用科学的态度对待马克思主义，学界提出了马克思主义浅层、中层和深层三层次论：

第一层即最高层次是根本方法。在经典著作中对根本方法的表述有很多种形式，一般使用"马克思主义方法"之外，还使用"马克思的方法""马克思主义辩证法""马克思的辩证方法""辩证方法""辩证

---

① 南普照：《试论马克思主义的整体结构》，《哈尔滨师专学报》1997 年第 4 期。

② 同上。

法""具体历史方法"以及"准则""指南"等。

第二层次即中间层次是基本原理。经典著作在表述第二个层次即中间层次所用的词语通常用"基本原理"这个词，有时也用"观点"、"公式"等词。基本原理当中又分为不同的类别和层次：从类别上可分为侧重作为认识方法、认识规律的原理和侧重作为揭示事物本来面目、固有规律的原理，而唯物辩证法的普遍规律和范畴与唯物史观的原理就分别对应着作为认识方法、认识规律的原理和侧重作为揭示事物本来面目、固有规律的原理。

第三层次即最低层次是具体论断。在经典著作中对第三层次即最低层次的表述所用的词语较多，不够一致。常用的有"论断""论点""观点""结论"等词语外，还有容易与基本原理相混淆的词语"公式""原理"等来表述。但是当用"公式""原理"来表述时，往往加以限制，如"个别公式""个别原理""××原理"等。作为第三个层次的具体论断是马克思主义研究具体问题的观点、结论，其中最重要的是对具体国家或地区在具体历史时期的状况、特征、局势所作的判定，或者是依据这种判定所制定的工人阶级及其政党的任务和策略。

对待马克思主义三个层次的态度，应当是深层的坚持、中层的发展、浅层的错误理论坚决抛弃。

第二，把马克思主义理论作为科学社会主义理论体系进行层次性划分，即首先把马克思主义理论理解为科学社会主义理论体系，"科学社会主义即马克思主义理论体系"①，在此基础上引入系统观念和系统理论，运用动态立体思维模式和逻辑思维方法，揭示马克思主义理论体系的有机结构和发展机制，对马克思主义理论进行多层次、多分支、开放式动态立体体系结构理解："科学社会主义是一个包括基础理论、基本原理和应用理论三个基本层次和在应用理论层次上包括当代东方社会主义、未来西方社会主义两大基本分支的多层次、多分支、开放式动态立体科学体系。理论基础就是哲学和政治经济学（资本主义部分），特别是其中的唯物史观和剩余价值学说是构筑科学社会主义大厦的两大理论基石。基本原理就是科学社会主义创始人马克思、恩格斯所提出的以社会主义代替资本主义历史必然性为核心的科学社会主义的基本原理。应用理论是基本原理与应用

---

① 陈必辉：《科学社会主义体系结构新论》，江西人民出版社 2003 年版，第 6 页。

对象的具体实际相结合的产物。"①

第三，力图"对150年来马克思主义的系统结构作个整体描述"②，指出"这套科学体系分两个层次，第一层为基础理论，即是马克思恩格斯学说，分为哲学、政治经济学和科学社会主义三大部分。第二层为应用理论，分为两大领域：一是革命学说，包括列宁主义和毛泽东革命思想；二是执政学说，包括毛泽东执政思想、邓小平理论和'三个代表'重要思想"③。

第四，作为一种社会批判理论的马克思主义的层次性划分，即，批判精神是马克思主义的精神实质，对这一基本精神的坚持是社会批判理论的出场路径。西方马克思主义尤其是法兰克福学派正是坚持了马克思主义的批判精神，把马克思主义发展为社会批判理论，并在此基础上展开对资本主义的批判、诊治，以及对未来社会的规划。社会批判理论同样给我们提供了认识马克思主义、马克思学说层次性的一个视角。

在批判理论看来，马克思主义社会批判的根据是对人的本质的正确理解，社会批判是马克思主义革命性的具体体现，而未来社会构想则是对人的本质诉求的正确回应，也是社会批判的逻辑结论。由此，马克思主义的层次结构是：第一层次是解释什么是人；第二层次是以人的本质为尺度对人的异化进行批判；第三层次是按照人的本质要求对未来社会进行构想。

四 创新之处

马克思主义经典作家以及马克思主义理论工作者对马克思主义理论体系的研究成果为本书的研究提供了借鉴意义，但是，对马克思主义的理论体系的建构，至今还没有一个取得广泛支持的"典型意义"的体系。而对于马克思本人的学说体系的建构，在学术界一直没有作为单独的科学体系加以梳理，学界以建构马克思主义的理论体系取代了"马克思学说"体系本身的建构——这一作为马克思主义内核的科学体系的建

---

① 陈必辉：《科学社会主义体系结构新论》，江西人民出版社2003年版，第3页。
② 唐昌黎：《论马克思主义的系统》，《探索》2004年第2期。
③ 同上。

构。本书在建构马克思学说体系的过程中，把马克思学说体系的逻辑起点定位于"现实的人"，进而指出"现实的人"的内在矛盾是马克思学说展开的内在动力，这在马克思学说生成理论上是一个突破；对马克思学说的建构使用辩证法，把辩证法上升为马克思学说的元哲学，并且进一步把马克思学说体系视为主体的辩证运动，马克思学说体系本身就是辩证法体系，这也是一个大胆的尝试；把马克思学说的本体设定于"主体本体论"，按照本体即实体，实体即主体的逆向逻辑——通过马克思的"主体"上升至实体，而马克思的"辩证主体"的实体即本体，关于"辩证主体"的本体弥合了自然和历史、主体和客体的鸿沟，打通了人和世界的界限，是马克思"哲学的世界化和世界的哲学化"的实现基础；作为马克思学说的生成根据与存在方式的辩证法决定了马克思学说的"永恒在场性"，是对俞吾金教授"马克思是我们的同代人"的回应。笔者深信，马克思的文本是一个巨大的理论宝库，至今还没有完全发掘，马克思的思想光辉在不同的时代背景下都将闪耀，是照亮这个时代的光芒。只要我们能做到全面、深刻、系统、科学地对马克思思想负责任的研究，就一定能够纠正一些在马克思学说理论上的误读，这正是当代马克思主义理论工作者的历史使命，也是促使我现身马克思学说研究的重要动力。

五　研究方法

马克思学说是马克思主义理论体系的内核，对马克思学说体系的正确把握对于建构马克思主义理论体系具有基础性意义。本书在对马克思主义经典作家文本解读的基础上，对后学者的马克思主义理论体系作了广泛的考察、梳理和归纳，本着马克思本人的建构体系的方法来构建马克思学说体系，这决定了对于本书的研究来说任何一种单一的研究手段和研究方法都不能有效地涵盖研究的所有要求。由此，本项研究主要采用了以下几种研究手段和研究方法，以期达到科学建构马克思学说体系的目的。

1. 文本解读法

本项研究的主要工作是对以往的马克思主义理论体系的梳理以及对马克思学说体系的建构，因此对马克思主义经典作家以及后学者对马克思主义理论研究的学术文献材料进行收集、解读、阐释、评议成为建构马克思学说体系的基础工作。笔者在写作过程中认真阅读了马克思主义经典作家的大部分原著，精读了马克思、恩格斯哲学、政治经济学、科学社会主义部分的理论著作，对西方有代表意义的马克思主义理论著作、国内有代表意义的马克思主义理论著作均作了深刻研读。尤其是对马克思主义经典作家以及后学者关于体系建构的相关理论，笔者在写作过程中作了最全面的阅读，清晰地把握了理论体系建构的基本论述及其发展动向。

2. 学术梳理法

本书在构建马克思学说体系之前首先对以往的马克思主义理论体系及其建构原则作了学术梳理，正是在此基础上获得了建构马克思学说体系的基本思路。

3. 逻辑与历史相统一的方法

马克思学说文本展开的历史与马克思学说的内在逻辑是一致的，正是按照这种一致性我们才能对马克思学说体系作建构。逻辑与历史相统一的方法既是马克思学说体系构成的根本方法也是我们研读马克思文本的方法，研读马克思的文本不过是要找到马克思学说逻辑体系建构的方法并按照这个方法逻辑地再现马克思学说的体系结构。"观照内在逻辑"涉及逻辑起点、逻辑依据、逻辑演进（逻辑展开、逻辑进路）逻辑结构、逻辑关系和逻辑归宿等，体现逻辑自觉，从而体现"历史与逻辑的一致"的张力。

4. 辩证法思维方法

辩证法既然是马克思学说理论体系的构筑方法，那么也是我们研究马克思学说体系的根本方法。马克思学说就是揭示整个世界——包括自然和历史的世界的辩证运动，马克思学说本身就是这种辩证运动的意识形势，因此，马克思学说本身就是一种辩证运动。对于马克思学说的理解只能通过辩证法才能把握马克思学说的本质，辩证法成为本项研究的根本方法。

第一章

马克思学说体系的出场
路径与展开动力

马克思是在批判旧世界中发现新世界的，马克思正是从现实的矛盾出发揭示现实发展的趋势及条件，正是在对旧哲学、政治经济学的批判中发现了唯物史观和剩余价值学说，即在批判旧世界中发现新世界。在批判旧世界中发现新世界，这正是马克思学说体系和旧的理论体系在世界观和方法论上的最根本区别。正因如此，我们说，马克思是在批判中建构其学说体系的，批判是马克思学说体系产生的根本路径。人的问题是贯彻马克思学说的核心问题，正是对人的问题的思考，马克思找到了唯物史观的基本结论，通过对人的本质理论的建构，马克思学说最终建立起来。人的本质理论的探索成为马克思学说诞生的开端，随着人的本质理论探索的不断深化，马克思学说得以逐步完善，人的本质理论的探索过程，成为马克思学说的出场路径，因此，我们剖析马克思的人本质的出场路径，整个马克思学说的出场路径也就得以彰显——我们是从马克思在批判中发现人的本质来得出马克思在批判中生成了整个马克思学说的结论的。

通过对马克思学说体系人本质理论的考察我们发现了马克思学说体系的出场路径，同样，对马克思的人本质的内在矛盾的揭示，我们还会发现全部马克思学说体系展开的内在动力。现实的人是全部马克思学说展开的逻辑起点，人的本质的内在矛盾也是马克思学说展开的内在动力。

一 批判是马克思人本质理论的出场路径

马克思人本质理论是在对唯心主义、旧唯物主义以及它们的不同表现形式的批判中生成的。根据不同时期批判对象的特性，马克思依次揭示了寓于批判对象中的人本质的内涵。在次第展开的革命的批判中，马克思的人本质理论逐渐完善，并且最终在批判中创立了唯物史观，使人本质理论在唯物史观的照耀下达到了完整而科学的形态。马克思从确立人的自由本质，到批判人本质的不同异化形式，最终揭示社会关系既是人本质的表现形式同时又是人本质的异化，其人本质理论的构筑经过了一个"正""反""合"的过程。

现实的人是马克思学说的逻辑起点，人本质的构筑在马克思学说中经历了三个阶段，人的本质是在批判的逻辑中建构起来的。马克思总是根据批判对象来确立他对人的本质的理解，根据批判的对象的不同特点，马克思学说关于人的本质的命题在不同的发展阶段具有不同的表现形式：在《博士论文》中，马克思把人的本质理解为"自我意识"，在《〈黑格尔法哲学批判〉导言》中，马克思把人的本质理解为"人是人的本质"，在《1844 年经济学哲学手稿》中，马克思把人的本质归结为"类本质"，把"类本质"理解为"自由自觉的活动"，在《神圣家族》中，马克思强调"历史中行动的人"的地位，把人的本质理解为"人的活动"，在《关于费尔巴哈的提纲》中，马克思把人的本质理解为"一起社会关系的总和"，在《德意志意识形态》中，马克思把人的本质表述为"现实的人"。

马克思学说中人本质的构筑是一个历史的过程，不同时期马克思关于人本质理解的侧重点是不同的。人本质理论是在批判中逐渐完善，并最终在《德意志意识形态》中得以完成，"（马克思）打算连续用不同的单独小册子来批判法、道德、政治等等，最后再以一本专著来说明整体的联系、各部分的关系并对这一切材料的思辨加工进行批判。"① 人本质理论是马克思批判资本主义、探索人类解放道路的理论基石。

（一）批判必然性，强调人的本质是"自我意识"

马克思人本质的建构是从《博士论文》开始的，在该文中，马克思借用黑格尔的"绝对精神"，把人的本质理解为"自我意识"，确立人本质的自由本性。马克思对于人本质的"自我意识"理解是建立在对必然性的批判基础之上的，目的是说明人本质的自我决定性从而与必然

---

① 《马克思恩格斯全集》第 42 卷，人民出版社 1979 年版，第 45 页。

性区别开来。1839 年，马克思撰写题为《德谟克利特的自然哲学与伊壁鸠鲁的自然哲学的差别》的博士论文，分析了古希腊哲学家德谟克利特和伊壁鸠鲁的自然哲学的差别，并阐发自己的哲学见解。他指出，德谟克利特注重必然性，从而转向怀疑论哲学，伊壁鸠鲁注重偶然性，把感觉论的思想贯彻到底。在对德谟克利特的必然性提出批判的同时，马克思强调伊壁鸠鲁承认原子偏离直线的运动，正确地表现了原子本质的思想。伊壁鸠鲁反对德谟克利特的原子在虚空中做直线运动的主张，反对德谟克利特的必然性，强调只有偏离直线的运动才构成原子的绝对独立性，强调偶然性在事物发展中的作用，是对必然性的直接批判。马克思认为伊壁鸠鲁的哲学宣扬原子主义的人本质就是个体性、自在性和独立性，从而排除了使自己异在的可能的自为的状态。原子偏离直线运动，是为了冲破必然性，保持它自身的能力，是对人的本质的必然性的批判。在对人本质的必然性的批判基础上，马克思进而批判社会历史形而上学观念，将原子偏离直线的运动是世界发展的动力的理论提升为个人冲破必然性是人类历史发展的动力的理论："如果原子不偏斜，就不会有原子的冲击，原子的碰撞，因而世界永远也不会创造出来。"①

（二）批判宗教本质，强调"人是人的最高本质"

从《〈黑格尔法哲学批判〉导言》开始，马克思致力于批判人本质的各种异化形式，从中发现人本质的真实内涵。在《〈黑格尔法哲学批判〉导言》中，马克思对宗教本质做了彻底的揭露和批判，否定了人的宗教本质，把"对宗教批判最后归结为人是人的最高本质"②。

在人和宗教的关系上，马克思指出，是"人创造了宗教，而不是宗教创造了人"③。宗教只不过是人的错误意识，"宗教是还没有获得自身或已经再度丧失自身的人的自我意识和自我感觉"④，其本质是"一种颠倒了的世界意识"⑤，是"人的本质在幻想中的实现"⑥，是"人的自

① 《马克思恩格斯全集》第 40 卷，人民出版社 1982 年版，第 216 页。
② 《马克思恩格斯选集》第 1 卷，人民出版社 1995 年版，第 9 页。
③ 同上书，第 1 页。
④ 同上。
⑤ 同上。
⑥ 同上书，第 2 页。

我异化的神圣形象"①。马克思"对宗教的批判是其他一切批判的前提"②，批判现实世界是批判宗教的目的："真理的彼岸世界消逝以后，历史的任务就是确立此岸世界的真理。"③ 在揭露宗教本质之后，就应批判宗教产生的根源，"揭露具有非神圣形象的自我异化，就成为历史服务的哲学的迫切任务"④。马克思批判宗教的矛头从"对天国的批判变成对尘世的批判，对宗教的批判变成对法的批判，对神学的批判变成对政治的批判"⑤。而要完成宗教批判的目的，"必须推翻那些使人成为被侮辱、被奴役、被遗弃、和被蔑视的东西的一切关系……"⑥ 在《〈黑格尔法哲学批判〉导言》中，马克思阐明是人创造了宗教，宗教是人本质力量的表现形式，但宗教又是人本质的异化，人本质是在对宗教及其本质、对使人异化的尘世批判中生成的。

（三）批判劳动异化，强调"人的本质是自由自觉的活动"

在《1844 年经济学哲学手稿》（以下简称《手稿》）中，马克思对异化劳动进行批判，揭示资本主义社会里劳动异化的四种表现形式：劳动者同劳动产品的异化、劳动者同劳动本身的异化、人同自己的类本质的异化以及人同人的异化。

第一，在资本主义条件下，工人已经丧失人的本质，"工人降低为商品，而且是最贱的商品"⑦，人的本质的展示过程，就是人的本质的丧失过程，就是异化，这个过程分为四个阶段：劳动者同劳动产品的异化。劳动产品本来是劳动者本质力量的实现，跟劳动者个人是同一的，但在资本主义生产过程中，劳动者同他的劳动产品相互否定，"工人生产的财富越多，他的产品的力量和数量越大，他就越贫穷"⑧。劳动的对象化"作为一种异己的存在物，作为不依赖于生产者的力量，同劳动相对立。劳动的实现就是劳动的对象化。劳动的这种实现表现为工人的

---

① 《马克思恩格斯选集》第 1 卷，人民出版社 1995 年版，第 2 页。
② 同上书，第 1 页。
③ 同上书，第 2 页。
④ 同上。
⑤ 同上。
⑥ 同上书，第 10 页。
⑦ 《马克思恩格斯全集》第 42 卷，人民出版社 1979 年版，第 89 页。
⑧ 同上书，第 90 页。

失去现实性，对象化表现为对象的丧失和被对象奴役，占有表现为异化、外化"①。劳动产品已经成为一种异己的力量，"工人同自己的劳动产品的关系就是同一个异己的对象的关系"②。这种异己化的必然结果，就是工人在两方面成为自己的对象的奴隶"首先，他得到劳动的对象，也就是得到工作；其次，他得到生存资料。因而，他首先作为工人，其次作为肉体的主体，才能够生存。这种奴隶状态的顶点就是：他只有作为工人才能维持作为肉体的主体的生存，并且只有作为肉体的主体才能是工人"③。

第二，劳动者同劳动本质的异化。工人同劳动对象的异化不过是劳动活动本身异化、外化的结果。劳动已经不再是工人的本质，"在自己的劳动中不是肯定自己，而是否定自己，不是感到幸福，而是感到不幸，不是自由地发挥自己的体力和智力，而是使自己的肉体受折磨、精神遭摧残"④。"他的劳动不是自愿的劳动，而是被迫的强制劳动。"⑤ 人的异己化劳动"是一种自我牺牲、自我折磨的劳动"⑥ 过程。劳动的外在性质"就表现在这种劳动不是他自己的，而是别人的；劳动不属于他；他在劳动中也不属于他自己，而是属于别人"⑦。"他的活动属于别人，这种活动是他自身的丧失。"⑧ 劳动，人在这种本质力量对象化的过程中自我异化，"活动就是受动；力量就是虚弱；生殖就是去势；工人自己的体力和智力，他个人的生命（因为，生命如果不是活动，又是什么呢？）就是不依赖于他、不属于他、转过来反对他自身的活动。这就是自我异化，而上面所谈的是物的异化"⑨。

第三，人同自己类本质的异化。人的类本质是人与动物的基本区别，"动物和它的生命活动是直接同一的……人则使自己的生命活动本

---

① 《马克思恩格斯全集》第 42 卷，人民出版社 1979 年版，第 91 页。

② 同上。

③ 同上书，第 92 页。

④ 同上书，第 93 页。

⑤ 同上书，第 94 页。

⑥ 同上。

⑦ 同上。

⑧ 同上。

⑨ 同上书，第 95 页。

身变成自己的意志和意识的对象"①。人成为类存在物，"正因为人是类存在物，他才是有意识的存在物，也就是说，他自己的生活对他是对象"②。但异化劳动颠倒了这两者之间的关系，"以至人正因为是有意识的存在物，才把自己的生命活动，自己的本质变成仅仅维持自己生存的手段"③。异化劳动，使"他的生命活动同人相异化，也就使类同人相异化；它使人把类生活变成维持个人生活的手段"④。人的类本质于是"变成人的异己的本质，变成维持他的个人生存的手段。异化劳动使人自己的身体，以及在他之外的自然界，他的精神本质，他的人的本质同人相异化"⑤。

第四，人同人的异化。"人同他的类本质相异化这一命题，说的是一个人同他人相异化，以及他们中的每个人都同人的本质相异化。"⑥人同自己的劳动产品、自己的生命活动、自己的类本质相异化必然导致人同人的异化，"当人同自身相对立的时候，他也同他人相对立。凡是适用于人同自己的劳动、自己的劳动产品和自身的关系的东西，也都适用于人同他人、同他人的劳动和劳动对象的关系"⑦。

在《手稿》中，马克思通过对异化劳动的分析批判，提出了人的本质的四种规定，这也是马克思对资本主义劳动异化的批判的尺度。人的本质的第一个规定就是，劳动结果是人的本质的对象化形式，是人的本质的外化，物化；其二，劳动是人的本质力量的展示过程，劳动就是人的本质本身；其三，"一个种的全部特性、种的类特性就在于生命活动的性质，而人的类特性恰恰就是自由的自觉的活动"⑧。人的类本质包涵"自然界"——人化自然、"人的精神的、类的能力"——自由自觉的活动两部分内容；其四，人同他人的关系是人本质的确认形式："一般地说人同自身的任何关系，只有通过人同其他人的关系才得到实现和

---

① 《马克思恩格斯全集》第 42 卷，人民出版社 1979 年版，第 96 页。
② 同上。
③ 同上。
④ 同上。
⑤ 同上书，第 97 页。
⑥ 同上书，第 98 页。
⑦ 同上书，第 97 页。
⑧ 同上书，第 96 页。

表现。"①

在《手稿》中，马克思从探讨人的生命活动之自由的有意识的活动本质入手，揭示了这种活动所表现的生产、劳动或实践的实质是人的本质力量的对象化，由此将实践确定为人的本质。

马克思的异化劳动理论并不只是停留于从劳动对人的本质的异化上批判资本主义社会，而是找到了财产所有制关系是使异化劳动成为可能的根源，进而在政治经济学和哲学研究的基础上，提出、探索和初步回答了许多涉及人类历史发展规律的重大问题，从而为他创立唯物史观乃至整个马克思主义科学体系奠定了基础。

（四）批判青年黑格尔派主观唯心主义，指出人的本质是"历史中行动的人"

在《神圣家族》中，马克思以人本论思维方法和实践思维方式批判了以鲍威尔为首的青年黑格尔派的唯心主义，指出人本质是"历史中行动的人"。

对青年黑格尔派思辨哲学的批判是这一时期马克思理论活动的主题。思辨哲学把自我意识当作世界之本，认为自然存在于人之外，把人作为自然存在，"不承认任何有别于思维的存在、任何有别于精神的自发性的自然力、任何有别于理智的人的本质力量、任何有别于活动的苦痛、任何有别于本身行动的别人对我们的影响、任何有别于知识的感觉和欲望、任何有别于头脑的心灵、任何有别于主体的客体、任何有别于理论的实践、任何有别于批判家的人、任何有别于抽象的普遍性的共同性、任何有别于我的你"②。

思辨哲学是把自然及其作为自然存在物的人当作自我意识实现的工具和感性对象。思辨哲学首先把人和自然当作抽象思辨的工具，然后又把其当作感性对象；思辨哲学先将各种不同的现实的自然物或作为自然存在物的人抽象出"实体"，但是接着否定了这个抽象的实体是从自然以及作为自然存在物的人中来的，而把这个抽象的"实体"上升为真正的本质，然后以抽象的"实体"为根据逻辑演绎出现实的存在物和

---

① 《马克思恩格斯全集》第 42 卷，人民出版社 1979 年版，第 98 页。
② 《马克思恩格斯全集》第 2 卷，人民出版社 1995 年版，第 180—181 页。

作为自然存在物的人。抽象的一般即实体之所以能外化具体的感性实物的根据，是"一般观念"这个绝对主体的自我活动，而人及其自然只是绝对主体的感性对象而已。

按照思辨哲学的逻辑，必然歪曲人性，扼杀人的生命，必然要求现实的个别的世界必须满足抽象理念的需要，削足适履，甚至成为抽象理念的牺牲品。

《神圣家族》一书还初步批判费尔巴哈的人本唯物主义，"本书已经含有马克思在《关于费尔巴哈的提纲》中所批判费尔巴哈的形而上学的直观的唯物主义时所提出的某些观点"①。恩格斯后来指出马克思与费尔巴哈的分歧："对抽象的人的崇拜，即费尔巴哈新宗教的核心，必须由关于现实的人及其历史发展的科学来代替，这个超出费尔巴哈的工作，是由马克思于1845年在《神圣家族》中开始的。"②

马克思恩格斯批判了费尔巴哈哲学"将人连同作为人的基础的"自然作为其"唯一的、最高的对象"，批判其"借助人，把一切超自然的东西归结为自然，又借助自然，把一切超人的东西归结为人"③。费尔巴哈只是将人看作"感性对象"，而不是"感性活动"本身，不理解实践是人的存在方式，"从来没有把感性世界理解为这一世界的个人的全部活生生的感性活动"④。费尔巴哈所理解的人的本质仍然是抽象的人，没有能动性、主体性和历史性的人。

针对思辨哲学以及费尔巴哈的旧唯物主义的错误，马克思恩格斯首次指出历史是"人活动的"历史："'历史'并不是把人当作达到自己目的的工具来利用某种特殊的人格。历史不过是追求着自己目的的人的活动而已。"⑤ 进而以"历史中行动的人"代替费尔巴哈"抽象的人"。

---

① 蔡玉珍：《对〈神圣家族〉中的人本思维方法初探》，《湘潭师范学院学报》（社会科学版）2006年第1期。

② 《马克思恩格斯选集》第4卷，人民出版社1995年版，第241页。

③ 《费尔巴哈著作选集》上卷，商务印书馆1984年版，第294页。

④ 《马克思恩格斯全集》第1卷，人民出版社1972年版，第78页。

⑤ 《马克思恩格斯全集》第2卷，人民出版社1965年版，第118页。

（五）批判旧唯物主义，提出"人的本质不是单个人所固有的抽象物，在其现实性上，它是一切社会关系的总和"

在《关于费尔巴哈的提纲》中，马克思批判了旧唯物主义，提出"人的本质不是单个人所固有的抽象物，在其现实性上，它是一切社会关系的总和"①。

马克思开宗明义地指出一切旧唯物主义（包括费尔巴哈的唯物主义）的"主要缺点是：对对象、现实、感性，只是从客体的或者直观的形式去理解，而不是把它们当作感性的人的活动，当作实践去理解，不是从主体方面去理解"②。旧唯物主义的世界是没有人的实践的世界，是没有主体的世界，这是旧唯物主义的根本缺憾。费尔巴哈没有"把人的活动理解为对象性的活动"③，对实践"只是从它的卑污的犹太人的表现形式去理解和确定"④。马克思批判旧唯物主义的目的是对世俗社会的批判，世俗社会分裂根源于世俗社会内部的矛盾："世俗基础使自己从自身中分离出去，并在云霄中固定为一个独立王国，这只能用这个世俗基础的自我分裂和自我矛盾来说明。"⑤ 而世俗世界的自我异化的秘密一旦被揭露，它就成为被批判和被消灭的对象，"自从发现神圣家族的秘密在于世俗家庭之后，世俗家庭本身就应当在理论上和实践中被消灭"⑥。

旧唯物主义是费尔巴哈人本质理论错误的根源，在批判旧唯物主义以及世俗世界的基础上，马克思批判了费尔巴哈人本质理论的根本错误："（1）撇开历史的进程，把宗教感情固定为独立的东西，并假定有一种抽象的——孤立的——人的个体；（2）因此，本质只能被理解为'类'，理解为一种内在的、无声的、把许多个人自然地联系起来的普遍性。"⑦ 费尔巴哈没有认识到"'宗教感情'本身是社会的产物，而他所分析的抽象的个人，是属于一定的社会形式的"⑧，不把感性理解为

---

① 《马克思恩格斯选集》第 1 卷，人民出版社 1995 年版，第 56 页。
② 同上书，第 54 页。
③ 同上。
④ 同上。
⑤ 同上书，第 55 页。
⑥ 同上。
⑦ 同上书，第 56 页。
⑧ 同上。

实践活动的旧唯物主义"至多也只能达到对单个人和市民社会的直观"①。马克思得出结论，新旧唯物主义的根本区别在于"旧唯物主义的立脚点是市民社会，新唯物主义的立脚点则是人类社会或社会的人类"②。旧唯物主义的"哲学家们只是用不同的方式解释世界，问题在于改变世界"③。

马克思的人的本质是"一切社会关系的总和"的思想是建立在对旧唯物主义批判，对费尔巴哈的人本质批判，突出感性活动的地位，把全部社会生活建立在实践基础上的结果。

（六）批判德意志意识形态，提出人的本质是"现实的人"

马克思在《德意志意识形态》中对"德意志意识形态"进行了系统的批判，完成了他唯物史观的建构，对人的本质也找到了最终的答案——"现实的人"。人的本质既不是"抽象的人"，也不是"理想的人"，而是"自由自觉的活动"和现实中被否定了的形态的统一体"现实的人"，"一切社会关系的总和"是人本质的异化形式。

在《德意志意识形态》开篇，马克思就指出"德国的玄想家"们所宣告的"这一切都是在纯粹的思想领域中发生的"④，"从施特劳斯到施蒂纳的整个德国哲学批判都局限于对宗教观念的批判。他们的出发点是现实的宗教和真正的神学"⑤。德意志意识形态的批判，"都没有离开过哲学的基地。这个批判虽然没有研究过自己的一般哲学前提，但是它谈到的全部问题终究是在一定的哲学体系即黑格尔体系的基地上产生的"⑥。老年黑格尔派错误的根源是"只要把一切归入黑格尔的逻辑范畴，他们就理解了一切"⑦，而"青年黑格尔派则通过以宗教观念代替一切或者宣布一切都是神学上的东西来批判一切。青年黑格尔派同意老年黑格尔派的这样一个信念，即认为宗教、概念、普遍的东西统治着现

---

① 《马克思恩格斯选集》第 1 卷，人民出版社 1995 年版，第 56—57 页。
② 同上书，第 57 页。
③ 同上。
④ 同上书，第 62 页。
⑤ 同上书，第 64 页。
⑥ 同上。
⑦ 同上书，第 65 页。

存世界"①。这势必导致"仅仅反对这个世界的词句"，"绝对不是反对现实的现存世界"②。于是，马、恩要从"德国哲学和德国现实之间的联系"③ 即"他们所作的批判和他们自身的物质环境之间的联系问题"④ 展开对德意志意识形态的批判，尤其要批判德国哲学，也就是要清算费尔巴哈的旧唯物主义，确立唯物史观。

批判德意志意识形态是为了揭示人是现实的人，"一旦人开始生产自己的生活资料的时候，这一步是由他们的肉体组织所决定的，人本身就开始把自己和动物区别开来"⑤。人是"现实的人"是"从事活动的，进行物质生产的，因而是在一定的物质的、不受他们任意支配的界限、前提和条件下活动着的"⑥ 人，而不是费尔巴哈的"处在某种虚幻的离群索居和固定不变状态中的人"⑦ "抽象的人"，这些人要"受自己的生产力和与之相适应的交往的一定发展——直到交往的最遥远的形态——所制约"⑧。

既然人是现实的人，那么就应该从"现实的历史的人"的角度探索人解放的道路，"实践的唯物主义者即共产主义者来说，全部问题都在于使现存世界革命化，实际地反对并改变现存的事物"⑨。而费尔巴哈"从来没有把感性世界理解为构成这一世界的个人的全部活生生的感性活动"，因此"他便不得不求助于'最高的直观'和观念上的'类的平等化'"⑩，所以"当费尔巴哈是一个唯物主义者的时候，历史在他的视野之外；当他去探讨历史的时候，他不是一个唯物主义者。在他那里，唯物主义和历史是彼此完全脱离的"⑪。

要实现人的解放，就要通过革命的实践消灭现实的社会关系，马克思指出"意识一开始就是社会的产物，而且只要人们存在着，它就仍然

① 《马克思恩格斯选集》第 1 卷，人民出版社 1995 年版，第 65 页。
② 同上。
③ 同上书，第 66 页。
④ 同上。
⑤ 同上书，第 67 页。
⑥ 同上书，第 72 页。
⑦ 同上书，第 73 页。
⑧ 同上书，第 72 页。
⑨ 同上书，第 75 页。
⑩ 同上书，第 78 页。
⑪ 同上。

是这种产物"①。但从"物质劳动和精神劳动分离"开始，"意识才能摆脱世界而去构造'纯粹的'理论、神学、哲学、道德等等。但是，如果这种理论、神学、哲学、道德等等和现存的关系发生矛盾，那么，这仅仅是因为现存的社会关系和现存的生产力发生了矛盾"②。要解决这些矛盾，只有消灭现存的社会关系，这些社会关系导致了异化，无产阶级要通过革命的实践实现自己的解放，而德意志意识形态是看不到这一历史唯物主义逻辑的，不可能得到通过革命的实践来实现自己解放的结论，因为这些"玄想家"们不是把人理解为"现实的历史的人"，而是认为意识到这种异化的状态，并且要通过革命的实践实现自己的解放的"这些不幸情况的发生是由于那些当事人陷入'实体'这堆粪便之中，他们没有达到'绝对自我意识'，也没有认清这些恶劣关系产生于自己精神的精神"③。

马、恩还批判了德意志意识形态的自我异化，指出德意志意识形态的自我异化，是导致产生"一般的人的本质""抽象人的本质"的根源。

"统治阶级的思想在每一时代都是占统治地位的思想。"④在统治阶级阵营内，"一部分人是作为该阶级的思想家出现的，他们是这一阶级的积极的、有概括能力的玄想家，他们把编造这一阶级关于自身的幻想当作主要的谋生之道"⑤，而编造出来的幻想成为"越来越抽象的思想，即越来越具有普遍性形式的思想"⑥，因为统治阶级"为了达到自己的目的不得不把自己的利益说成是社会全体成员的共同利益，就是说，这在观念上的表达就是：赋予自己的思想以普遍性的形式，把它们描绘成唯一合乎理性的、有普遍意义的思想"⑦。于是，德意志意识形态在统治阶级那里自我异化，这样"从这些不同的思想中抽象出'一般思想'、观念等等，并把它们当作历史上占统治地位的东西，从而把所有这些个别的思想和概念说成是历史上发展着的一般概念的'自我规

---

① 《马克思恩格斯选集》第 1 卷，人民出版社 1995 年版，第 81 页。
② 同上书，第 82 页。
③ 同上书，第 98 页。
④ 同上。
⑤ 同上书，第 99 页。
⑥ 同上书，第 100 页。
⑦ 同上。

定'。在这种情况下，从人的概念、想象中的人、人的本质、一般人中能引申出人们的一切关系，也就很自然了"。抽象人的本质的规定正是从意识形态的被赋予了普遍性形式的这种异化当中诞生出来的。

马、恩在批判德意志意识形态的基础上阐发人的本质的理论，指出人的本质是"自由自觉的人的活动"和被异化了的现实的合题——"现实的人"。马、恩把社会关系归结为私有制和劳动："在大工业和竞争中，各个人的一切生存条件、一切制约性、一切片面性都融合为两种最简单的形式——私有制和劳动。"① 但是由于分工所引起的"资本和劳动之间的分裂以及所有制本身的各种不同的形式"② 的分裂在资本主义条件下越来越尖锐，而"劳动本身只能在这种分裂的前提下存在"③。劳动者与他们自己的能力——生产力之间发生了分裂，"同这些生产力相对立的大多数个人，这些生产力是和他们分离的，因此这些个人丧失了一切现实的生活内容，成了抽象的个人，然而正因为这样，他们才有可能作为个人彼此发生联系"④。

劳动本来应该是劳动者自主力量的展示，但是在现实中，"他们同生产力并同他们自身的存在还保持着的唯一联系，即劳动，在他们那里已经失去了任何自主活动的假象，而且只能用摧残生命的方式来维持他们的生命"⑤。这才是真正存在着的人，才是"现实的人"的真正寓意。"物质生活一般都表现为目的，而这种物质生活的生产即劳动（它现在是自主活动的唯一可能的形式，然而正如我们看到的，也是自主活动的否定形式）则表现为手段。"⑥

二　现实的人本质的内在矛盾是马克思学说体系展开的内在动力

马克思学说是一个严密的逻辑体系，对人本质的揭示及人的解放道

---

① 《马克思恩格斯选集》第 1 卷，人民出版社 1995 年版，第 127 页。
② 同上。
③ 同上。
④ 同上书，第 128 页。
⑤ 同上。
⑥ 同上。

路的探索是马克思学说的主题。马克思的人本质的构筑经历了一个从抽象的人出发，经过对人本质的异化的揭示最后到达现实的人的层层深入三个阶段，这三个阶段表现为一个正、反、合的辩证过程。现实人的本质的内在矛盾是人类历史发展的动力也是马克思学说展开的内在张力。人类历史发展的必然趋势和马克思学说展开的逻辑结论就是对导致人本质异化的社会关系的克服和全面发展的人的实现。

马克思在对人的本质的内在矛盾的揭示和对人的现实的解放道路的探索过程中完成其学说的建构，现实的人的内在矛盾：人本质与现实的社会关系的矛盾、冲突成为推动马克思学说展开的内在动力。在人本质的构筑过程中，马克思分别采用了"自由的运动"，"自由自觉的活动、劳动"和"社会实践"作为人的本质的实现形式。马克思人的本质的构筑分为三个阶段：在《博士论文》中，马克思借用黑格尔的自我意识对人的本质作正面肯定；在《1844 年经济学哲学手稿》中，马克思对资本主义条件下人本质的异化进行揭露和批判；在《关于费尔巴哈的提纲》和《德意志意识形态》中，马克思揭示现实的人的本质，指出现实的社会关系的总和是对人的本质的全面否定，是人的本质的倒置。第一阶段是正题，第二阶段是反题，而第三阶段是合题，马克思关于人的本质的建构经历了一个正反合的逻辑周期。第一阶段，对抽象的人本质的探索成为马克思学说展开的最初动力；第二阶段，对人异化本质的批判则成为马克思学说展开的内在动力；第三阶段，人的本质与现实的社会关系的总和之间的矛盾，成为马克思学说展开的内在动力。在人的本质的建构过程中，马克思形成了其历史唯物主义的基本理论体系。科学社会主义是对人的解放的现实路径的探索，政治经济学是对人的被异化的深刻批判并为人的解放的现实道路奠定坚实的基础。

（一）抽象的人是马克思人本质构筑的正题

在《博士论文》时期，马克思依然是青年黑格尔主义的热情追随者，他用个别人的自我意识来改造黑格尔的"绝对精神"，通过原子偏离直线的运动来表达人的本质和人的解放的思想，提出人的本质是自我意识的理论，抽象人的本质成为马克思人本质构筑的正题。

《博士论文》撰写于 1839 年，马克思通过对古希腊两位哲学家德谟克利特和伊壁鸠鲁的自然哲学的比较，阐发自己的哲学见解，他指出德谟克利特注重必然性，转向怀疑论哲学，而伊壁鸠鲁则注重偶然性，把感觉论贯彻到底。伊壁鸠鲁反对德谟克利特的原子在虚空当中做直线运动的主张，认为只有偏离直线的运动才构成原子的绝对独立性。马克思据此认为伊壁鸠鲁的"原子偏离直线，是最深刻的结论之一，并且是根据伊壁鸠鲁哲学的本质而来的"①。所以，伊壁鸠鲁哲学的本质就是原子的个体性、自在性和独立性，就是排除了使自己异在的可能的自为的状态，原子偏离直线的含义，就是它保持自身的能力。马克思借用原子来表达自己对人的本质和人的解放的理解，原子不满足于直线运动（必然性），而是要有自身的行为目的，这个目的就是自我解放；只有自身规定自身，才有不依赖于其他关系的独立性；偏离直线的原则，就是能动性、活动性的原则，或者自我运动的辩证原则。只有原子偏离直线的运动，才是世界发展的动力："如果原子不偏斜，就不会有原子的冲击和原子的碰撞，因而世界永远也不会创造出来。"②

在以原子偏离直线的运动来解释关于人的本质和人的解放的同时，马克思进而把哲学理解为人的本质精神：哲学作为"一个本身自由的理论精神"，按照它自己的意志，向着"理论精神之外的世俗的现实"③发展，这是哲学本身所固有的，是哲学的本质所在，同时也是人的本质精神，体现着精神在现实中所表现的创造活动。因而黑格尔所理解的世界本来所具有的内在原则的精神即世界精神本身，也要向作为外在形式的现象世界转化，马克思用两个命题来表示："世界的哲学化"和"哲学的世界化"。哲学把自己的本质强加给世界，在世界的发展中体现了哲学的本质，就是世界的哲学化。当世界接受了哲学的本质并进行了改造之后，又把改造后的符合哲学的本质交给哲学，使哲学的本质得到充实，就是哲学的世界化。显然，哲学的本质体现着人的本质，"世界的哲学化"和"哲学的世界化"体现着人和世界的双向性关系。马克思的这一思想进一步发展为他对人的本质的深入认识：人的本质是自由自觉的劳动和人的本质体现为社会实践。可见，马克思在人的本质的发掘中把握哲学，又在哲学的拓展中丰富了对于人的本质的认识，人的本质

---

① 《马克思恩格斯全集》第 40 卷，人民出版社 1982 年版，第 119 页。
② 同上书，第 216 页。
③ 同上书，第 258 页。

的初始理解在马克思那里就是其哲学发展的动力并且是他的哲学本身，并且人的本质的进一步展开推动和体现为马克思哲学的进一步展开。

（二）人的异化本质的揭示成为马克思人本质构筑的反题

人的本质就是要挣脱必然性，争取人的解放，但人的本质在现实世界中并不总能实现，在现实世界中，人的本质处处以被异化的形式存在着。

在《莱茵报》时期，"物质利益"问题成为马克思所必须面对的难题，马克思当时还没有研究政治经济学，还不能以恰当的方式去解决这些困惑。在《德法年鉴》时期，马克思通过对宗教的深入评判，清算了黑格尔的唯心主义思想，深化人的本质的理论，进而提出"人是人的最高本质"。

在《1844 年经济学哲学手稿》（以下简称《手稿》）中，马克思指出人的类本质是"自由的有意识的活动"，并且表明人的本质在现实中总是被异化着。

此时，马克思在批判了黑格尔对人的本质作"抽象的精神的劳动"的理解基础上，也从费尔巴哈的抽象的"类本质"中走出来，给予人本质以现实的劳动诉求，从人类的生活世界对人的类本质加以考察："一个种的全部特性，种的类特性就在于生命活动的性质，而人的类特性恰恰就是自由的有意识的活动。"① 实践或劳动成为人的本质，人的实践活动本身是在意识支配下展开的活动，因而，活动是否具有目的性、价值性和功能性成为人的生命活动与动物的生命活动的本质的区别，人的本质根本在于人的生命活动的目的性、价值性和能动性，因而具有全面性、不断超越性和自觉性。人的"类本质"是具体的、历史的而不是与生俱来的，是在"自由的有意识的活动"中逐渐生成和发展的。

人的本质在资本主义社会中并不是总能实现的，恰恰相反，在现实社会中，人的本质被全面异化，主要表现为四个方面：劳动者同劳动产品的异化、劳动者同劳动本身的异化、人同自己的类本质的异化以及人同人的异化。针对现实对人的本质的异化，马克思在《手稿》当中展

---

① 《马克思恩格斯选集》第 1 卷，人民出版社 1995 年版，第 46 页。

开了对资本主义异化劳动的深刻批判。

《手稿》通过异化理论揭示了劳动"异化"之前，人的本质呈现为"自然主义"的本真状态；在实践、劳动过程中，人的本质就被异化了；马克思看到了共产主义要扬弃"异化劳动"，但此时唯物史观还没有诞生，人的本质的复归只能是恢复"自然主义"的本真状态。

（三）现实的人是马克思人本质构筑的合题

现实的人的内在矛盾：人本质与现实的社会关系的对立与统一是马克思人本质构筑的合题，现实的人也成为马克思学说的逻辑起点。在《关于费尔巴哈的提纲》中，马克思走出了《手稿》时期的困惑，从人的现实的社会关系中构筑人的本质："人的本质并不是单个人所固有的抽象物，在其现实性上，它是一切社会关系的总和。"① "一切社会关系的总和"是人的本质的对象化，是人的本质的表现形式，而在资本主义及其以前的所有文明时期，一切社会关系的总和都是对人的本质的否定，马克思在《德意志意识形态》中从社会关系的层面对其作了进一步解释。

在《关于费尔巴哈的提纲》中，马克思还对人的本质活动——一切社会生活进行了规定，指出"社会生活在本质上是实践的"②，对社会生活和实践关系的规定打通了社会关系、社会生活以及实践的联系，也通过社会关系、社会生活，把人的本质同社会实践联系在一起。而作为人本质的表现形式的实践，其目的就在于改造世界："哲学家们只是用不同的方式解释世界，而问题在于改造世界。"③

在《德意志意识形态》中马克思对人本质的社会属性给予了规定，其一，人的自然本性决定人的社会本质："全部人类历史的第一个前提无疑是有生命的个人的存在"④，人的本质第一属性是有生命的个人的存在；其二，强调社会属性中人的类本质的成分："可以根据意识、宗教或随便别的什么来区别人和动物。当人开始生产自己的生活资料的时候，这一步是由他们的肉体组织所决定的，人本身就开始把自己和动物

---

① 《马克思恩格斯选集》第 1 卷，人民出版社 1995 年版，第 60 页。
② 同上。
③ 同上书，第 61 页。
④ 同上书，第 67 页。

区别开来。"① 其三，个体本质的历史继承性："历史的每一阶段都遇到一定的物质结果，一定的生产力总和，人对自然以及个人之间历史地形成的关系，都遇到前一代传给后一代的大量生产力、资金和环境……它们也预先规定新的一代本身的生活条件，使它得到一定的发展和具有特殊的性质"②，于是，"历史不外是各个世代的依次交替。每一代都利用以前各代遗留下来的材料、资金和生产力；由于这个缘故，每一代一方面在完全改变了的环境下继续从事所继承的活动，另一方面又通过完全改变了的活动来变更旧的环境"③。在人类的社会关系中，物质关系是人本质的根本决定因素，社会关系是人创造的，而不是外在于人的自然，社会关系说到底是人的关系，社会关系和人的本质在社会实践中共同获得历史性发展，人是历史的人，人的本质在历史的发展中不断被赋予新的内容。人的本质在不同的社会历史阶段是不同的，随着历史的发展，人的本质是不断改变的，这种历史性生存不仅是简单的单向性的持续性时间，而是一种将过去扬弃在自身内部，同时创造现在走向未来的历史时间。

马克思在此赋予了人的本质以社会属性的内容，但是他不满足于对这些事实的正确理解，而是对其持坚决的批判态度："只是希望确立对存在的事实的正确理解，然而一个真正的共产主义者的任务却在于推翻这种存在的东西。"④ 马克思用鱼和水的关系来揭示人的本质和社会关系的对立："鱼的'本质'是它的'存在'，即水。河鱼的'本质'是河水。但是，一旦这条河归工业支配，一旦它被染料和其他废料污染，河里有轮船行驶，一旦河水被引入只要简单地把水排出去就能使鱼失去生存环境的水渠，这条河的水就不再是鱼的'本质'了，对鱼来说它将不再是适合生存的环境了。"⑤ 马克思所批判的资本主义社会关系，这种人的本质的表现形式，就如同鱼和使鱼失去生存环境的水的关系一样，社会关系本身是对人的本质的反对。马克思从以下六个方面剖析了社会关系是对人的本质的反对：

---

① 《马克思恩格斯选集》第1卷，人民出版社1995年版，第67页。
② 同上书，第92页。
③ 同上书，第88页。
④ 同上书，第96—97页。
⑤ 同上书，第97页。

第一，分工必然导致人的部分本质的丧失，"只要分工还不是出于自愿，而是自然形成的，那么人本身的活动对人来说就成为一种异己的、同他对立的力量，这种力量压迫着人，而不是人驾驭着这种力量"①。在社会分工的前提下，人的活动被限制在特定的范围，这个范围是外在的，他不能超出这个范围，人的本质无可避免地被异化了。

第二，单个人在自己的活动扩大为世界历史性活动的过程中"越来越受到对他们来说是异己的力量的支配（他们把这种压迫想象为所谓宇宙精神等等的圈套），受到日益扩大的、归根结底表现为世界市场的力量的支配，这种情况在迄今为止的历史中当然也是经验事实"②。

第三，城市和乡村的分离是物质劳动和精神劳动的最后一次分工，这种分离必然带来人的异化的加深，"城乡之间的对立是个人屈从于分工、屈从于他被迫从事的某种活动的最鲜明的反映，这种屈从把一部分人变为受局限的城市动物，把另一部分人变为受局限的乡村动物，并且每天都重新产生二者利益之间的对立"③。在城乡分离的条件下，劳动是凌驾于个人之上的力量，只要这种力量还存在，私有制也就必然会存在下去。

第四，在资本主义条件下，无产阶级的生存条件使无产阶级异化，"他们自身的生活条件、劳动，以及当代社会的全部生存条件都已变成一种偶然的东西，单个无产者是无法加以控制的，而且也没有任何社会组织能够使他们加以控制"④。单个无产者的个性和强加于他的生活条件即劳动之间存在着尖锐的矛盾，单个无产阶级一开始就成了牺牲品，并且他们没有机会获得使他转为另一个阶级的各种条件。

第五，在阶级对立的状态下，共同体的联合也使得人的本质部分地丧失，"某一阶级的各个人所结成的、受他们的与另一阶级相对立的那种共同利益所制约的共同关系，总是这样一种共同体，这些个人只是作为普通的个人隶属于这种共同体，只是由于他们还处在本阶级的生存条件下才隶属于这种共同体；他们不是作为个人而是作为阶级的成员处于

①　《马克思恩格斯选集》第1卷，人民出版社1995年版，第85页。
②　同上书，第89页。
③　同上书，第104页。
④　同上书，第120页。

这种共同关系中的"①。

第六，劳动是人的本质的表现形式，而在劳动中人的本质却被异化："他们同生产力并同他们自身的存在还保持着的唯一联系，即劳动，在他们那里已经失去了任何自主活动的假象，而且只能用摧残生命的方式来维持他们的生命。"②

马克思通过分析各种社会关系是对人的本质的否定，是使人的本质力量丧失的形式，并且进一步分析了人的各种社会关系在历史的发展中不断丰富，这些不断发展的新的社会关系成为人本质的新的"枷锁"和"桎梏"，但同时也丰富着人的本质的内容。

（四）对导致人本质异化的现实的社会关系的克服和人本质的复归是马克思学说体系展开的内在动力

马克思揭示人本质异化根源的目的，就是为了探索消灭异化实现人本质复归的现实道路。对应现实的社会关系对人本质否定的六个方面，马克思从六个角度指明了消灭异化的现实道路：

第一，共产主义是消灭分工所导致的人的部分本质的丧失的根本道路，那时，"任何人都没有特殊的活动范围，而是都可以在任何部门内发展，社会调节着整个生产，因而使我有可能随自己的兴趣今天干这事，明天干那事，上午打猎，下午捕鱼，傍晚从事畜牧，晚饭后从事批判，这样就不会使我老是一个猎人、渔夫、牧人或批判者"③。只有这样才能消灭社会活动的固定化，生产力的发展和无产阶级的壮大是消灭这种异化的现实条件。

第二，针对在单个人在活动范围扩大的过程中被异化了的事实，马克思提出："每一个单个人的解放的程度是与历史完全转变为世界历史的程度一致的。……只有这样，单个人才能摆脱种种民族局限和地域局限而同整个世界的生产（也同精神的生产）发生实际联系，才能获得利用全球的这种全面的生产（人们的创造）的能力。"④单个人的依存关系，这种在自然形成的世界历史性的共同活动的最初形式，将在共产

---

① 《马克思恩格斯选集》第1卷，人民出版社1995年版，第121页。
② 同上书，第128页。
③ 同上书，第85页。
④ 同上书，第89—90页。

主义革命中转化为单个人自觉的驾驭和控制的力量。

第三，大工业创造的无产阶级，"在所有的民族中都具有同样的利益，在它那里民族独特性已经消灭，这是一个真正同整个旧世界脱离而同时又与之对立的阶级。……因为大工业产生的无产者领导着这个运动并且引导着所有的群众，还因为没有卷入大工业的工人，被大工业置于比在大工业中做工的工人更糟的生活境遇"①。大工业产生的无产阶级领导人民群众将消灭由于城乡分离而导致的异化。

第四，无产阶级应当消灭劳动，推翻国家实现自己的个性，"消灭他们迄今面临的生存条件，消灭这个同时也是整个迄今为止的社会的生存条件，即消灭劳动。因此，他们也就同社会的各个人迄今借以表现为一个整体的那种形式即同国家处于直接的对立中，他们应当推翻国家，使自己的个性得以实现"②。

第五，无产阶级应当消灭虚假共同体，构筑自由人的联合体，"在控制了自己的生存条件和社会全体成员的生存条件的革命无产者的共同体中……各个人都是作为个人参加的。它是各个人的这样一种联合（自然是以当时发达的生产力为前提的），这种联合把个人的自由发展和运动的条件置于他们的控制之下"③。

第六，马克思指出消灭劳动异化的现实道路，"各个人必须占有现有的生产力总和，这不仅是为了实现他们的自主活动，而且就是为了保证自己的生存"④。无产阶级只有占有生产力的总和，"自主活动才同物质生活一致起来，而这又是同各个人向完全的个人的发展以及一切自发性的消除相适应的"⑤。

人的本质在现实的社会关系中被异化、被否定，人的自我力量在现实的社会关系中成为异己的力量，并且人类社会产生的新的社会关系又成为人的本质力量的新的"枷锁"，但也正是这种异己的力量，这种"枷锁"才压迫人朝向消灭这种异化、打碎全部"枷锁"而斗争，也正是这种异己力量，这种"枷锁"，才是社会历史发展的真正动力，才是

---

① 《马克思恩格斯选集》第 1 卷，人民出版社 1995 年版，第 115 页。
② 同上书，第 121 页。
③ 同上书，第 121—122 页。
④ 同上书，第 129 页。
⑤ 同上书，第 130 页。

推动社会历史向前发展的决定力量，也正是在人类历史的进步中人的本质才得以进一步丰富和发展，人类最终才有可能实现人的本质的全面复归和人的解放。

马克思在《德意志意识形态》中不仅指出了人在各种社会关系中被异化的事实，而且指出了人脱离这种异化的现实道路，显然此时马克思的思想一方面继承了他《手稿》当中的关于异化的理论，同时又把手稿中的劳动异化发展为社会关系是对人的异化，《手稿》中还没有明确人的本质复归的现实的道路，而在《德意志意识形态》里则表明了实现人的解放的历史唯物主义路线。

早在《〈黑格尔法哲学批判〉导言》中，马克思在批判宗教时就指出"宗教是人的本质在虚幻中的现实，因为人的本质不具有真正的现实性"[1]，而只是"人的自我异化的神圣形象"[2]。不仅宗教是人的本质的否定形式，而且全部意识形态——从逻辑上来说，是人的本质的高形态的抽象，也是对现实的社会关系的否定，"马克思的意识形态之所以是一个否定性的概念，是因为马克思通过对种种传统的意识形态的分析，认定它们的一个根本特征是用神秘的、扭曲的方式去反映现实世界"[3]。"意识形态与现实的关系不是一种真实的、相契合的关系，而是一种不真实的、掩蔽的关系。"[4] 马克思所理解的人的本质与其所呈现出来的状态是一种相互否定的关系，同样，马克思所理解的意识形态与其所反映的社会现实生活的真相，也是一种相互否定的关系。

现实的人的内在矛盾表明，社会关系的总和是人的本质的表现形式，而在资本主义条件下社会关系的总和又是对人的本质的否定。正是现实的人的内在矛盾才是马克思学说深化的动力，也正是这一矛盾促使他的唯物史观最终形成。正是在解决这一矛盾的过程中，马克思进一步探悉了资本主义异化的本原——政治经济学，同时马克思也在唯物史观的指导下探索了实现人的解放，合理地提出解决这一矛盾的现实道路——共产主义。

---

① 《马克思恩格斯选集》第 1 卷，人民出版社 1995 年版，第 1—2 页。

② 同上书，第 2 页。

③ 俞吾金：《意识形态论》，上海人民出版社 1993 年版，第 134 页。

④ 同上。

第二章

马克思学说体系的逻辑起点、
逻辑中介以及逻辑终点

逻辑起点、逻辑终点和逻辑中介的准确确定是马克思学说理论体系严密科学性的根本保证。科学、严谨的理论体系都是从逻辑起点出发，严格遵循逻辑规则展开，逐个层次构筑起来的逻辑体系。现实的人是马克思学说的逻辑起点，全面发展的人是马克思学说的逻辑终点，而革命的实践则是贯通马克思学说体系的逻辑起点、逻辑终点的逻辑中介。马克思学说体系的逻辑起点、逻辑终点和逻辑中介的准确定位是构筑科学的马克思学说体系的前提，也是确保马克思主义发展一脉相承的基本准则。

具备逻辑起点、逻辑终点和逻辑中介三个基本要素，是一门学说成为科学的必备条件，"抓住了这三点，才算抓住了一门科学理论的'纲'。而每一门新兴学科的最后形成，也都必须首先准确确定逻辑起点，这样，全部理论才能从起点开始逐步展开"①。任何一个科学理论体系，都要有严密的逻辑体系作保证，按照科学、严谨的方式，逐个层次构筑起来。逻辑起点是逻辑体系的开端，规定着逻辑体系的展开和演绎的进程，起点范畴与理论体系具有内在的逻辑联系。建立在起点基础上的经过逻辑中介最终到达逻辑终点，逻辑演绎而构成这门科学理论的体系，黑格尔称之为科学体系，他认为"哲学若没有体系，就不能成为科学"②。在《小逻辑》中，他极力反对仅仅是"零碎的知识的联系"的做法而坚信体系化才是理论科学化的规范。现实的人是马克思学说的逻辑起点，全面发展的人是马克思学说的逻辑终点，而实践则是贯通其

---

① 冯振广、荣今兴：《逻辑起点问题琐谈》，《河南社会科学》1996 年第 4 期。
② ［德］黑格尔：《小逻辑》，商务印书馆 1980 年版，第 56 页。

全部学说的逻辑中介。马克思学说体系的逻辑起点、逻辑终点和逻辑中介的准确定位是构筑科学的马克思学说体系的前提，也是确保马克思主义发展一脉相承的基本准则。

讨论马克思学说体系的逻辑起点之前应当首先讨论马克思学说体系的历史起点。讨论马克思学说体系的历史起点是确立马克思学说体系逻辑起点的先导。

一　逻辑起点和逻辑终点的准确确立
是该理论体系科学化的标志

任何一个科学理论体系的形成，都"必须先确定一个最基本的范畴作为逻辑起点，这样，全部理论才能从起点开始逐步展开"①，通过逻辑中介最后达到逻辑终点。

（一）逻辑起点的准确确立是该理论体系科学化的标志

逻辑起点是保证"科学理论的系统性和内在联系性。一种理论只要是科学的系统，它就必定是按照客观规律的要求进行排列的，这种规律性也就是逻辑性。因为这个起点是逻辑的，所以，一种科学理论的起点只能有一个"②。这里的逻辑起点是这门学科的核心要素或者说是细胞形态，用当代的语言来说是这门学说的"基因"，只要按照严密的逻辑，起点这一核心要素就可以发展为整个学说体系，逻辑起点的"基因"特点是说，在该学说的逻辑起点上已经内在地包含了这门学说的全部观点。

黑格尔对于一个理论体系的逻辑起点有深刻的见解，他认为，起点范畴是一个最初的、最直接的和最简单的规定，它"不以任何东西为前提……不以任何东西为中介，也没有根据；不如说它本身倒应当是全部科学的根据"③，逻辑起点"是无规定性的单纯的直接性，而最初的开端不能是任何间接性的东西"④。起点"必须直截了当地是一个直接的

---

① 冯振广、荣今兴：《逻辑起点问题琐谈》，《河南社会科学》1996 年第 4 期。
② 同上。
③ ［德］黑格尔：《逻辑学》（上卷），商务印书馆 1966 年版，第 54 页。
④ ［德］黑格尔：《小逻辑》，商务印书馆 1980 年版，第 189 页。

东西，或者不如说，只是直接的东西本身。正如它不能对他物有所规定那样，它本身也不能包含任何内容，因为内容之类的东西会是与不同之物的区别和相互联系，从而就会是一种中介。所以开端就是绝有"①。逻辑起点还是抽象的、绝对的，而不是具体的，"根本不能对开端采用任何更详密的规定或肯定的内容。……开端应当是抽象的开端"②，"必须造成开端的东西，不能是一个具体物"③。

另外，逻辑起点是理论体系的最初的范畴，是一个理论体系的出发点，最后的范畴是从最初的范畴演绎而来的，演绎的逻辑过程就是对最初的逻辑起点进行规定、发展和具体化。起点范畴一定是整个体系得以展开、赖以建立起来的客观根据和基础，"最初的东西又同样是根据，而最后的东西又同样是演绎出来的东西；因为从最初的东西出发，经过正确的推论，而到最后的东西，即根据，所以根据就是结果"④。

马克思批判地吸收了黑格尔关于逻辑起点理论的合理性，剔除其中的唯心主义成分，把《资本论》的逻辑起点确定为商品。作为政治经济学的逻辑起点的"商品"是最简单的，"通过最简单的形式，即商品的形式，阐明了资产阶级生产的特殊社会的，而决不是绝对的性质"⑤。商品，作为《资本论》逻辑起点，是资产阶级生产的最一般的和最不发达的形式。在思维的进程中，范畴发展的顺序应该从最简单的范畴展开为最复杂的范畴，前者是后者的根据和前提，后者是前者的论证和发展。

起点是构成体系的细胞的、元素的形式。马克思对作为政治经济学逻辑起点的商品曾作这样的概括："最一般的抽象总只是产生在最丰富的具体发展的地方，在那里，一种东西为许多东西所共有，为一切所共有。"⑥ 商品，作为政治经济学的逻辑起点，具备普遍性的特征，而不只是个别的、偶然的存在，为一切所共有。在马克思看来，在资本主义生产方式中，占统治地位的社会的财富表现为庞大的商品堆积，单个的

① ［德］黑格尔：《逻辑学》（上卷），商务印书馆 1966 年版，第 56 页。
② 同上书，第 54 页。
③ 同上书，第 58 页。
④ 同上书，第 54 页。
⑤ 《马克思恩格斯全集》第 29 卷，人民出版社 1972 年版，第 445 页。
⑥ 《马克思恩格斯全集》第 46 卷（上册），人民出版社 1972 年版，第 42 页。

商品表现为这种财富的元素形式。因此，马克思政治经济学的研究就以分析商品作为出发点。

正是由于准确地构建了逻辑起点，"从而使《资本论》这部著作具有严格的科学性，严密的科学结论以及严密的理论体系"①。

（二）逻辑起点与逻辑终点是辩证统一的

逻辑起点的逐个层次的展开，通过逻辑中介，最后实现为逻辑终点。在黑格尔看来，起点和终点是辩证统一的，从逻辑起点出发，按照辩证法的逻辑演绎到逻辑终点，这一发展过程表现为一个圆圈，这个圆圈以自己的"终点为目的并以它的终点为起点，而且只当它实现了并达到了它的终点它才是现实的"②。起点和终点是辩证统一的，起点在终点中实现，终点是起点的目的，这样的起点才是现实的起点，起点和终点的辩证统一体现为一个圆圈："对于科学说来，重要的东西倒并不很在乎有一个纯粹的直接物作开端，而在乎科学的整体本身是一个圆圈，在这个圆圈中，最初的也将是最后的东西，最后的也将是最初的东西。"③

马克思也通过论述资本流通（循环）来说明起点和终点是辩证统一的："循环的性质中包含着这样的情况：每一点同时表现为起点和终点，并且只有在它表现为终点的时候，它才表现为起点"④。在《资本论》逻辑中商品既是起点又是终点，充当着双重角色，然而作为个别（具体）的逻辑起点的商品和逻辑终点的商品具有本质的不同。作为起点的商品——个别（具体）再现的是"直接存在"，作为终点的商品——具体再现的是"间接的存在"，它从属于逻辑学中的个别（具体）；从起点的商品到终点的商品，是一个辩证的否定的过程，不是简单的圆圈。起点和终点的辩证统一还表现在一个过程的起点同时又是另一个过程的终点。

马克思政治经济学理论逻辑体系的建立就是一个从逻辑起点开始的从抽象上升到具体达到逻辑终点的过程。"抽象的规定在思维行程中导

---

①　冯振广、荣今兴：《逻辑起点问题琐谈》，《河南社会科学》1996 年第 4 期。

②　［德］黑格尔：《精神现象学》（上卷），商务印书馆 1979 年版，第 11 页。

③　［德］黑格尔：《逻辑学》（上卷），商务印书馆 1966 年版，第 56 页。

④　《马克思恩格斯全集》第 46 卷（上册），人民出版社 1972 年版，第 152 页。

致具体的再现。"① 抽象是指从具体事物中抽取出来的相对独立的各个方面、属性、关系等，与此相对应的具体则是"许多规定的综合，因而是多样性的统一。因此它在思维中表现为综合的过程，表现为结果，而不是表现为起点"②。在《资本论》中，马克思运用从抽象上升到具体的逻辑方法，以最抽象的商品范畴为起点，揭示出资本的逻辑的结构和内容，从最抽象的范畴过渡到最具体的范畴，从而构筑起政治经济学体系。

二　马克思学说体系的逻辑起点与逻辑终点

跟其他科学体系一样，马克思学说体系也具有逻辑起点与逻辑终点，这两点统一在人，但是，作为起点的人和作为终点的人的内涵却是不同的。在考察马克思学说体系逻辑起点之前，还应当剖析马克思学说体系的历史起点。

（一）马克思学说体系的历史起点

一门学说的历史起点，是说这个学说是为了解决什么问题而产生的，是这门学说的世界观，世界观必须是合理的，只有这样，才能保证这门学说是有价值的。

但是，一门学说的历史起点，往往是先于这个学说本身的，或者说，这个出发点可以在这个学说体系之内，也可以在学说体系之外。判断这个出发点是否在体系之内的根本尺度，就是看这个出发点是否在该学说的逻辑结构中占据一定位置。

马克思学说的历史起点，可以从《博士论文》当中去寻找。"博士论文具有马克思终生著述的起点的意义，相对于我们研究马克思后来的思想发展具有相当重要的参考价值。"③ 虽然在此前也可以找到其学说出发点的踪迹，但是，在《博士论文》当中，其学说的出发点已经表述为一个完整的形态：这就是从古希腊开始，经过文艺复兴运动直到法

① 《马克思恩格斯选集》第 2 卷，人民出版社 1995 年版，第 18 页。
② 同上。
③ 鲁路：《马克思博士论文研究》，中央编译出版社 2007 年版，前言。

国启蒙哲学、德国古典哲学逐步完整地离开了具体的社会关系、社会实践及具体的历史文化条件去讨论人和人的异化问题，以各种抽象的先天性来规定的人的本质，是在抽象的层面研究的人，这是马克思学说的历史起点。

人，不过是抽象的人，是马克思学说的历史起点。这根源于西方文化传承和当时马克思所秉承的黑格尔哲学。黑格尔哲学是当时马克思的信仰，他不仅用黑格尔哲学去分析古希腊哲学，而且用黑格尔哲学来建构他的学说的出发点：抽象人的自我意识。这时马克思从黑格尔的实体即主体的原则出发来理解人，把作为实体存在着的人赋予了主体的含义，自我意识是他当时哲学的最高原则。这时，他看到了包含种种矛盾的原子是原子偏离直线运动的根据，并以此为基础，从自然的角度出发，对个体打破命运的束缚，争取意志自由个性独立进行了解释，但这时的人还没有得到社会关系、社会实践的解释，马克思仍然是一个黑格尔主义者，这时作为出发点的人只是抽象的人。

马克思对人的理解在《〈黑格尔法哲学批判〉序言》《1844 年经济学哲学手稿》中得以逐步深化，并在《关于费尔巴哈提纲》和《德意志意识形态》中最终完成。马克思的人的理解的深化和完善过程，也是马克思学说的诞生过程，尤其是他的唯物史观，更是伴随着人的理解的深化程度完善而逐步展开。

由此可见，马克思学说的历史起点是人，不过是抽象的人，这个出发点是不能充当马克思全部学说的逻辑起点的。起点是从发生学的角度来理解的，是对马克思学说进行历史地考察而得出的结论。出发点是一个历史起点。

（二）马克思学说体系的逻辑起点的"现实的人"的构筑是一个漫长的历史过程

马克思全部学说体系存在一个统一的逻辑起点：现实的人；一个逻辑终点：全面发展的人。现实的人不仅是马克思哲学的逻辑起点，也是其政治经济学和科学社会主义理论的逻辑起点，同样，全面发展的人也是马克思哲学、政治经济学和科学社会主义理论的最终的逻辑终点。

马克思学说的逻辑起点的构筑经历了一个漫长的探索过程，早在《博士论文》当中，马克思就力图建构其逻辑起点。他用黑格尔哲学去分析古希腊哲学，借助黑格尔的抽象人的自我意识来构筑其逻辑起点，从黑格尔的实体即主体的原则出发来理解人，把作为实体存在着的人赋予了主体的含义，他看到了包含种种矛盾的原子是原子偏离直线运动的根据，并以此为基础，从自然的角度出发，对个体打破命运的束缚，争取意志自由个性独立进行了解释，但这时他构筑的起点只是抽象的人，还没有得到社会关系、社会实践的解释。

马克思对人的理解在《〈黑格尔法哲学批判〉序言》《1844 年经济学哲学手稿》中得以逐步深化，并在《关于费尔巴哈提纲》和《德意志意识形态》中最终完成。马克思的人的理解的深化和完善过程，也是马克思学说的诞生过程，尤其是他的唯物史观，更是伴随着人的理解的深化而逐步展开。

在《关于费尔巴哈的提纲》中，马克思把对人的本质的抽象性的认识赋予了现实的社会关系的内容，指出社会关系的总和体现着人的本质，社会关系的总和是人的本质的物化形式，但是马克思不满足于对这些事实的正确理解，而是对其持坚决的批判态度：“只是希望确立对存在的事实的正确理解，然而一个真正的共产主义者的任务却在于推翻这种存在的东西。”①

在马克思看来，“一切社会关系的总和”只是人的本质在现实社会中的被扭曲了的表现形式，马克思所理解的真正的人的本质是“人的本质并不是单个人所固有的抽象物，在其现实性上，它是一切社会关系的总和”②。一切社会关系的总和是人的本质的对象化，是人的本质的表现形式，在资本主义及其以前的所有文明时期，一切社会关系的总和都是对人的本质的否定。现实的人的内在矛盾：人的“自由自觉”的活动本质与现实的社会关系的总和之间的矛盾是人类历史发展的内在动力，也是马克思学说展开的内在动力。现实的人构成了马克思学说的逻辑起点。

现实的人是全部马克思学说的逻辑起点，马克思学说正是以现实的人为基础，按照逻辑规则通过逻辑中介层层展开，最后实现为逻辑终点。

---

① 《马克思恩格斯选集》第 1 卷，人民出版社 1995 年版，第 96—97 页。

② 同上书，第 60 页。

第一，现实的人是马克思哲学的逻辑起点。对现实的人的内在矛盾的揭示，展开为马克思学说的唯物史观。现实的人在马克思哲学中最终得以完成。

第二，现实的人是马克思政治经济学的逻辑起点，政治经济学只是马克思哲学在劳动维度上的进一步展开。商品，只是政治经济学的直接起点，或者说是阶段性环节，正像是把价值、劳动等作为其政治经济学的阶段性环节一样。一旦把马克思政治经济学放到马克思全部学说中来考察，我们就会发现，现实的人是马克思政治经济学的逻辑起点。马克思在政治经济学中所完成的是对资本主义生产关系条件下人的异化的根源的揭示以及对异化的批判。因此，政治经济学的最终的逻辑起点仍然是现实的人，整个政治经济学就是在剖析现实的人的内在本质与其实现形式——资本主义生产关系之间的矛盾，并为消灭这些矛盾开辟道路。

第三，现实的人是马克思科学社会主义的逻辑起点。马克思政治经济学揭示了两个必然和两个决不会，使科学社会主义理论成为政治经济学的逻辑结论。科学社会主义的实践，就是从逻辑起点到逻辑终点，从现实的人到全面发展的人的运动，是马克思在实践领域完成的人的本质从异化到复归的运动。

（三）全面发展的人是马克思学说体系的逻辑终点

马克思在《德意志意识形态》一书中全面剖析了社会关系是对人的本质的反对，而从社会关系的总和在资本主义条件下又是对人的本质的否定这一矛盾出发，马克思构建了他的唯物史观，正是在解决这一矛盾的过程中，马克思进一步探悉了资本主义异化的根源——政治经济学，同时，唯物史观和政治经济学的逻辑结论就是现实的人的解放道路：科学社会主义。

在人的科学社会主义的历史实践中，人的本质得以全面展开，人的全部本质最终回归于人自身，实现人的全面发展。全面发展的人是人类历史运动的终点，是马克思学说的逻辑终点。

跟现实的人是马克思全部学说的逻辑起点一样，全面发展的人成为马克思全部学说的逻辑结论，是马克思全部学说的逻辑终点。

（四）马克思学说体系逻辑起点与逻辑终点的统一

马克思学说体系的逻辑起点是现实的人，逻辑终点则是全面发展的人，逻辑起点与逻辑终点是辩证统一的，作为逻辑起点的人是尚未展开的、尚未实现的人，作为逻辑终点的全面发展的人则是完成了的人，是人的本质全面复归了的人，是人的本质属性全面展开并最终实现了的人。作为逻辑起点的人是自身反对自身，矛盾统一的人，正是现实的人的内在矛盾成为推动历史发展的动力，人类的历史发展就是一个从现实的个人出发而达到人的全面实现的一个过程，马克思学说与人类文明史是相互契合的，是完成了的逻辑与历史的统一。

三　实践是贯通马克思学说体系逻辑起点与逻辑终点的逻辑中介

人的本质属性的充分展开就是实践，实践亦即人的本质力量的对象化。实践是人本质的表现形式，但在"人类社会的史前时期"[①]，实践都是对人的本质的反对，这一实践过程也是人的本质的丧失过程。人的本质力量在其中丧失的实践是必然性的实践，相反，人的本质力量在其中得以回归的实践是革命的实践。对应于此，必然性的实践是现实的人的展开过程，而革命的实践则是向全面发展的人运动的过程。必然性的实践从逻辑起点展开，而革命的实践则是向逻辑终点回归。实践成为贯通马克思学说体系的逻辑起点与逻辑终点的逻辑中介。

（一）必然性的实践指向作为马克思学说体系的逻辑起点：现实的人

人的本质力量的展示就是实践，人的本质只有通过实践才能表现出来，然而，一旦进入实践领域，人的本质便被异化。实践本质应该是人的本质，然而现实的实践却恰恰是对人的本质的否定。费尔巴哈曾是马克思的引路人，费尔巴哈把神的本质归纳为人的本质，但同时指出，神的本质是人的本质的歪曲反映，费尔巴哈不仅否定了人（人的本质被异

---

① 《马克思恩格斯选集》第2卷，人民出版社1995年版，第33页。

化为宗教），而且也否定了天国本身（指出宗教是人的本质的异化）。同样，马克思指出在实践中人被异化，也指出实践是对人本质的否定。

马克思把他关于人的本质定位于：在其现实性上，人的本质是一切社会关系的总和，一切社会关系的总和是实践的物化结果和过程，正是人的本质被异化的表现形式。现实的社会关系就是一种不平等的社会关系，在这种社会关系中，人处于剥削和被剥削、压迫和被压迫、奴役和被奴役当中，这一事实却正是人的实践活动的过程和结果，这一事实与马克思所思考的人的本质是正相反对的。人的本质最终表现为"一切社会关系的总和"，当然这种社会关系是理想的社会关系，是科学社会主义实践中结成的社会关系，这时，每个人的活动都直接地体现为人的本质，一切社会关系，一切社会实践，都是人的本质的直接体现。作为马克思逻辑起点的现实的人包含着内在矛盾：人的本质只有在实践中才得以实现，而实践恰恰是对人的本质的否定。正是由于现实的人包含着这一内在矛盾，才构成了马克思学说产生和发展的动力，是推动人类历史运动的内在动力。这一内在矛盾是理想的人和理想的人被扭曲为现实的人之间的矛盾，因而，作为马克思学说体系的逻辑起点的人——现实的人是实践的人，是被异化了的人。必然性的实践铸就的正是现实的人。

（二）革命的实践指向马克思学说体系的逻辑终点：全面发展的人

脱离必然性的实践是革命的实践，是自由自觉地创造人类历史的实践。

一方面，人的本质对象化为实践，并且只有对象化为实践人的本质才能展示出来；另一方面，实践就是人的本质的表现形式本身。没有人的本质便没有实践，没有实践就没有人的本质。实践体现着人的本质，人的本质又是实践的支配者。实践与人的本质是统一的。然而，因为实践本身是对人的本质的否定，那"全面发展的人"这一马克思学说的逻辑终点是如何可能的呢？

在《关于费尔巴哈的提纲》中，马克思通过革命的实践打开了通往全面发展的人这一马克思学说的逻辑终点，指出人在革命的实践中，不仅改造了世界，同时也改造了人自身，"环境的改变和人的活动的一致，只能被看作是并被合理地理解为变革的实践"①。

马克思的实践分两种，一种是必然性的实践，是人的本质被异化的实践；另一种实践是革命的实践，是人的本质在其中得以回归的实践。

早在《博士论文》时期，马克思就借鉴伊壁鸠鲁的自然哲学对原子的直线运动和偏离直线的运动的区分，指出原子的直线运动是原子运动的必然性，原子偏离直线的运动才是它的革命性，体现原子的直线运动的实践就是必然性的实践，体现原子偏离直线运动的实践就是革命的实践，正是革命性的实践才是通往马克思学说逻辑终点的逻辑中介，是指向逻辑终点的唯一道路，人通过革命的实践达到解放自身的目的。

革命的实践直接体现为人的本质。革命的实践向上贯通于人的本质，向下贯通于人的解放与人的全面发展，能够贯通马克思学说的逻辑起点与逻辑终点的实践只能是革命的实践。

人的本质，经过实践中介，通过必然性实践和革命的实践两个环节，到人的全面发展，经过肯定—否定—否定之否定的过程，完成了正题—反题—合题的周延。马克思学说体系的建构也经由实践中介而完成，唯物史观揭示必然性的实践导致人的异化，而政治经济学则揭示导致人本质异化的实践的内在本质，科学社会主义指明了革命的实践是通往人的全面发展的现实的道路。马克思自身理论活动的历程也体现为一个从逻辑起点出发，经过实践中介到逻辑终点的过程：青年马克思对人的问题的关注，中年马克思对人的解放的社会批判和制度设计，到晚年马克思对东方社会和人类学笔记的研究，重拾人的解放的主题，马克思理论活动的历程就是一个从逻辑起点出发通过逻辑中介最后回归逻辑终点的正、反、合的历史过程。

四　马克思学说体系的逻辑起点与终点和中介的确立对马克思主义当代发展的深刻意义

现实的人是马克思学说的逻辑起点，全面发展的人是马克思学说的逻辑终点，革命的实践是贯通马克思学说体系的逻辑起点与逻辑终点的中介，马克思学说逻辑体系的这三个基本要素的准确确立，从逻辑结构

---

① 《马克思恩格斯选集》第 1 卷，人民出版社 1995 年版，第 59 页。

的层次上深刻揭示了马克思学说的本质就是人的解放，人类发展的历史
就是从现实的人到全面发展的人的实现的历史，"马克思终生探索的
'核心主题'就是'每个人的自由发展是一切人的自由发展的条
件'"①，革命的实践是通往全面发展的人的现实的道路。马克思学说体
系的逻辑结构与其本质意蕴之间是相互印证，相互支撑的，马克思学说
是结构和目的的统一。

马克思学说的逻辑结构对在全球化与市场经济语境下马克思主义的
发展具有匡正意义，马克思学说的逻辑结构也是甄别形形色色的马克思
主义的真伪的尺度。马克思学说体系的逻辑三要素是马克思主义的当代
发展的支撑。马克思学说的逻辑起点永远都是马克思主义发展的
"根"，马克思主义中国化的最新成果就是从致力于解决人的本质与人
的存在方式的现实的矛盾出发构筑起来的，"'以人为本'为核心的科
学发展观的提出，则深刻地体现和发展了《共产党宣言》关于未来社
会的核心思想"② ——"每个人的自由发展是一切人自由发展的条件"。
马克思学说的逻辑终点也永远是马克思主义发展的最终目标，科学发展
观是马克思主义中国化的最新成果之一，"科学发展观既是解决当前诸
多社会矛盾的思想武器，又是通往未来实现每个人自由发展的桥梁"③。

---

① 孙正聿：《提出和探索马克思主义哲学研究中的重大理论问题——评 2006 年〈中国社会科学〉若干哲学论文》，《中国社会科学》2007 年第 2 期。

② 叶汝贤：《每个人的自由发展是一切人的自由发展的条件——〈共产党宣言〉关于未来社会的核心命题》，《中国社会科学》2006 年第 3 期。

③ 同上。

第三章

马克思学说体系的历时态结构

究竟怎样理解马克思学说，马克思学说的根本属性是什么，马克思学说在当代语境下的现实意义是什么，我们应该采取什么样的态度对待马克思学说以及马克思主义？我们不仅需要弄清它的基本原理和具体结论，最核心的问题是我们必须搞清楚马克思学说赖以产生的最根本的思维方式即马克思学说的生成方式是什么。辩证法是马克思学说体系的生成方式，是马克思学说体系的元哲学，《哲学的贫困》一书包含了马克思辩证法的秘密，马克思学说体系就是以辩证法为生成方式构筑起来的历时态结构。

一 生成方式对于一个科学体系具有重要意义

马克思究其终生，致力于批判资本主义，构建科学社会主义体系，铸就了人类文明中不可或缺的精神财富，显然，在其鸿篇巨制之下起支配作用的是他的思维方式。法国哲学家阿尔都塞根据哲学家拉康的心理分析学而提出一种阅读文本的方法——症候阅读法，按照这种方法，一本著作的理论实质不在于它阐述的各个具体原理和命题，也不在于作者的主观意图，而在于它的体系结构或理论框架，其实质是"由该理论的各个论题组成的一个客观的内在联系体系"决定的。根据这种方法，阿尔都塞提出"我们不应该用直接的阅读方法来对待马克思的文本，而必须采取根据症候阅读的方法来对待它们，以便在话语的表面的连续性中辨认出缺失、空白和严格性上的疏忽"，从而创立了结构主义的马克思主义，阿尔都塞是想通过症候读解法把所阅读的原文中未泄露的深奥含义泄露出来，从而把原著中的理论框架"从深处拖出来"，理解它的精神实质。阿尔都塞的这种方法对于我们有深刻的启示，对马克思学说的思维方式的寻找其实就是在找寻马克思学说的"理论框架",这个"理论框架"当属马克思学说的"元哲学"。

一个理论要取得划时代的意义,对社会生活产生巨大作用,仅仅有一两个独特的发现是不够的,它还必须有一种与此相适应的独特的思维方式。在前人创立的思维方式的框架中进行思维,即使有不少理论观点上的突破和发现,也难以具有划时代的意义。倘若新发现是建立在新的思维方式的基础上的,那么由此建立的理论体系就是划时代的。马克思主义之所以具有划时代的意义、作用和影响,就在于它不仅在人类思想史上作出了重大的发现,而且创立了一种新的、独特的思维方式。这就是辩证思维方式。在辩证思维方式基础上所形成的辩证法,是马克思学说产生的基础,是其存在的根据,也是维系其在场性的保证,辩证法就是马克思学说的元哲学。

元哲学应当是一门哲学诞生之初所要解决的最初的问题,一门哲学的元哲学应当规定着这门哲学的对象、属性和功能,"哲学的对象、属性和功能是元哲学的最主要问题。关于作为哲学对象的世界观问题应从世界观的内涵和外延两方面做出界定;对于哲学的属性,只有从'属'和'性'这两个相关层次才能揭示哲学的本质属性;至于哲学的功能,主要具有世界图景、思维范式、价值规范和形上境界这四大功能"①。辩证法是马克思学说的元哲学,辩证法是马克思学说产生的根本方式,是构筑马克思学说整个体系的内在原则,是决定马克思学说永恒在场的根据。《哲学的贫困》揭示了马克思全部学说产生的秘密:辩证法,马克思全部学说就是以辩证法的形式逐层次展开的辩证学说。

对于方法论的价值,学术界基本是一致的,都是把方法看成是一种获得知识的手段和工具。"人们在探索未知的领域的时候,要解决主观和客观的矛盾,使无知转化为有知。为了达到这样的目的,需要运用物的手段,也需要有正确的方法,所以在探索的认识中,方法也是工具,也是一种手段,它起着主观和客观之间的中介作用。"② 但是方法之所以能够成为一种工具、手段,能够成为联系主客观的桥梁,"方法之所

---

① 童鹰:《元哲学三论》,《武汉大学学报》(人文科学版)2003年第2期。
② 冯契:《逻辑思维的辩证法》,华东师范大学出版社1996年版,第406页。

以能成为解决主观和客观之间的矛盾的工具和手段，正是由于方法本身就是客观对象内在的原则，就是说，方法不仅是主观方面的工具，不仅是主观思维中的范畴、概念，而且它还是客观现实固有的本质"①。方法绝不是主观臆造的，是来源于客观对象，是主观和客观的统一，"方法无非就是即以客观现实之道，还治客观现实之身"②。

　　辩证法就是黑格尔哲学的方法，是构成他哲学体系的总公式。黑格尔把辩证法提到了最高的、核心的地位，并把它作为其全部哲学的基础。黑格尔在《小逻辑》第二版序言中说："但就《哲学全书》这书名看来，科学方法在开始的时候似乎本可以不必太谨严，也可以有容许外在编排的余地；但本书的内容实质使得我们必须以逻辑的联系作为基础。"③ 方法在黑格尔看来不仅是哲学的基础，而且黑格尔直接把方法看作是哲学本身："方法并不是外在的形式，而是内容的灵魂和概念。方法与内容的区别，只在于概念的各个环节，即使就它们本身、就它们的规定性来说，也表现为概念的全体。"④ 黑格尔还进一步认为，哲学在认识的开端和进程中是没有一种现成的方法的，所以他创立了辩证法，在黑格尔看来，辩证法就是哲学的方法，但同时，辩证法又是哲学本身："不过哲学乃是一种特殊的思维方式——在这种方式中，思维成为认识，成为把握对象的概念式的认识。"这种特殊的思维方式的核心，就是他的辩证法，正是从这个意义上来说，辩证法也是黑格尔哲学的元哲学。

　　对于黑格尔辩证法的核心否定之否定规律，马克思更是当作黑格尔哲学"整个体系构成的基本规律"⑤。黑格尔的哲学体系就是由许多层次的、大大小小的正、反、合的公式构筑起来，黑格尔构筑其体系的方法就是他的逻辑学，从最根本上来说，即其否定之否定规律。根据黑格尔的逻辑，正题、反题、合题三个阶段，即同一，矛盾和矛盾的统一，如果思维只达到肯定阶段，即只认识到同一，这里是一种低级的知性思维，如果认识达到否定阶段，就比较高级，认识到矛盾即达到了辩证认

---

① 冯契：《逻辑思维的辩证法》，华东师范大学出版社 1996 年版，第 407 页。
② 同上。
③ ［德］黑格尔：《小逻辑》，商务印书馆 1980 年版，第 4 页。
④ 同上书，第 427 页。
⑤ 《马克思恩格斯选集》第 3 卷，人民出版社 1995 年版，第 484 页。

识的思维。如果认识到矛盾的统一，就达到了最高阶段，即否定之否定阶段。据此，他的《逻辑哲学》是正题，即肯定；他的《自然哲学》是反题，即否定；他的《精神哲学》是合题，即否定之否定。在《逻辑学》中，"有论"是正题，即肯定，"本质论"是反题，即否定，"概念论"是合题，即否定之否定。而"有论""本质论""概念论"中，又包含着一系列的正、反、合，即一系列的否定否定过程。在黑格尔看来，在正题，即肯定中，潜在着反题，即否定；在反题，即否定中，矛盾得到充分地暴露，是对正题的分化、异化、外化，是对肯定的否定。这样，正和反，肯定和否定就公开地表现为对立和矛盾。合题是矛盾的扬弃，是对立面的统一即否定之否定。

由此而知，否定之否定规律是他的最高规律，即作为辩证法的核心的规律，而辩证法则是其哲学的最根本的规定，这一规定，构成了他的哲学体系的总公式，是贯穿于其整个哲学体系的一条主线。

二　《哲学的贫困》揭示了辩证法是马克思学说体系的生成方式

《哲学的贫困》一书，包含了马克思学说体系构筑方法的秘密。元哲学是马克思哲学的规定之所在，元哲学成为马克思学说的出场方式。在《哲学的贫困》当中，马克思系统地阐释了他关于辩证法的认识，同时，辩证法也勾画了马克思学说的生成方式，规定了马克思学说的存在状态，并且预设了马克思学说的发展图景。

《哲学的贫困》一书是马克思为评判普鲁东的反动哲学于1847年撰写并发表的著作，这是马克思经典文献中发表最早的文本，该书使马克思主义新世界观与马克思主义经济科学的"决定性的东西"得以首次公开问世。在这部著作中，马克思批判蒲鲁东的政治经济学从而阐明自己的经济学见解，由于蒲鲁东把政治经济学上升到哲学，上升到形而上学来看待，在《贫困的哲学》那里，代替普鲁东理论出发点的已经不再是从人出发的公正，而是对社会规律的认识，是与上帝等质的"普遍理性"成为普鲁东理论的出发点。

在《什么是所有制》一书中，普鲁东的理论基础还是法哲学，但在《贫困的哲学》中，他明确说明，经济学是一种新的哲学，"经济科学依我来看是形而上学的客观形式和实现"①。谁研究劳动和交换定律，谁就是专门的、真正的形而上学者。这是"一种富有逻辑性的科学或是一种富有具体性的形而上学，根本改变了过去哲学的各项基础"②。黑格尔指认资产阶级市民社会中经济现实的本质和运动规律，实际是绝对观念历史实现的一个现代高点，而在普鲁东那里则是"社会经济的全部历史都写在哲学家的著作里"③。"在经济学家看来，事实就是真理，唯一的理由是因为它就是事实，是有形的事实。在我们看来，情形正相反，事实决不是有形物，因为我们不知道有形物这几个字是什么意思，我们知道事实是无形观念的有形表现。"④ 蒲鲁东确实要把政治经济学作为哲学来认识，这是普鲁东用哲学来教训贫困的经济学家的法宝。但他并没有真正学到黑格尔辩证法的真谛，只是学来一点外在的皮毛：正反合（肯定、否定、否定之否定）的矛盾调和三段式。

所以马克思不仅要阐述自己的政治经济学思想，还要从哲学的高度对蒲鲁东的"经济哲学"加以批判，"我们在谈论政治经济学的同时还要谈论形而上学。而在这方面，我们也只是跟着蒲鲁东先生的'矛盾'走。"⑤ 这就要求马克思不得不厘清他的学说的构筑根据，并且以此来批判蒲鲁东学说。那么马克思在这里透露出来的他的学说构筑的根据是什么呢？正是他的辩证法，这成为马克思特别重视的焦点："在黑格尔看来，形而上学，整个哲学，是概括在方法里面的。"⑥ 马克思还引用黑格尔的话，强调方法的重要性"关于这种绝对方法，黑格尔这样说过：'方法是任何事物所不能抗拒的种绝对的、唯的、最高的、无限的力量；这是理性企图在每个事物中发现和认识自己的意向。'（《逻辑学》第 3 卷）"⑦ 这个方法就是辩证法。为了批判蒲鲁东的政治经济学，"我们必须设法弄清楚蒲鲁东先生那套至少同《经济表》一样含糊不清的方法"⑧。

---

① 普鲁东：《贫困的哲学》，商务印书馆 1961 年版，第 37 页。

② 同上。

③ 同上书，第 178 页。

④ 同上书，第 142 页。

⑤ 《马克思恩格斯选集》第 1 卷，人民出版社 1995 年版，第 136 页。

⑥ 同上书，第 137 页。

⑦ 同上书，第 139—140 页。

⑧ 同上书，第 140 页。

马克思在《哲学的贫困》一书中是要解决"经济学家们都把分工、信用、货币等资产阶级生产关系说成是固定的、不变的、永恒的范畴"①。

马克思把政治经济学上升为形而上学,"如果说有一个英国人把人变成帽子,那么,有一个德国人就把帽子变成了观念。这个英国人就是李嘉图,一位银行巨子,杰出的经济学家;这个德国人就是黑格尔,柏林大学的一位专职哲学教授"②。而抽象的最后形式就是逻辑,"如果我们逐步抽掉构成某座房屋个性的一切,抽掉构成这座房屋的材料和这座房屋特有的形式,结果只剩下一个物体;如果把这一物体的界限也抽去,结果就只有空间了;如果再把这个空间的向度抽去,最后我们就只有纯粹的量这个逻辑范畴了……在最后的抽象中,作为实体的将是一些逻辑范畴"③。所以形而上学者就错在认为"世界上的事物是逻辑范畴这块底布上绣成的花卉:他们在进行这些抽象时,自以为在进行分析,他们越来越远离物体,而自以为越来越接近,以至于深入物体。哲学家和基督徒不同之处正是在于:基督徒只有一个逻各斯的化身,不管什么逻辑不逻辑;而哲学家则有无数化身。既然如此,那么一切存在物,一切生活在地上和水中的东西经过抽象都可以归结为逻辑范畴,因而整个现实世界都淹没在抽象世界之中,即淹没在逻辑范畴的世界之中"④。

在抽象中一切事物被变成了逻辑范畴,同样,"我们只要抽去各种各样的运动的一切特征,就可得到抽象形态的运动,纯粹形式上的运动,运动的纯粹逻辑公式。如果我们把逻辑范畴看作一切事物的实体,那么我们也就可以设想把运动的逻辑公式看作是一种绝对方法,它不仅说明每一个事物,而且本身就包含每个事物的运动"⑤。

纯理性运动"就是设定自己,自己与自己相对立,自相结合,就是把自身规定为正题、反题、合题,或者就是它自我肯定、自我否定和否

---

① 《马克思恩格斯选集》第 1 卷,人民出版社 1995 年版,第 137 页。
② 同上书,第 136 页。
③ 同上书,第 138—139 页。
④ 同上。
⑤ 同上书,第 139 页。

定自我否定"①。纯理性的运动是一个正反合的过程，"但是理性一旦把自己设定为正题，这个正题、这个与自己相对立的思想就会分为两个互相矛盾的思想，即肯定和否定，'是'和'否'。这两个包含在反题中的对抗因素的斗争，形成辩证运动。'是'转化为'否'，'否'转化为'是'。'是'同时成为'是'和'否'，'否'同时成为'否'和'是'，对立面互相均衡，互相中和，互相抵消。这两个彼此矛盾的思想的融合，就形成一个新的思想，即它们的合题。这个新的思想又分为两个彼此矛盾的思想，而这两个思想又融合成新的合题。从这种生育过程中产生出思想群。同简单的范畴一样，思想群也遵循这个辩证运动，它也有一个矛盾的群作为反题。从这两个思想群中产生出新的思想群，即它们的合题"②。

马克思一个方面肯定了辩证法的对抽象的整合是对历史运动的有效说明，同时也批判了蒲鲁东没有把辩证法贯彻到底，从而始终没有达到辩证法的顶点："把这个方法运用到政治经济学的范畴上面，就会得出政治经济学的逻辑学和形而上学，换句话说，就会把人所共知的经济范畴翻译成人们不大知道的语言，这种语言使人觉得这些范畴似乎是刚从纯理性的头脑中产生的，好像这些范畴仅仅由于辩证运动的作用才互相产生、互相联系、互相交织。请读者不要害怕这个形而上学以及它那一大堆范畴、群、系列和体系。尽管蒲鲁东先生费了九牛二虎之力想爬上矛盾体系的顶峰，可是他从来没有超越过头两级即简单的正题和反题，而且这两级他仅仅爬上过两次，其中有一次还跌了下来。"③

与普鲁东不彻底的辩证法不同，"黑格尔认为，世界上过去发生的一切和现在还在发生的一切，就是他自己的思维中发生的一切。因此，历史的哲学仅仅是哲学的历史，即他自己的哲学的历史。没有'与时间次序相一致的历史'，只有'观念在理性中的顺序'。他以为他是在通过思想的运动建设世界；其实，他只是根据绝对方法把所有人头脑中的思想加以系统的改组和排列而已"④。

①　《马克思恩格斯选集》第 1 卷，人民出版社 1995 年版，第 140 页。
②　同上。
③　同上书，第 141 页。
④　同上。

三　以辩证法构筑的马克思学说体系的历时态结构

马克思学说体系是以辩证法构筑起来的历时态结构。辩证法是马克思学说的生成方式，是构筑马克思学说整个体系的内在原则，是决定马克思学说永恒在场的内在根据。马克思学说就是通过辩证法建构起来的历时态结构，这一结构按照历史顺序依次展开为五个层次，其主题统一，逻辑递进，思想前后承接。每一个层次分别从各自最初的抽象上升而成具体的形态，五个层次共同构成马克思学说的立体结构。

共时性研究和历时性研究是马克思学说研究的两个基本维度，共时性研究以系统性和整体性为手段，得出的结论是二维的平面化的马克思学说原理体系；而历时性研究则专注马克思学说在不同时期的结构形态以及它们之间的逻辑演进关系，构筑的是马克思学说的立体结构。历时性研究并不等同于历史性研究，并不致力于拼接和缝制马克思学说史的残砖碎瓦，它所构筑的是马克思学说在不同历史时期所展示出来的相对完整、相互独立的结构形态。然而在以往对马克思学说体系的研究中，共时性研究一枝独秀，历时性研究成果却寥若晨星。马克思学说的历时性研究将呈现出一个不同于以往的立体结构形态。

早在 2001 年，衣俊卿教授就在《21 世纪哲学创新——黄楠森教授八十华诞纪念文集》中为揭示马克思学说的深层本质精神，提出"我们虽然不能接受阿尔都塞关于马克思思想进程中的'认识论断裂'的结论，但的确可以在某种意义上借用他的结构主义的文本解读法，即'依据症候的阅读法'，对马克思学说作共时性的和历时性的双重结构分析"[①]。衣俊卿教授在该文中依据阿尔都塞的方法对马克思学说的层次作了划分，指出："我们很难把马克思的思想历程区分为几个界限分明的阶段，以及相应的明确的理论或思想转折，但是，从马克思的关注中心来看，他的思想历程有一个基本的走向，大体上与我们上述揭示的马克思思想的结构层次有一种特殊的，由深层结构向表层结构移动的对应关系，即从关于人的生存结构和人的发展的哲学反思，经过社会历史

---

① 北京大学哲学系等编：《21 世纪哲学创新——黄楠森教授八十华诞纪念文集》，中央编译出版社 2001 年版，第 274—275 页。

理论的建构，到具体的实践性理论的设计这样一个演进过程。"① 这个过程分为三个层次："从写博士论文到 1845 年前后，马克思的关注中心聚焦于人的生存结构、人的存在状态和人的解放与发展、关于人的异化的生存状态的批判、关于人的全面发展和'自由人的联合体'的设想等，从不同层面建构一种关于人的存在的深刻的哲学理解、从 1845 年《德意志意识形态》到 1848 年《共产党宣言》前后，马克思通过政治经济学批判、传统社会主义理论批判等，把关于人的存在的哲学理解转换成一种实践性较强的关于社会运行机制和社会变革模式的社会历史理论，即以生产力和生产关系、经济基础和上层建筑的矛盾运动为内涵的经典唯物史观，而从 19 世纪 50 年代起，马克思关于欧洲革命和巴黎公社等重大历史事件的分析、关于资本主义经济运行机制的揭示、关于原始社会的研究、关于东方社会结构的分析，等等，其目的是根据不同的历史条件把自己关于人的存在的理解和社会历史理论具体化为可操作的实践性理论。在这一思想历程中，早期的思想和理论内容逐渐积淀在他的学说和理论的底层，成为他的思想的深层结构和隐性理论。"②

衣俊卿教授只是提出了构建马克思学说历时态结构的设想，却始终未能将他所构筑的马克思学说体系的历时态结构充分展开。其后，任平教授在对马克思学说研究中提出马克思学说在形成历程中呈现出前后相继但又是后者对前者的超越的结论（在下边的论述中将详细展开），这对于马克思学说历时态结构的构建提供了可能。

马克思扬弃了黑格尔的唯心辩证法，通过辩证法构筑起其全部学说体系。其学说总体上分为五个层次：精神辩证法基础上的世界的哲学化和哲学的世界化、人学辩证法基础上的人本质的异化和复归、实践辩证法基础上的世界的实践化和实践的世界化、劳动辩证法基础上的政治经济学与科学社会主义的矛盾运动、历史辩证法基础上的原始共产主义与未来共产主义之间的矛盾运动。这五个层次都有各自的出发点、内在动力和逻辑展开，通过辩证法构筑而成相对独立、相对完整的理论系统。按照历史顺序依次展开的五个系统因各自的时代背景不同，切入时代间

---

① 北京大学哲学系等编：《21 世纪哲学创新——黄楠森教授八十华诞纪念文集》，中央编译出版社 2001 年版，第 275—276 页。

② 同上书，第 276 页。

题的哲学观不同，因而在理论上表现为从低级到高级、从抽象到具体的螺旋式上升的过程，唯物史观的发现在其中发挥着决定性的作用。马克思学说的五个层次主题统一，具有共同的"逻辑因子"：人与世界的关系问题是各个层次需要解决的总问题。各个层次矛盾展开的具体的关节点（逻辑原子）不同，五个层次之间相对独立，但有时也在时间顺序上相互重叠。马克思学说立体结构图式所透射出来的人本精神，对当代语境下科学发展观的进一步展开具有深刻启示。

（一）精神辩证法基础上的世界的哲学化和哲学的世界化

从 1841 年《博士论文》到 1842 年《黑格尔法哲学批判》，马克思按照精神辩证法逻辑展对意识形态进行批判，"世界的哲学化和哲学的世界化"是马克思学说的逻辑展开。马克思此时的精神批判——意识形态批判尚未彻底完成，直至到 1845 年至 1846 年马克思、恩格斯合著的《德意志意识形态》一书，马克思才在唯物史观的基础上完成了对旧的意识形态的总批判。从《博士论文》到《莱茵报》早期，马克思以主体的"自我意识"为核心，展开了哲学与世界的双向性关系，"这些个别的自我意识始终具有一个双刃的要求：其中一面针对着世界，另一面针对着哲学本身"。哲学的问题，"资本全球化的滥觞即'世界问题'的症结在于世界的'非哲学化'，没有按照'普遍理性'或'精神世界'的原则来加以规范和改造。全部问题被归结为一个如何使世界哲学化即'合理化'的问题"①。马克思提供的答案就是："用'自我意识把世界从非哲学中解放出来'，'实现世界的哲学化'"，哲学要在批判现存非哲学化的、非理性的世界并使之合理化的同时，将自己从作为一定体系束缚的哲学中解放出来，走向世界，驾驭世界，从而实现"哲学的世界化"。哲学和世界在双向化的过程中实现了世界的解放和哲学的自由。马克思回答资本全球化问题而建立起来的"第一个'世界历史观'就是'世界的哲学化'"②，但马克思的"这一解释框架由于其黑格尔唯心史观的本末倒置性，前提与世界历史的现实发生冲突，而必然在驾驭

---

① 任平：《当代视野中的马克思》，江苏人民出版社 2003 年版，第 52 页。
② 同上书，第 53 页。

真实'世界历史'即全球化的革命实践中失败"①。马克思在《莱茵报》时期在维护广大农民和无产阶级的利益的时候"领悟到'批判哲学'不能科学解答世界问题"②，迫使马克思发生了世界历史观解释框架的转换。

马克思的哲学本身无疑是历史的产物，经典作家同其他所有人一样也具有自身的历史局限性，但是"一个伟大的理论，它的真正价值就在于它能够超越时代的局限，成为'高卢的雄鸡'。马克思哲学所追求的最高境界和理想，就是'哲学的世界化和世界的哲学化'，亦即共产主义的实现"③。何中华教授把"哲学的世界化和世界的哲学化"理解为共产主义的实现显然是对马克思这一时期思想的积极肯定。共产主义是马克思主义的逻辑归宿，"世界的哲学化和哲学的世界化"是马克思提出的哲学总问题，也是全部马克思学说的总原则，它构成了马克思全部学说的逻辑起点，马克思究其一生所致力于的就是"世界的哲学化和哲学的世界化"，以后的马克思的思想只是在不同的层面对这一问题的反复展开。建立在精神辩证法基础上的"世界的哲学化和哲学的世界化"是一个相对对立、相对完整的逻辑结构。

（二）人学辩证法基础上的人本质的异化和复归运动

从1843年10月马克思去巴黎与鲁格一起筹办《德法年鉴》起，到1844年8月马克思、恩格斯在巴黎见面之后合著的第一部著作《神圣家族》，包括马克思在《德法年鉴》上公开发表的《论犹太人问题》和《〈黑格尔法哲学批判〉导言》，以及《1844年经济学哲学手稿》和《神圣家族》等著作，这是马克思在人学辩证法基础上展开人本质的异化与复归的辩证运动的时期。马克思在精神辩证法阶段提出了"世界的哲学化和哲学的世界化"这一哲学总问题，而世界需要哲学化的原因在于什么呢？马克思在此时将要回答世界哲学化的根据和世界哲学化的目标，而世界哲学化的原因（哲学的问题）就是人的本质的异化，而世界哲学化的目标则是人的本质的复归。这是整个马克思学说的最终归

---

①　任平：《当代视野中的马克思》，江苏人民出版社2003年版，第53页。

②　同上。

③　何中华：《重读马克思》，山东人民出版社2009年版，第18页。

宿，即共产主义的实现。此时马克思的辩证法是人本质的异化和复归，人的本质及其异化的内在紧张是这一时期马克思学说展开的内在动力。

此时马克思以费尔巴哈的人本学为理论资源，批判黑格尔唯心史观并扬弃其异化理论，建立起面向现实的新的世界历史的人本学唯物主义解释框架。马克思力图"超越'政治解放'而达到'人的解放'，使哲学和政治学面向世界历史的根本——人本身"①。在对天国的批判结束之后，马克思转向对尘世的批判，转向政治批判。"在批判黑格尔国家观念之后，政治学—法哲学批判必须将以往颠倒的'市民社会'与国家的关系颠倒过来，深入到市民社会中，从经济学中寻找国家的秘密"②。马克思分别在《克罗茨那赫笔记》和《1844 年经济学哲学手稿》中，反思了经济学—哲学的关系，指出资本全球化问题的症结在于资本世界与劳动世界的对立，并以劳动异化为核心，将世界问题的核心归结为人的"类本质"劳动异化，即人的存在与其"类本质"的分离，他把世界历史问题——资本世界与劳动的对立，私有制和世界无产阶级贫困的根源归结为人的"劳动异化"，最后，马克思把世界问题的总解决归结为对人的劳动异化的扬弃，人重新占有自己的类本质——共产主义。这一时期马克思是"以'劳动异化'为核心，建立起人本学辩证法、批判的政治经济学和人本学共产主义的统一视野"③。

马克思借助人学辩证法对人本学展开批判，目的是要揭示人异化的实质，回答世界哲学化的动力问题，这是马克思哲学的实质。人和世界这一矛盾，人的本质与社会关系之间的矛盾是这一时期马克思哲学的核心问题。

（三）实践辩证法基础上的世界的实践化和实践的世界化

从 1845 年春马克思写作《关于费尔巴哈的提纲》起到 1849 年马克思到伦敦之前，马克思运用实践辩证法对旧唯物主义展开批判。《关于费尔巴哈的提纲》、《德意志意识形态》、《哲学的贫困》、《共产党宣言》是构成马克思实践辩证法思想的主要著作。这一时期马克思的辩证

---

① 任平：《当代视野中的马克思》，江苏人民出版社 2003 年版，第 53 页。
② 同上书，第 54 页。
③ 同上。

法展开为"世界的实践化和实践的世界化",其展开的内在动力是"一切社会关系的总和"与人的"应然"本质之间的矛盾,通过实践辩证法,诉求革命的实践,达到自由人的联合体——共产主义。

在人学辩证法阶段,马克思指出了人本质的异化是世界哲学化的根源,那时马克思还没有剖析人本质物化为社会关系并揭示二者之间的联系,以及给出人的本质复归的现实道路的答案。马克思在《关于费尔巴哈的提纲》中阐述了实践唯物主义的本质,指出费尔巴哈"抽象的大写的人"及其对"事物、现实、感性"的感性直观的理解方式并不能真正科学地把握世界历史的本质,在《德意志意识形态》中,马克思反思人本学的局限,"费尔巴哈对感性世界的'理解'一方面仅仅局限于对这一世界的单纯的直观,另一方面仅仅局限于单纯的感觉"①。"他没有看到,他周围的感性世界决不是某种开天辟地以来就直接存在的、始终如一的东西,而是工业和社会状况的产物,是历史的产物,是世世代代活动的结果"②,在此基础上,马克思对消灭现存的社会关系指明了道路:"对实践的唯物主义者即共产主义者来说,全部问题都在于使现存世界革命化,实际地反对并改变现存的事物。"③ 此时马克思把新实践观当作理解和把握世界的基本方式和基本视野,从而将世界问题与解答都归结为"革命的批判的实践",这是马克思给出的世界的哲学化的答案,世界的哲学化在唯物史观看来就是世界的实践化,而世界的实践化就是"革命的批判的实践",就是要转换单纯的解释世界的哲学视野,"哲学家们只是用不同的方式解释世界,而问题在于改变世界"④。

现实的社会关系是人的本质活动的结果,也是人的本质展开的过程及其物化形式,但现实的社会关系是人的本质被扭曲、被否定、被异化的表现形式。现实的"一切社会关系的总和"与人的从现实的社会关系中生发出来的"理想本质"——人的"应然"本质之间的矛盾是实践辩证法基础上马克思学说展开的内在动力,现存世界要在革命的批判的实践中实现世界的哲学化。在实践领域破解人与社会关系矛盾的难题,最根本一点就是揭示人的本质的社会关系结构,而凝聚为人的本质

---

① 《马克思恩格斯选集》第 2 卷,人民出版社 1995 年版,第 75 页。
② 同上书,第 76 页。
③ 同上书,第 75 页。
④ 同上书,第 61 页。

的"一切社会关系的总和"的最本质的内容则是人类实践的经济关系结构。正是现实的经济关系结构才导致了人与社会关系的矛盾。因此，从哲学过渡到经济学，就成为马克思破解人的异化难题，实现世界哲学化的必然逻辑。

实践辩证法使马克思最终确立实践唯物主义理论。

（四）劳动（交往实践）辩证法基础上的政治经济学与科学社会主义的矛盾运动

从 1850 年起，马克思从社会的经济关系中揭示实践以及人的本质结构，其研究进入了一个更深的层次。"1848 年和 1849 年《新莱茵报》的出版以及随后发生的一些事变，打断了我的经济学研究工作，到 1850 年我在伦敦才能重新进行这一工作。"① 这一时期的主要研究对象是政治经济学，其辩证法是在对政治经济学的批判中得到科学社会主义逻辑结论，其内在动力是生产力与生产关系之间的矛盾，目标是政治经济学的科学社会主义化——也是马克思对世界哲学化的最终答案：共产主义。承载马克思劳动辩证法的主要著作有：1849 年的《雇佣劳动与资本》、1850 年的《法兰西阶级斗争》、1857 年的《〈1857—1858 经济学手稿〉导言》、1858—1858 年的《政治经济学批判大纲》、1859 年的《政治经济学批判》、《〈政治经济学批判〉导言》以及《资本论》的第一卷、第二卷、第三卷。

从《关于费尔巴哈的提纲》和《德意志意识形态》到《资本论》，马克思理论研究发生了哲学视界的深化，即从"实践唯物主义"的层面深化到了研究凝结实践的社会关系以及人的活动本身——交往实践活动，马克思完成了从以《1844 年经济学哲学手稿》为代表的"人本学"时期经历了以《关于费尔巴哈的提纲》和《德意志意识形态》为代表的"实践唯物主义"时期最终向以《资本论》为代表的"交往实践观"转换。

精神辩证法、人学辩证法、实践辩证法、劳动辩证法基础上展开的马克思学说具有共同的"逻辑因子"，人的问题是马克思学说贯彻始终的核心问题，人与世界的内在紧张是其学说展开的内在动力，辩证法是

---

① 《马克思恩格斯选集》第 2 卷，人民出版社 1995 年版，第 34 页。

马克思学说展开的内在原则和根本途径，共产主义是马克思对问题回答的最终答案。

在次第展开的马克思学说中，人是内在的根据，从"抽象的人"到"类本质"到从现实的社会关系中生发出人的本质，而外在的则是"必然性""社会联系"①"一切社会关系的总和"以及交往实践基础上的交往实践关系等。马克思的内在因素和外在关系在辩证法基础上逻辑展开为一系列相对独立的、相对完整的理论结构，在次第展开的马克思学说的立体结构中，其人本质的规定是沿着自由自觉地活动——实践——社会关系——经济关系的主线一步步向深层推进的，辩证法使马克思最终揭示人的经济关系。

（五）历史辩证法基础上的原始共产主义与未来共产主义之间的矛盾运动

1879 年 10 月到 1881 年 6 月期间，马克思写下了《人类学笔记》四部手稿，这构成了马克思学说的辩证法展开的第五个也就是最后一个层次。历史辩证法展开的是原始共产主义和未来共产主义的对立，是在人类学批判中找出未来共产主义的逻辑合理性。

马克思在他生命的最后十年对自然科学（物理学、地质学，尤其是数学）的关注比以前任何时候都多，"在他生命的最后日子里，马克思变得越来越接近在当时知识界流行的实证主义"②。马克思在 1860 年即达尔文《物种起源》一书出版的第二年就作了阅读，并马上写信给恩格斯说：该书是"为我们的观点提供了自然史的基础"③。在 1866 年，马克思再次写信给恩格斯，承认达尔文的著作有"无意识的社会主义倾向"，但同时指出在达尔文那里进步纯粹是偶然的，《物种起源》运用到历史和政治方面没有更多的内容，任何想把整个历史归到达尔文的生物进化论的"生存斗争"思想下的人，都只能证明其思想的无力。"马克思无疑用了生物学的比喻来表达他的思想，认为他在研究经济结构时运用的方法更类似于生物学，而不是物理学或化学。"④ 马克思还在写

---

①　《马克思恩格斯全集》第 42 卷，人民出版社 1997 年版，第 24 页。

②　戴维·麦克莱伦：《马克思传》，中国人民大学出版社 2006 年版，第 394 页。

③　《马克思恩格斯全集》第 30 卷，人民出版社 1995 年版，第 131 页。

④　戴维·麦克莱伦：《马克思传》，中国人民大学出版社 2005 年版，第 395 页。

给斯图加特《观察家报》的文章中对他本人和达尔文进行了直接比较，他甚至将他的《资本论》第二卷献给达尔文，但这并不能说明马克思用了达尔文研究自然一样的方法研究历史。随后马克思开始对人类学产生兴趣，他认真研读了路易斯·摩尔根的著作，于 1880 年冬天对《古代社会》一书作了上百页的摘录，对原始部落的民主政治组织以及他们的财产共有发生兴趣，从原始部落的社会结构中发现未来共产主义的逻辑合理性。

无论哪个层次展开的逻辑结构，马克思都力图调解人与世界的矛盾，而这一矛盾的直接表现就是人的内在本质与外在的社会关系的矛盾，而消灭不合理的社会关系的现实的人的现实道路则是通过实践对"一切社会关系的总和"进行革命的批判，历史辩证法是政治经济学与科学社会主义矛盾运动的人类学印证。建立在辩证法基础上的马克思学说的历时态结构是三维的立体结构，体现着马克思学说的统一性。

马克思辩证法的五个阶段只是不断深化的五个层次而不是前后否定的五种世界观，马克思在精神辩证法阶段就提出了哲学世界化和世界哲学化的命题，以后四个阶段是马克思在不同层面上对此问题的深入回答。如果按照马克思前后否定的逻辑只能得到两个马克思甚至是多个马克思，并且多个马克思之间还相互反对，从而肢解了马克思学说的完整性，最终只能是消灭马克思主义。但是我们的命题并不是取消马克思学说在马克思那里的发展，取消马克思后期学说对早期学说的修正，也不是否认马克思所生活的不同时代的经济生产以及由此产生的社会结构和该时代的政治的和精神的历史基础的变化，而是说马克思时刻都对自己的学说做着推进，但这并不是前后否定式的推进，而是一种深化和拓展，正像马克思和恩格斯在《共产党宣言》1872年德文版序言中说的那样："对于社会主义文献所作的批判在今天看来是不完全的，因为这一批判只包括到 1847 年为止；同样也很明显，关于共产党人对待各种反对党派的态度的论述（第四章）虽然在原则上今天还是正确的，但是就其实际运用来说今天毕竟已经过时，因为政治形势已经完全改变，当时所列举的那些党派大部分已被历史的发展彻底扫除了。"① 但是马克思同时指出："但是《宣言》是一个历史

---

① 《马克思恩格斯选集》第 1 卷，人民出版社 1995 年版，第 249 页。

文件，我们已没有权利来加以修改。"① 马克思早期学说和后期学说虽然存在着差异，但是后期思想绝不是对早期思想的否定而只是深化和向前推进。

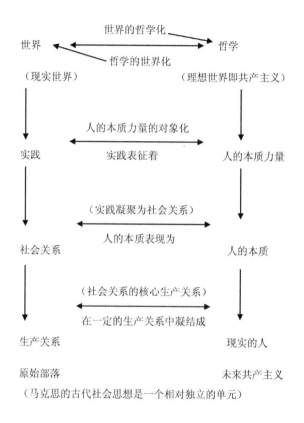

（马克思的古代社会思想是一个相对独立的单元）

（六）马克思学说的历时态结构的当代启示

马克思学说的历时态结构昭示：马克思学说在每个时代的展开都是一个完整的、独立的逻辑结构，但其出发点、目的和归宿都是一致的，辩证法始终是其展开的方式和途径，马克思主义在当代中国的发展也将按照这一规则在时代问题、时代特征基础上按照时代辩证法展开。当下中国已经进入了一个以"后"为标志的新时代：国际上，中国已经进入了"后崛起"时代，中国从被世界边缘化，到 G20，到 G8，到 G2，中国已经成为全球发展的重要主导力量；对外开放上，中国已经进入

---

① 《马克思恩格斯选集》第 1 卷，人民出版社 1995 年版，第 249 页。

"后全球化"时代，从我们努力争取加入世界贸易组织到中国成为"世界工厂"，摆在我们面前的已经不再是融入世界而是如何驾驭世界；经济上，中国已经进入了"后工业"时代，以汽车为承载体的工业社会已经由梦想变为现实，当下国人正经受工业化带来的困扰，科学发展与调解人与世界的矛盾增加了新的内涵；生活上，中国已经进入了"后小康"时代，中国人均 GDP 将在 2010 年突破 4000 美元，许多地区已经达到中等发达国家水平，温饱已不再是困扰国人的战略问题，取而代之的是小康带来的一系列经济、社会问题；科学技术上，中国已经进入了"后信息化"时代，曾经憧憬和幻想的，当下都变成现实，信息化给传统的政治、经济、文化带来了一系列挑战……"后"时代自然有"后"时代的辩证法，"后"时代将成为马克思主义中国化的现实土壤，"后"时代将按照"后"时代辩证法孕育出当下形态的马克思主义。

第四章

马克思学说体系的共时态结构

正确建构马克思学说体系，必须进行共时性研究，马克思学说体系实质就是马克思学说的共时性结构，共时性结构所勾勒出的是马克思学说体系的宏伟框架。共时性研究与历时性研究是马克思学说体系研究的两个基本向度，是马克思学说体系逻辑结构的重要内容。

一 马克思学说体系共时性研究的意义

共时性研究是相对于历时性研究而言的，二者分别从静态与动态、横向与纵向两个维度考察社会结构及其形态以及文化理论结构与形态。共时性研究侧重于研究对象系统以及系统中要素间相互关系为基础，重在把握对象的结构；历时性研究则侧重于对象运动的过程以及过程中的矛盾运动发展的规律为基础，把握过程的形态。共时性研究与历时性研究有着辩证统一的关系。

共时研究是结构主义最基本的分析方法，在时间的横向和纵向的坐标系中，结构主义把其分析的方法概括为历时性和共时性两种分析法。苏联的 M. H. 格列茨基在《结构主义》一书中对共时性分析方法作出说明："指沟通人与人共存关系的逻辑和心理联系，从而形成体系，这些是集体共同意识所能觉察到的"；而历时性分析方法"是研究集体共同意识没有觉察到的沟通人与人之间相互关系的联系，这些联系代代相传，但没有形成体系"[①]。19 世纪的语言学家对历时性分析方法最感兴趣，但在结构主义看来，共时分析方法是优于历时分析方法的，因为研

---

① 《哲学译丛》编辑部编译：《近现代西方主要哲学流派资料》，商务印书馆 1981 年版，第 274 页。

究对象过去的意义无助于现时，历史无关紧要，重要的是"现时"的关系。在对某一语言、某一社会或人类心灵问题进行分析时，最好的方法是在某一特殊的时间中去考察它们部分与部分间的关系，部分与整体间的关系，而不是仅仅去研究它们在历史中如何发展。所以，结构主义者又称这种方法为"快照特写法"，而不是全景性的移动，在社会科学方法论的分类上，也把这种将某一研究对象放到"现时"特定时空进行"个案"性的研究，归类于被西方的方法论学家称为定性研究（qualiative research）的范畴——共时性（Synchronicity），也可称为同时性。

在以往对马克思学说体系的研究中，大多采用的是共时性的研究方法，共时性的研究方法可以得到马克思学说体系的基本原理、马克思学说体系的基本属性、马克思学说体系的原理概论等。在马克思主义理论体系研究历程中，研究者所采用的基本方法仍然是共时性的，例如，迄今为止所出现的教科书体系、实践唯物主义体系等以及对马克思主义三个来源和三个组成部分的结论的研究，都是在对马克思主义理论体系、马克思学说体系的共时性研究中取得的成果，当下所展开的对马克思学说的整体性研究、层次性研究等也是在共时性视角对马克思学说体系展开的研究，所以，共时性研究是马克思学说体系的研究及其构筑过程中不可或缺的重要环节。本章对马克思学说体系的共时性研究分为两个角度：一是马克思学说体系层次性视角中的共时态结构；二是在发掘马克思学说体系的构筑原则——辩证法的基础上，按照马克思学说体系的生成逻辑，揭示马克思学说体系以辩证法为根本方法构筑起来的共时态结构的实质。

二　马克思学说体系的层次结构

对马克思学说的层次性结构的正确认识是重建马克思主义在场性的前提。对马克思主义层次性的解读存在不同范式，结构性解读和功能性解读是已有的基本范式，而按照马克思的文本逻辑对其学说的层次性结构进行解读则是马克思学说层次性研究的范式转换。马克思文本中有关于其学说层次性理解的逻辑，是对马克思学说层次性划分的最终根据。在此基础上，马克思学说被分为三个层次：第一层次是人，第二层次是唯物史观，第三层次是其科学体系。

进入 21 世纪以来，探索从当年马克思哲学到今日马克思主义哲学出场的逻辑，重建马克思主义哲学的当代性和在场性是尤为迫切的哲学命题。要重建马克思主义哲学的在场性，必须运用马克思主义哲学对当下重大时代问题的实践进行反思，与各种时代思潮对话，回应自 20 世纪 90 年代以来马克思主义面临的挑战。因此，必须运用文本学研究方法对马克思、恩格斯、列宁的经典著作进行系统解读，从而使马克思主义研究获得真正科学的认识，"使马克思主义哲学的本真意蕴尤其是革命的科学的批判的方法在当代语境中自己呈现出来，以服务于我们对身处其中的现时代的批判性认识"①。本章力图运用文本学的研究方法，剖析马克思学说的层次结构，以期对马克思学说的正确认识提供新的路向。

（一）按照马克思文本对其学说的层次性划分

马克思文本对其学说层次性的划分具有最高法力。"必须主要根据马克思本人的哲学文本来理解马克思哲学，而不能主要依据苏联模式哲学教科书体系来理解马克思哲学，甚至也不能主要依靠恩格斯通俗性、论战性著作来理解马克思哲学。"② 因此，探寻并依照马克思文本对其体系层次性的划分，是正确理解马克思学说层次性、重建马克思学说的逻辑结构的最终根据。

1. 马克思文本关于其学说的层次性划分

马克思文本对马克思学说层次性划分有着明确的表述，指出其学说分为两部分，即指导他的研究的理论和在这一原则指导下的研究成果两个层次，"我所得到的、并且一经得到就用于指导我的研究工作的总的结果……"③ 在写于 1859 年的《〈政治经济学批判〉序言》中，马克思对自己以往的研究进行了总结，指出自己以往的研究成果就是马克思一经得到就用于他的研究工作的总的结果——历史唯物主义。唯物史观的发现具有划时代的意义，恩格斯把唯物史观的发现看作马克思一生两大发现之一，因为唯物史观正确地回答了社会历史发展的基础和根本动力

---

① 张亮：《中国马克思主义哲学史研究的范式生成与转换》，《中国社会科学》2008 年第 4 期，第 25 页。

② 王东：《马克思学新奠基》，北京大学出版社 2006 年版，第 183 页。

③ 《马克思恩格斯选集》第 2 卷，人民出版社 1995 年版，第 32 页。

是什么这一基本问题，从而为解决社会历史观的其他问题提供了可能性，也就可以解决"使我苦恼的疑问"。在唯物史观的指导下对解决"使我苦恼的疑问"的研究结论构成了马克思学说的第二部分内容。从这里，我们可以看出马克思学说的两个基本的层次即唯物史观以及在唯物史观的指导下产生的理论成果。这两个层次的内容也是以往我们所理解的马克思主义的全部科学理论。

2. 唯物史观是马克思学说文本逻辑的中间层次

唯物史观是马克思全部学说研究的指导原则，唯物史观的基本原则包括：第一，社会存在决定社会意识，而不是相反；第二，生产力决定生产关系，经济基础决定上层建筑；第三，"两个决不会"的原理。唯物史观在社会历史领域中坚持物质决定论的基本原则，从根本上批判了唯心史观把人类社会历史的发展的动力归因于人类精神运动的错误，指出正是因为人们之间的物质利益的矛盾才是推动社会发展的最终动力，这样，就使马克思学说的科学体系能够奠定在客观的物质关系的基础上，从而使马克思主义获得了真正的科学性。马克思的政治经济学理论、科学社会主义理论都是在此原则指导下的产物。

唯物史观的发现，使我们可以从纷繁芜杂的社会现象中，找出内在的带有规律性的联系，发现人类社会发展的规律，为我们认识社会和改造社会提供科学的武器。正如列宁指出的："马克思的历史唯物主义是科学思想中的最大成果。过去在历史观和政治观方面占支配地位的那种混乱和随意性，为一种极其完整严密的科学理论所代替。"①

（二） 在唯物史观的指导下的研究结论——马克思学说的科学体系

马克思学说的科学体系就是在唯物史观的指导下的研究成果，具体内容包括研究政治、经济、文化、社会各个层面的科学结论，这些科学结论是对人、人类社会、人的精神世界、人和世界的关系以及对自然界的研究，分属于哲学、历史、政治学、社会学、法律等诸多学科，这些研究结论构成马克思学说的科学体系，也是其学说的外缘层次。应当说，马克思的全部经济学以及他的科学社会主义理论都属于马克思学说的科学体系但并不是科学体系的全部内容，但是在恩格斯的《反杜林

---

① 《列宁选集》第 2 卷，人民出版社 1995 年版，第 311 页。

论》发表之后，马克思的学说就被武断地分割为哲学、政治经济学和科学社会主义三个组成部分，从而也把作为科学体系的指导原则的唯物史观和科学体系本身的层次性混淆了。

（三）马克思学说的核心层次——唯物史观的出发点和科学体系的最终归属

马克思在《〈政治经济学批判〉序言》中还提出"我解决使我苦恼的疑问"，马克思是在研究什么问题产生了"苦恼的疑问"？马克思在得到唯物史观之前在研究什么问题呢？或者说马克思是在研究什么问题的过程中得到的唯物史观呢？在马克思得到唯物史观之后他又是研究了什么问题呢？

人的问题是马克思全部学说研究的主线。在展开政治经济学研究之前的早期活动中，即从马克思的《博士论文》到马克思把他的全部精力都投入到经济学的研究当中去，"1848 年和 1849 年《莱茵报》的出版以及随后发生的一些事变，打断了我的经济学研究工作，到 1850 年我在伦敦才能重新进行这一工作"①。在这期间，马克思直接关注的问题就是人的解放，马克思思想的逻辑是从对人的本质的建构出发，揭露现实世界中人的本质被异化的状态，剖析人的本质与现实的社会关系的矛盾从而揭示人被异化的根源，在这一过程中发现唯物史观进而在唯物史观的基础上探寻人的本质从异化到复归的现实的道路。

在《博士论文》的研究中，马克思阐明了自己对人的本质的理解：人的本质就是自我意识，就是绝对性和自由，"自我意识的最高神性"也就是"自由的最高神性"。这就必须否认外在于人的作为命运之神的"必然性"的存在而强调对"偶然"和"任意性"的享用，用伊壁鸠鲁的原子论（原子即个体）来说，自由是原子在运动中"脱离直线的偏斜。……偏斜打破了'命运的束缚'"②，自由是原子追求个别—独特性和具体—丰富性，从而实现"自我意识"的过程，自由同时意味着地位平等和相互承认。在《博士论文》之后，马克思对人的本质的认识又在对宗教和唯心主义的斗争中得以深化和发展，在《〈黑格尔法哲学

---

① 《马克思恩格斯选集》第 2 卷，人民出版社 1995 年版，第 35 页。
② 《马克思恩格斯全集》第 1 卷，人民出版社 1995 年版，第 33 页。

批判〉导言》中，对宗教的本质作了彻底的揭露和批判，阐明"人是人的最高本质"；在《1844 年经济学哲学手稿》中对异化劳动进行了集中批判，强调"人的本质是自由自觉的活动"；在《神圣家族》中对青年黑格尔派主观唯心主义的批判，指出人的本质是"历史中行动的人"；《关于费尔巴哈的提纲》一文中，通过对旧唯物主义的批判，确立了他的"人的本质不是单个人所固有的抽象物，在其现实性上，它是一切社会关系的总和"①；在《德意志意识形态》一书中对德意志意识形态作了系统的批判，提出人的本质是"现实的人"，最终完成了他们的唯物史观的建构，对人的本质的建构也最终完成。

马克思建构人的本质的目的就是批判神、批判宗教、批判唯心主义、批判旧唯物主义，尤其是在《1844 年经济学哲学手稿》等文中批判资本主义制度下人的本质被异化的现实，从而在《共产党宣言》《关于费尔巴哈的提纲》《德意志意识形态》探寻人的本质复归的现实的道路。

因此，正是对人的关注发现了困惑，才产生了马克思的"苦恼的疑问"，也正是在人的问题的研究中马克思得到了唯物史观，正是在唯物史观的指导下对人的问题的正确回答马克思得到了科学社会主义理论、政治经济学理论，等等。所以说，人的理论居于马克思学说的核心地位，而以往对马克思主义的认识却恰恰忽略了这一核心理论。

（四）马克思学说的层次结构

无论是结构性研究范式还是功能性研究范式对马克思主义层次性的划分大多限于对马克思主义哲学、政治经济学以及科学社会主义三大部分理论（即所谓的科学的马克思主义理论体系）的层次性划分，而把马克思对人的问题的研究作为早期非成熟理论剔除在外。尽管他们有的已经超越了恩格斯和列宁的马克思主义的三个组成部分的划分的理解而把马克思主义当作一个整体来研究，而有的仍然局限于原来的教科书体系，但他们研究的对象却是共同的。

而按照文本逻辑的分析范式，我们发现了马克思文本对其学说的层次性划分，也在此基础上依照马克思自己的逻辑得到了马克思学说的层次。

马克思的学说分为三个层次，人是其全部学说的动力与出发点，正

---

① 《马克思恩格斯选集》第 1 卷，人民出版社 1995 年版，第 56 页。

是由于人的本质与一切社会关系的矛盾才推动了马克思对社会历史理论的研究，整个马克思学说才得以展开，因此马克思关于人的理论是第一层次，居于马克思学说的核心地位；唯物史观则是第二层次，是马克思学说的中间环节。唯物史观作为马克思学说的中间环节，更重要的是作为方法论原则而发生作用；唯物史观的运用成果即马克思学说的科学体系是第三层次，也是马克思学说的外层。第一层次解决了马克思学说发展的动力问题，第二层次解决了马克思学说发展的规范，第三层次是马克思学说按照第二层次理论来回答第一层次的问题的结论。

马克思学说的这一层次性结构不是马克思学说所独有的，规范地应对人和世界关系理论的学说体系都具有这样一种逻辑结构，都具有这样的层次性。人的问题是一切社会历史理论关注的核心问题，也正因为人的问题居于马克思学说的核心层次，才决定了马克思学说的时代意义和在场性。

以上是对马克思学说内容结构的层次性划分。在对马克思学说内容结构的层次性划分基础上，我们还应该发掘马克思学说的生成方式、结构方式、存在方式及其存在根据，马克思学说的生成方式、结构方式、存在方式及其存在根据就是马克思的辩证法，对此在"马克思学说的生成逻辑"一章中已经展开了充分的论述，因此，在马克思学说的内容结构之上的，应该是马克思的辩证法。

以下是马克思学说层次性结构图式：

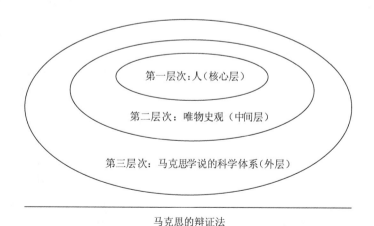

第一层次：人（核心层）

第二层次：唯物史观（中间层）

第三层次：马克思学说的科学体系（外层）

马克思的辩证法

以上对马克思学说层次性的划分是按照马克思本人的文本从该学说

的结构上所作的层次性理解，当然，从其他角度例如以功能为切入点对马克思学说进行层次性划分自然会有另外的结论。以上结论只不过是在前人研究的基础上按照马克思的文本逻辑深入探索的结果，只是从新的视角对马克思学说、马克思主义的结构与层次性理解的尝试。

三 建立在辩证法基础上的马克思学说体系的共时态结构是正、反、合逻辑整体

黑格尔以辩证法构筑了他的哲学体系，其共时态结构表现在正、反、合的逻辑过程中。本章还力图参照黑格尔哲学的共时性结构，构筑马克思学说体系的共时性结构。当然，马克思学说体系的开放性是其区别于黑格尔哲学体系的显著特征。

（一）以辩证法构筑的黑格尔哲学体系的共时态结构是马克思学说体系共时态结构研究的重要借鉴

按照辩证法构筑的黑格尔哲学的共时性结构是一个严整的逻辑体系，黑格尔哲学的共时性结构对于我们在辩证法基础上构筑马克思学说体系的共时性结构具有重要的借鉴意义。

黑格尔是具有自觉的体系思想并提出了最完整严密的哲学体系的哲学家，在《小逻辑》导言中他就指出："哲学若没有体系就不能成为科学。没有体系的哲学理论，只能表示个人主观的特殊心情，它的内容必定是带偶然性的。哲学的内容，只有作为全体中的有机环节，才能得到正确的证明，否则便只能是无根据的假设或个人主观的确信而已。"黑格尔以正、反、合的三段式为构建体系的基本原则，并由此创造了一个从"有"开始终于"绝对精神"的大大小小由正、反、合"圆圈"构成的逻辑体系，《哲学全书》就是他对其体系的全部内容的叙述：黑格尔哲学体系呈现为一个圆圈接着另一个圆圈、大圆圈套小圆圈的逻辑结构，各个层次的圆圈并不封闭，而是螺旋式上升进而形成一串圆圈，并且最初的范畴"有"与最后的范畴"绝对精神"也是开放的，"绝对精神"是"有"的充分展现，"有"只是尚未展开的"绝对精神"。马克思对黑格尔构建体系的基本原则正、反、合三段式思想予以充分肯定。

黑格尔哲学体系就是"一个自己回到自己的圆圈"，黑格尔毕生致

力于建立一个庞大的哲学体系，对这个体系的划分有两种方法，贺麟先生早在 20 世纪 30 年代就提出了"对黑格尔哲学系统可以有两种不同看法的问题"：一是认为黑格尔的哲学体系存在于其《哲学全书》之中，其中的逻辑学、自然哲学和精神哲学构成黑格尔哲学体系基本框架；二是在系统把握黑格尔全部著作基础上，揭示以精神所注以及中心论证辩证发展的整个过程，指认黑格尔哲学体系结构中的三个环：把《精神现象学》作为黑格尔哲学体系的导言，这是第一环；第二环是《逻辑学》……以《自然哲学》和《精神哲学》（包括《法哲学原理》《美学》《历史哲学》《哲学史讲演录》《宗教哲学》等）作为逻辑学的运用和发挥，称为"应用逻辑学"这是第三环。贺麟先生比较赞同第二种看法，认为黑格尔哲学体系结构的三个圆圈是黑格尔哲学的整体及其辩证法发展的基本框架，而且与马克思主义经典作家的观点基本一致。

黑格尔在 1803 年夏秋之际，对哲学体系的概念的认识发生了转换，他把自己的全部哲学体系进行层次性划分，指出，精神现象学是整个体系的导论，构成整个体系的第一部分；而包括逻辑学和形而上学、自然哲学和精神哲学在内的哲学体系构成他的哲学的第二部分。

黑格尔的哲学核心是：真理存在于思维和存在或主体和客体相同一的纯概念之中，精神和对象的统一是真理取得现实性的基础，纯概念之为意识和存在或主体和客体的同一是黑格尔哲学的根本原则，没有这个原则就没有《逻辑学和形而上学》，而如果没有了逻辑学和形而上学，也就不可能有哲学的两种实在科学，即自然哲学和精神哲学。

黑格尔的哲学体系构成是一个严整的圆圈，它在开端时所采取的直接观点，即成为最后的结论，当哲学达到这个终点时，也就是重新达到其起点而回到自身之时。黑格尔以哲学上的起点，只是就研究哲学的主体的方便而言，才可以这样说，至于哲学本身，则无所谓起点，所以，按照他的这个著名观点，哲学圆圈中的任何一个环节都可以成为哲学的开端，《精神现象学》是其哲学体系的开端，同时也是哲学体系中的一环。

《精神现象学》是黑格尔哲学体系的第一环，逻辑学是其第二环。精神现象学是其哲学体系的导言，是作为逻辑学的导言。逻辑学负有向一切其他哲学学科提供最一般的理论原则和方法原则的使命，逻辑学体系的建立必然导致它的原理和方法应用于自然和精神的各个领域，导致自然哲学和精神哲学各个分支部门的建立——黑格尔哲学体系逻辑构成的第三环，即最后一环。正如贺麟先生所指出的那样，黑格尔哲学体系的构成是这样的：以《精神现象学》为全体系的导言，为第一环；以逻辑学为第二环；以自然哲学和精神哲学为逻辑学的应用和发挥，统称"应用逻辑学"，为第三环；而整个哲学体系，"精神现象学""逻辑学""应用逻辑学"则构成一个大圆圈。

黑格尔哲学的三个环本身组成一个大圆圈，表现为正题、反题、合题三个阶段，黑格尔的辩证法肯定辩证法是由正题、反题与合题组成的。所谓"正题""反题""合题"，其实是绝对精神在不同阶段的表现形式。正题必然地派生出它的对立面——反题，并且和反题构成"对立"，最终二者都被扬弃而达到"统一"的合题。黄枬森先生就曾肯定黑格尔构筑其逻辑体系所采用的三段论："推动范畴、原理不断向更复杂、更具体范畴、原理前进的动力是范畴、原理的内在矛盾关系。黑格尔自认为他的体系的展开是一个逻辑的演绎过程，但他又认为这个过程不同于一般形式逻辑的推论，而是辩证法的推演，即按照对立面的统一的公式不断前进，呈现出正题1→反题1→合题1，合题1就是正题2，于是出现第二次正反合，如此前进，以至无穷。这就是黑格尔的否定之否定，或称三分法、三一体、三阶段论。"[①] 辩证法就是绝对精神不断流动、展开的一个历史过程，它是动态的。任何事物，都是在"正→反→合"的辩证发展的过程中存在。"绝对精神"，则是黑格尔对"正、反、合"的最源头的定义。黑格尔哲学体系就是以辩证法为逻辑框架构筑起来的正、反、合的整体结构。

当然，黑格尔哲学内部还包含诸多低一层次的圆圈，如主观精神是较大的圆圈，它还包含三个小圆圈，即意识、自我意识和理性。在此不再细述。

（二）马克思学说体系的正、反、合逻辑结构

马克思的辩证法继承了黑格尔辩证法的合理的内核，抛弃了其唯心主义的绝对精神，把头朝下倒立着的唯心主义辩证法颠倒过来，变成了

---

① 黄枬森：《黑格尔与经典作家论哲学体系的逻辑展开》，《北京大学学报》（哲学社会科学版）2008 年第 5 期。

植根于坚实的唯物主义的基础上的辩证法。黑格尔的唯心主义的错误在于，他从绝对精神出发，通过正、反、合来演绎、解释世界及其运动，世界及其运动没有客观的物质性，而是绝对的精神流动，辩证法不是物质世界客观规律，而是绝对精神的神秘逻辑的外现。

但作为辩证法的形式，马克思则继承了黑格尔辩证法的基本规则，即辩证法的三大规律：对立统一规律，质量互变规律，否定之否定规律，马克思抛弃了绝对精神的"正、反、合"的内容：绝对精神，但却保留了正、反、合的逻辑——这也是马克思继承的黑格尔辩证法的合理内核，所以马克思和黑格尔的辩证法在形式上是一致的。马克思抛弃了黑格尔的唯心主义成分，是选择了唯物主义立场和世界观，从而与黑格尔的唯心主义世界观是分道扬镳。其实，所谓的"正反合"，主体内容就是人们所熟知的肯定、否定、否定之否定规律的辩证法的同义语，其中的区别，只是两者哲学逻辑基础及其表述的思想文化不同，"正、反、合"辩证法的哲学逻辑基础是矛盾统一，是中国哲学的思想文化表述方式；肯定、否定、否定之否定的辩证法的哲学基础是矛盾对立，是西方哲学的思想文化表述方式。事物从肯定出发，经过否定最后到达否定之否定构筑一个逻辑上的圆圈。

马克思学说体系就是一个由正题、反题、合题构成的逻辑圆圈，整个马克思学说体系的正题：马克思的哲学，反题：马克思的政治经济学，合题：科学社会主义。马克思学说体系还包含若干低层次的圆圈，是一层圆圈套另一层圆圈，一层层圆圈环环相扣，共同组成马克思学说体系。

马克思学说体系是以辩证法为逻辑框架构筑起来的正、反、合的整体结构，其哲学构筑了现实的人的概念，而现实的人的构筑经历了一个从抽象的人出发，经过对人的异化形式的揭示最后达到现实的人的构筑，哲学是整个马克思学说体系的总述，马克思的全部政治的社会的理想都在哲学中进行了阐释；政治经济学是马克思运用其哲学精神——唯物史观对资本主义进行批判的杰作，其中分析了资本运行的逻辑，揭示了剩余价值的实质，批判了资本主义这一人类历史上导致劳动者深刻异化的社会形态，所描绘的是人异化为非人的过程；科学社会主义是马克思在哲学基础上，通过对资本主义的批判从而对未来美好社会的构筑，所描绘的是被异化的人向真实的人的回归的状态，是哲学化了的世界。

总之，人，从理想的人到被异化的人到真正人的回归是马克思全部学说体系的逻辑，人的运动和发展构成了马克思全部体系。

马克思的哲学、政治经济学以及科学社会主义也分别是以辩证法为生成方式构筑起来的正、反、合的逻辑体系，其内部又存在若干低一层次的小圆圈，这些不同层次的圆圈共同构成马克思学说体系的共时态结构。

马克思的哲学描述了理想的人和被异化的人之间的相互关系及其矛盾运动，是马克思全部学说体系的总述和雏形，是马克思全部学说体系的源泉和秘密，要考察马克思学说体系必须从马克思的哲学出发。马克思的哲学描述了理想的人、被异化的人、现实的人三种人的存在形式，马克思在其中分别经验了抽象人的自我意识、劳动和实践三个阶段，也只有在实践中，马克思才真正找到了唯物史观，并在唯物史观的指导下揭示了人类社会基本的矛盾运动，揭示了生产力、生产关系；经济基础、上层建筑之间的矛盾运动，揭示了私有制、阶级和国家之间的内在联系，从而完成了其哲学体系的构筑。

在马克思的哲学体系中，存在着一个大的圆圈：从理想的人出发，经过被异化的人最后达到现实的人，在此，理想的人是正题，被异化的人是反题，现实的人是合题，人的这三种存在方式的实质在"马克思学说体系逻辑起点的真实内涵"一章中已经有详尽论述，在此不重复，在此只是要说明，马克思所构筑的现实的人是马克思全部学说的逻辑起点，正是现实的人的内在矛盾，才导致了人类社会复杂的社会运动，正是这些社会运动，才推动人类历史从低级到高级发展。

马克思的哲学部分还包含几个小圆圈：生产力、生产关系、生产方式三者之间也是一个正、反、合的逻辑关系：生产力是正题，生产关系是反题，生产方式是合题；经济基础、上层建筑、社会形态三者之间也是正、反、合的逻辑关系，经济基础是正题，上层建筑是反题，而社会形态则是合题；另外，马克思还揭示了人类历史从无阶级社会向有阶级社会过渡，最后向无阶级社会回归的逻辑，构成一个完整的圆圈，其中，无阶级社会是正题，阶级社会是反题，高级形态的无阶级社会是合题，私有制是这样，国家也是这样，这是马克思哲学中存在的另外三个圆圈。

这样我们可以看出，在马克思的哲学中，至少存在着一个大的圆圈，马克思在其中完成了现实的人的建构，另外还存在数个低一层次的圆圈，其中，马克思完成了唯物史观的建构。马克思的哲学正是在辩证法基础上构筑了正、反、合的逻辑体系。马克思按照"正、反、合"三段式，将人类社会的历史运动解释为理想人的状态、被异化的人的状态和现实人的状态三种存在方式。

马克思的政治经济学揭示了资本主义剥削的秘密，揭示了剩余价值产生的根源，剖析了资本主义生产条件下劳动异化的实质，马克思的这一理论也是由一个大的圆圈和若干小的圆圈构成。商品是马克思政治经济学的逻辑起点，从商品出发，马克思构筑了一个政治经济学的大圆圈：商品、货币、增大了的商品，这是商品运动的基本规律，其中，商品是正题，货币是反题，增大了的商品是合题，马克思从商品出发，最终又回到商品，构筑了第一个大圆圈，通过商品的逻辑运动，马克思揭示了资本主义社会运动的动力，为揭示资本主义剥削的秘密找到了前提，为克服资本主义开辟了道路。

马克思的政治经济学还包含着其他几个低一层次的圆圈：使用价值、价值、商品，使用价值是正题，价值是反题，而商品是合题，除此之外，还有具体劳动、抽象劳动；私人劳动、社会劳动等圆圈。

马克思的科学社会主义理论也包含几个圆圈：马克思全部学说体系构成了一个大圆圈，这个大圆圈的出发点是现实的人，经过被异化的人，最后向全面发展的人的回归，这个回归的过程也就是哲学的世界化和世界的哲学化的矛盾运动，其中也是一个正、反、合的逻辑过程：世界是正题，现实世界（非哲学化的世界）是反题，而哲学化的世界是合题；哲学是正题，非世界化的哲学是反题，而世界化的哲学是合题。

整个的马克思学说体系就是以辩证法为生成原则和构筑方式，是按照三段式契合在一起的逻辑体系，其总体上表现为一个大圆圈，内部包含着众多小圆圈，共同构成一个整体结构——马克思学说体系的共时性结构。

（三）马克思学说是开放体系

马克思学说体系有几个层次的圆圈，但马克思学说并不是封闭体系，马克思学说面对实践始终是开放的，是在实践中发展的，马克思学说在实践中的发展仍然坚持辩证法，其逻辑结构仍然呈现为不同层次的圆圈，但是，这些不同层次的圆圈并不是简单的重复，而是在更高层次上的回归。

批判精神和辩证法思想是马克思学说体系开放性的根本保证。马克思学说体系是在实践中产生的，也必将在实践中向前发展。批判精神和辩证法为马克思学说体系在实践中的发展开辟了道路。马克思在世时，他就根据实践的需要对自己创立的理论不断进行充实和完善，其后，列宁领导的俄国马克思主义者又对马克思创立的学说体系的发展作出了重大贡献，把马克思学说体系发展到了列宁主义阶段，十月革命一声炮响，给中国送来了马列主义，从此，马克思学说体系又开始了在中国的传播和发展，由此可见，马克思学说从来就不是封闭的体系，而是开放的，不断向前发展的理论体系。

马克思去世后，世界的经济、政治、文化、社会格局发生了深刻的变化，这些巨大的变化要求马克思学说体系对其作出解释和说明，马克思学说体系必须跟上时代的发展，与时代同步，才能始终是"时代精神的精华"。马克思学说体系仅仅解释世界、解释人类实践是不够的，不能仅仅是"密纳发的夜鹰只是到了黄昏它才起飞"，而是要做报晓的雄鸡，对实践的发展做出前瞻性的论证。

马克思去世后，世界的科学技术有了巨大进步，19世纪70年代到20世纪初，是世界科学技术取得突破性成长的时期，1900年马克斯·普朗克发现量子，为量子理论的诞生奠定了基础；1901年古列尔莫·马可尼在纽芬兰接收到来自英国康沃尔的世界上第一个电报信号；1905年爱因斯坦发表相对论；1913年尼尔斯·玻尔和埃内斯特·拉瑟福德发现原子结构；1924年埃德温·哈勃首次发现银河系外还有星系；1927年乔治斯·勒梅特提出宇宙起源的大爆炸理论……第二次世界大战之后，科学技术更是取得了令人瞩目的成就。进入21世纪，更多新的科技革命突破将为科学大厦增添新的光辉，科学将从分化、深入转向交叉、综合、统一；从简化转向复杂，人们对物质相互作用及运动规律的研究，也将从常规状态到极端条件；对新物质、物种的研制将从一般的化学、生物过程发展到有效的结构设计、分子剪裁和修饰；以基因、工程分子工程的方法，获得预想的特定功能乃至新生命性状；凭借人类的创造性逻辑和智慧，作为科学基础的数学，将更加广泛地向科学、工程技术乃至经济和社会各个领域广泛渗透，从数学物理方法分析建模，走向数字化虚拟现实；生命物质结构、功能及其运动规律，也将逐步走向以数理与信息科学为基础，以生命科学、经济与社会、环境与生态、心理科学与认知等复杂系统科学为主流，着重研究生命现象，心理与认知过程以及人、自然、社会相互作用的运动规律，继而在总体上不断取得新的突破。可以展望，21世纪将被称作是解开众多科学之谜的时代。

科学技术的进步与人类文明的发展总是有深刻联系的，科学技术的发展也向马克思学说体系的科学性提出了挑战，20世纪初，马赫主义就对马克思学说体系的科学性提出质疑。同时，科学技术的进步也给马克思学说体系的发展提供了条件，正是在回应马赫之流的诘难，在总结新科学技术的成就的基础上，马克思学说体系才始终站在了实践的最前沿，始终是"时代精神的精华"。

马克思去世之后，国际共产主义运动也产生了新情况，出现了新变化，第二次世界大战结束后世界上诞生了一大批社会主义国家，但20世纪90年代初，苏联解体，东欧社会主义国家纷纷发展剧变，这些都给马克思学说体系的发展创造了契机，马克思学说的后继者们，必须正视这些现实，及时总结无产阶级运动的新情况、新问题，为马克思学说体系的发展作出新贡献。十一届三中全会以后，我们党带领全国人民，在邓小平理论的指引下，纠正了"文化大革命"的错误，确立了社会主义初级阶段基本路线，成功走出了有中国特色的社会主义新道路；在"三个代表"重要思想指引下，我们党又带领全国人民进一步解放思想，与时俱进，创立了社会主义市场经济体制，全面建设小康社会，开创了中国特色社会主义的新局面；在新世纪新阶段，党中央又及时提出了科学发展观作为统领经济社会发展的重大战略，站在历史和时代的高度，进一步指明了中国现代化建设的发展道路、发展模式和发展战略，极大地推动了马克思学说体系在中国的发展。

第五章

马克思学说体系的逻辑主线

马克思学说是一个庞大的理论体系，包括哲学、历史学、社会学、政治学、经济学等众多学科领域，从认识论的角度来看，这是一个纷繁复杂的理论体系，但从价值论的角度来看，整个马克思学说体系存在一条基本的思想路线和一条非常清晰的逻辑主线。要全面、深刻地把握马克思学说体系，必须认真剖析这条逻辑主线，只有如此，才能科学、严谨地理解马克思学说体系。从马克思学说体系本身的逻辑结构来看，从马克思学说体系的内容结构来看，都存在这样一条主线，这条逻辑主线，就是人的解放。

在传统上，我们把马克思学说体系肢解为三大块：马克思的哲学是理论基础，政治经济学是主要内容，科学社会主义是核心和纲领，但这三大块之间缺少内在的逻辑联系，从而使得马克思学说不能形成有机整体。人的解放是马克思学说体系的出发点和归宿，马克思学说体系究其实质是关于人的解放的学说体系，人的解放主题贯穿于马克思学说体系的始终，其唯物史观是人的社会解放的理论，为人的解放提供了理论依据，其政治经济学说是资本主义社会中无产阶级解放的理论，未来的共产主义社会则是马克思批判资本主义社会而得出的关于人类解放的科学结论。人的解放是马克思学说体系的主题，是马克思学说体系的逻辑主线，正是这一条逻辑主线，使马克思学说凝结为一个严谨的科学体系。

以人的解放为逻辑主线的马克思学说体系决定了马克思学说体系的价值论，是对本真的马克思学说体系的根本回归。目前的研究之所以不能把马克思学说体系内容的几个方面有机地结合起来，其根本原因是有两点，一是没有把人的解放问题视为马克思学说体系贯彻始终的一条主线；二是没有把人作为全部马克思学说体系的出发点，从而没有在人的解放问题上演绎整个马克思学说体系。马克思学说体系的出发点就是人本身，这个人不是抽象的人，而是现实的人，现实的人的内在矛盾导致了人和人自身的分裂，人的现实的生存状态与人的本质之间的矛盾形成人的内在紧张关系，这种内在紧张分别从属于自然属性和社会属性，这种内在紧张是人异化的根源，也是推动人从事解放活动的根本动力。马克思正是按照人类历史的真实逻辑，通过对内在于人的矛盾的揭露和批判，从而构筑起了严谨、科学的理论体系。

一　马克思人的解放理论的探索：从主题到逻辑主线的转换

把人的解放理论视为马克思学说体系的主题在当下学界已经达成共识，但把人的解放问题当作马克思学说体系的逻辑主线并对其进行剖析，时至今日仍然研究不足，"尽管现在国内有些学者意识到马克思哲学是关于人的解放的学说，但至今仍然没有人对之进行过系统的体系化的理论研究。对马克思人的解放理论进行系统化体系化的研究，以达到重构马克思主义理论，是马克思哲学研究必然趋势"①。

有学者把 20 世纪 80 年代初以来，我国对马克思人的解放理论研究分为三个阶段："第一阶段，20 世纪 80 年代，马克思人的解放理论研究的萌芽；第二阶段，20 世纪 90 年代，社会主义市场经济条件下人的解放问题研究；第三阶段，进入 21 世纪之后，明确地提出'解放论'的转向。"② 他们认为，在 20 世纪 80 年代开始的第一阶段，有少数学者开始关注马克思人的解放理论，认为人的解放理论是马克思哲学思想的"红线"或是马克思哲学革命的思想纲领。"有一条中心线贯穿于马克思思想转变过程的始终，这就是关于人的解放问题。"③ 马克思把资产阶级革命及其成果称为"政治解放"，但政治解放不仅没有消灭人的异化，相反却加剧了人的异化，因此，只有消灭人的异化的解放，才是真正的人类解放。所以，马克思毕生致力于人的解放，马克思在实现哲学革命过程中存在着一条贯穿始终的根本的指导原则，这个纲领性原则就

---

① 居继清、周青鹏、吴光辉等编著：《哲学社会科学前沿问题研究》，华中科技大学出版社 2009 年版，第 21 页。

② 同上书，第 13—21 页。

③ 同上书，第 13 页。

是人的解放问题，人的解放问题是马克思进行哲学革命的思想基础，人的本质的科学阐明是马克思整个哲学革命的基本内容。因此，"创立科学的关于人的哲学是马克思实现哲学革命的实质"。"马克思所探讨的问题全都与人的问题有关，如人的本质关系、市民社会、人的本质、实践、异化劳动、生产力、社会物质生活的生产、交往形式、社会历史形态、社会意识、阶级、阶级斗争和社会革命，等等。马克思哲学探讨最为详尽的人就是他最关注的那些当时处在社会最底层的人——无产阶级，而对无产阶级的探讨又着重从它的社会关系着眼。这就是无产阶级革命运动学说（它的历史使命和它的斗争条件）的哲学发端。马克思由此实现了哲学革命，其历史意义在于它使人类第一次从自我蒙昧中解放了出来，科学地认识了自己。认识了自己的社会，认识了自己的历史和自己的周围世界，从而为人类达到自己类的解放提供了科学的哲学基础。"①

但当时的这种理论探讨只是试图对马克思哲学重新进行定性，是对传统的被称为辩证唯物主义和历史唯物主义的马克思主义哲学的批评，只是致力于用一种解放哲学来取代传统的对马克思哲学的理解，没有实质性地解决马克思学说体系的逻辑线索建构的问题：第一，没有把人的解放问题视为全部马克思学说体系的主题，而只是把人的解放问题放在马克思的哲学中来讨论；第二，没有把人的解放问题作为马克思学说体系建构的逻辑主线来讨论，只是把人的解放问题上升为马克思哲学的主旨。在上述原因基础上没有把人的解放作为马克思学说体系的逻辑线索，没有建立马克思学说体系的整体性是可以理解的。

20 世纪 90 年代，理论界关注社会主义市场经济条件下人的解放问题，学者们探讨人的解放中的"思想解放"问题、"社会发展"问题、"人的本质的异化"问题、"马克思的实践哲学与人的解放"、"人的解放的层次性"问题、"马克思人的解放理论的逻辑演进"等问题。

黄克剑教授在《人韵——一种对马克思的读解》一书中阐释了马克思哲学中的政治解放和社会解放及其关系的理论，指出"人"是以"解放"为己任的马克思哲学的真正主题词。杨霞在其博士论文《历史进步与人的解放》则运用马克思人的解放理论来解释人类历史进步，她

---

① 居继清、周青鹏、吴光辉等编著：《哲学社会科学前沿问题研究》，华中科技大学出版社 2009 年版，第 14 页。

认为，马克思实现了研究人的解放的视角转换，作者从九个方面（人类生产自身、人类认识自身、人类从宗教奴役中争得解放、人类从人对人的奴役中争得解放、人的自由个性解放、人的创造力的解放、人的预测能力的解放、人的实现自身开发能力的解放以及人类文明战胜野蛮）论述了人的解放理论，阐释了马克思关于人的解放是一个历史的实现过程的观点。但当时的这些探索没有在总体上把握马克思人的解放理论，"马克思人的解放理论的逻辑起点是什么，解放的途径是什么，解放的方式是什么，几种不同的解放之间究竟是什么样的关系，等等，对这些问题，作者并没有清晰地告诉我们答案"①。

　　进入 21 世纪之后，对马克思人的解放理论研究日趋活跃，一些学者在向"实践论哲学""生存论哲学"转向之后，提出了"解放生存哲学"。这一时期，对马克思学说人的解放问题的研究仍然局限在内涵上下工夫，一些学者试图把马克思哲学定性为"人的解放"理论，如陶渝苏、徐圻《人的解读与重塑——马克思学说与东西方文化》②，指出马克思人的解放理论主要包括异化劳动、资本主义制度和未来共产主义的设想，马克思历史理论的出发点是人，人的基本规定性是"自由"和"自觉"，马克思以此为基础去抨击资本主义的罪恶现实，并且把它作为一个价值参照系来揭示人的本质和人的存在、应然和实然之间的矛盾，从而达到批判和否定资本主义制度的目的，所以马克思的异化理论就是人的解放理论；杨兆山在其博士论文《马克思人的解放理论的时代价值——科技革命视野中人的解放问题探索》中从科技革命视野中看马克思的人的解放：马克思人的解放包括价值取向、基本内容、社会条件、最高境界四个方面；武天林在著作《实践生成论人学》中把马克思的人的解放等同于人的自由；薛德震在《人的哲学论纲》一书中把马克思的人的解放理解为个体解放与类的解放的统一，把人的解放看作为一个普遍性范畴，指的就是所有人的解放即人类社会解放；个体只有在类的解放中才能获得解放；李兵在其博士论文《论马克思的人类解放的哲学主题》中论述了人类解放思想在马克思哲学中的定位；陈先达教

---

① 居继清、周青鹏、吴光辉等编著：《哲学社会科学前沿问题研究》，华中科技大学出版社 2009 年版，第 15—16 页。
② 陶渝苏、徐圻《人的解读与重塑——马克思学说与东西方文化》，重庆出版社 2002 年版。

授在《马克思早期思想研究》一书中解读了青年马克思"探索人类解放的道路和力量"的理论；陈军科的《人的解放与文化自觉——现代人文精神论纲》一书对马克思的人的解放作了人文解读，揭示了人的解放的内涵。

高放教授是近年来把马克思的人的解放理论作为马克思学说体系的逻辑线索来看待的学者之一，他在《加强对马克思主义科学的整体研究》①一文中提出，对马克思主义不仅要按三个组成部分研究，还要加强整体研究。整体上，"马克思主义是无产阶级和全人类解放的科学，即人的解放学，所以要以人的解放问题为轴心来建构新的理论体系，他把马克思主义分为四个部分，其中导论部分探讨马克思主义科学的基本问题：研究对象、研究进程、研究目的、研究方法；第一篇是关于人的解放问题总论；第二篇是关于人的解放应该遵循的客观规律，包括自然、社会与思维发展的一般规律，资本主义社会发展的一般规律，社会主义革命的一般规律，社会主义、共产主义政党建设和执政的规律；第三篇是关于人的解放问题分论，具体要探讨工人解放、农民解放、民族解放、妇女解放、其他社会群体解放等。这种设想主要是针对我国高校马克思主义理论课教学所存在的问题而提出来的"②。

高放的体系还只是停留在构想阶段，这一理论构想把传统的马克思主义理论和中国化的马克思主义在内容方面糅合在一起，并不试图从新的视角或思维范式去解读马克思关于人的解放理论，还原马克思主义思想的本来面貌，在没有弄清楚马克思人的解放理论的精髓和理论体系的前提下，就去试图进行更大的内容综合，其结果必然是使马克思主义支离破碎。

可见，剖析马克思学说体系的逻辑主线研究非常迫切。

二　人的解放是马克思学说体系生成的逻辑主线

人的解放是贯彻马克思学说体系始终的一条逻辑主线，马克思学说

---

① 高放：《加强对马克思主义科学的整体研究》，《马克思主义与现实》2005 年第 2 期。

② 居继清、周青鹏、吴光辉等编著：《哲学社会科学前沿问题研究》，华中科技大学出版社 2009 年版，第 19 页。

体系从诞生到发展到最终完成都是围绕人的解放问题展开的，人的解放是马克思学说体系的产生动因，也是马克思学说体系展开的内在动力，更是马克思学说的最终归宿。

马克思关注人，人的问题是马克思学说的主题，是全部马克思学说体系贯彻始终的一条主线。马克思学说体系的主旨是人的幸福，马克思学说体系就要解决人的幸福所遭遇的困惑。人是怎样生存的呢？人的生命活动是通过价值实践的方式存在的，这样，人必须向自然界谋求自己的价值物，同时，在向自然界谋求价值物的过程中不得不寻求他人的合作，于是，人在寻求幸福的时候必然会面临两种束缚，一是自然界对人的束缚，二是人对人的束缚——社会束缚。因此，人追求幸福的过程就是人不断从自然界的束缚和从他人的束缚中解放出来的过程。全部人类哲学的主旨就是对人的解放的追求，人的幸福、人的自由、人的解放一直是古代和近代哲学的话题，但近代认识论哲学逐渐兴盛，人的问题被遮蔽在认识论之下，人的解放的主题回归是由马克思来完成的。

（一）马克思的《博士论文》——人的解放理论的宣言书

人的解放思想贯穿于马克思的整个思想体系中，从博士论文开始，马克思就已经致力于对人的研究，把人的解放作为他从事理论活动的开端。

在博士论文中，马克思确立了人在哲学中的中心地位，肯定了伊壁鸠鲁反对整个希腊民族把天体神化的观点，他用普罗米修斯精神来表达自己的思想："只要哲学还有一滴血在自己那颗要征服世界的、绝对自由的心脏里跳动着，它就将永远用伊壁鸠鲁的话向它的反对者宣称：'渎神的并不是那抛弃众人所崇拜的众神的人，而是把众人的意见强加于众神的人。'哲学并不隐瞒这一点。普罗米修斯的自白'总而言之，我痛恨所有的神'就是哲学自己的自白，是哲学自己的格言，表示它反对不承认人的自我意识是最高神性的一切天上的和地上的神。不应该有任何神同人的自我意识相并列。"① 马克思所理解的人是自我意识的人，人是自我意识的代表和化身，马克思把人性从神性中解放出来，"对神的存在的证明不外是对人的本质的自我意识存在的证明，对自我意识存

① 《马克思恩格斯全集》第 1 卷，人民出版社 1995 年版，第 12 页。

在的逻辑说明"①。马克思反对理性主义神学，关注宗教观念和现实世界的联系，反对宗教对个人的压制，要求人的自由与解放。

马克思对德谟克利特的自然哲学和伊壁鸠鲁的自然哲学的差别进行分析，揭示伊壁鸠鲁原子学说的积极意义：二者自然哲学的本质差别体现在人的感性知觉的可靠性以及偶然性与必然性的对立上，德谟克利特把人的感性知觉当作人的主观假象，伊壁鸠鲁则相信人的感性知觉，认为没有什么东西能够驳倒感性知觉，在马克思看来，德谟克利特否定人的感性知觉的真实可靠性是对生活现实中的完整的人的否定，是从人的现实生活之外去寻找"真实的知识"的逻辑路径，必然会导致他将这种形而上学的存在当作一种必然性，在德谟克利特那里，必然性像神秘的"自在之物"一样操纵着人生和历史，他只能以决定论看待历史，以悲观痛苦的心态对待人生，德谟克利特对人生和历史的哲学观本质上是抹杀了人之为人的根本点——以"自我意识"为根本特征的人的主体能动性。而伊壁鸠鲁则充分信任人的感性知觉，对感性知觉可靠性的确认就是对个人主体地位的肯定，他从生活中获得了哲学，又从哲学中获得了生活的自由，人生是享受和幸福，历史是开拓和创造。总之，德谟克利特和伊壁鸠鲁在感性知觉的可靠性上，在必然性与偶然性的对立上，体现了在"人"的哲学观上的对立：德谟克利特信仰决定论，掩盖了完整的人的主体能动性和自由本性；伊壁鸠鲁哲学则坚持对人的主体能动性、自由本性的呼吁和对神性的否定。

伊壁鸠鲁以"原子脱离直线作偏斜运动"的论点否定了德谟克利特的机械决定论，打破了命运的束缚，从自然的角度来阐明人的自由意志、个性的自由与解放，他肯定人的自我意识的能动原则，认为人的自由与解放就在于像普罗米修斯一样奋起反抗宗教势力。马克思在博士论文中发挥了伊壁鸠鲁"原子脱离直线作偏斜运动"的思想，从本体论意义上构筑"人的自由"与个性解放理论，"抽象的个体性只有从那个与它相对立的定在中抽象出来，才能实现它的概念——它的形式规定、纯粹的自为存在、不依赖于直接定在的独立性、一切相对性的扬弃。须知为了真正克服这种定在、抽象的个别性就应该把它观念化，而这只有普遍性才有可能做到。因此，正像原子由于脱离直线，偏离直线，从而

---

① 《马克思恩格斯全集》第 1 卷，人民出版社 1995 年版，第 101 页。

从自己的相对存在中，即从直线中解放出来那样，整个伊壁鸠鲁哲学在抽象的个别性概念，即独立性和对同他物的一切关系的否定，应该在它的存在中予以表述的地方，到处都脱离了限制性的定在"①。人的自由的实现如同原子扬弃直线的定在一样，人的存在要摆脱自然的定在，进而自己从必然性中解放出来。抽象个别性的实现过程，就是自我意识内在矛盾推动下外化的过程，原子偏离直线的运动体现了人的自由的实现。

在博士论文中马克思还把人的解放上升到哲学的世界化和世界的哲学化上来理解，人的解放的实现体现在哲学与世界的双向运动中："这些个别的自我意识始终具有一个双刃的要求：其中一面针对着世界，另一面针对着哲学本身。因为在事物中表现为一个本身被颠倒了的关系的东西，在这些自我意识中表现为二重的、自相矛盾的要求和行为。这些自我意识把世界从非哲学中解放出来，同时也就是把它们自己从作为一定的体系束缚他们的哲学中解放出来。"② 人的解放同世界的哲学化和哲学的世界化的双向运动是同一的，这个双向运动的过程就是实践，在这一过程中，人的本质力量得到确证。哲学的实现就是告别旧哲学，人的自由解放就是求摆脱束缚。

马克思撰写博士论文时还没有找到唯物史观，但在博士论文中，马克思确立了人在其哲学中的中心地位，使人的解放成为其哲学的开端，其后的全部理论活动就以人的解放为主线，使整个马克思学说体系成为以人的解放为逻辑主线的科学理论体系。

（二）人的解放是马克思文本贯彻始终的逻辑主线

在 1843 年的《黑格尔法哲学批判》中，马克思重申人的解放的思想，"理论只要彻底，就能说服人。所谓彻底，就是抓住事物的根本。但人的根本就是人本身"。"必须推翻那些使人成为受屈辱、被奴役、被遗弃和被蔑视的东西和一切关系。"马克思还指出："德国人的解放就是人的解放。这个解放的头脑是哲学，它的心脏是无产阶级。"③

---

① 《马克思恩格斯全集》第 1 卷，人民出版社 1995 年版，第 95 页。
② 同上书，第 39 页。
③ 同上书，第 9、15 页。

在《1844 年经济学哲学手稿》中，马克思以人的自由自觉的活动的人的类本质批判资本主义社会对人的异化，并进一步指出人的解放的现实道路："私有财产的扬弃，是人的一切感觉和特性的彻底解放"①。从人的解放的思想出发，马克思开始探索并逐步构筑起历史唯物主义理论体系的宏伟工程，到 1847—1848 年写作《共产党宣言》时，马克思指出："代替那存在着阶级和阶级对立的资产阶级旧社会的，将是这样一个联合体，在那里，每个人的自由发展是一切人自由发展的条件。"②"人的自由发展"是《共产党宣言》的核心概念，是人的解放的目标和落脚点，是人取得解放之后呈现出来的崭新状态。

在《经济学手稿（1857—1858 年）》中，马克思把人的解放的程度当作衡量社会进步状况的标准：人的解放程度越高，人就越自由，社会进步程度就越高，"人的依赖关系（起初完全是自然发生的），是最初的社会形态，在这种形态下，人的生产能力只是在狭窄的范围内和孤立的地点上发展着。以物依赖性为基础的人的独立性，是第二大形态，在这种形态下，才形成普遍的物质交换，全面的关系，多方面的需求以及全面的能力体系。建立在个人全面发展和他们共同的社会生产能力成为他们的社会财富这一基础上的自由个性，是第三个阶段。第二个阶段为第三个阶段创造条件"③。在最初的社会状态中，人与人的关系只是自然血缘关系和协议服从关系，这一阶段的经济关系或生产关系尚未形成。在第二阶段上，商品经济高度发展，人身依赖关系随之不复存在，"一切产品和活动转化为交换价值，既要以生产中人的（历史的）一切固定的依赖关系的解体为前提，又要以生产者互相间的全面依赖为前提"④。这一阶段，取代人身依赖关系的是人对生产过程的依赖，即对生产过程的产物——商品的依赖。第三阶段是马克思设想的人的生存形态，即共产主义阶段，人们能够摒弃人身依附因素以及金钱、货币等物化因素对人的禁锢和束缚，结成平等合作的社会关系——自由人的联合体，谋求个人独立自主自由发展。由此可见，人的真正解放是建立在对市民社会的异化形态的克服基础上的。

---

① 《马克思恩格斯全集》第 42 卷，人民出版社 1979 年版，第 126 页。
② 《马克思恩格斯选集》第 1 卷，人民出版社 1995 年版，第 294 页。
③ 《马克思恩格斯全集》第 46 卷（上册），人民出版社 1979 年版，第 104 页。
④ 同上书，第 102 页。

《资本论》是一部完整的关于人的解放学说的理论巨著，人的解放是其理论发展的逻辑主线。在《资本论》中，马克思首先回答了什么是人的解放、人的解放的基本含义是什么、人的解放包含有哪些内容等问题。马克思指出：人的解放就是人的本质的复归，是"为了人而对人的本质的真正占有"①。马克思这里所说的人的本质，并不是指人的本质的原生态，而是指人的本质的充分实现，即实现人的全面发展，这才是马克思回到人自己所应该具有的那种本质规定上来的本意——是"人与自然之间、人与人之间的矛盾的真正解决，是存在与本质、对象化与自我确证、自由与必然、个体和类之间的斗争的真正解决"②。

马克思在《资本论》中"研究的是，资本主义生产方式以及和它相适应的生产关系和交换关系"③。目的是详细研究工人阶级当时的现状、历史使命、未来发展，通过批判资本主义生产关系，揭示人与人之间关系的实质，揭示工人阶级解放的一般前提与具体条件，进而为之提供科学的指导思想。马克思的人的解放是社会的解放，它"是通过工人阶级这种政治形式表现出来的，而且不仅涉及工人的解放，因为工人的解放包含着全人类的解放；之所以如此，是因为整个人类奴役制就包含在工人同生产的关系中，而一切奴役关系只不过是这种关系的变形和后果罢了"④。人的解放是《资本论》的根本目的，整个政治经济学理论就是以人的解放为主线的逻辑展开，《资本论》成为马克思人的解放理论的逻辑构件。

马克思在《哥达纲领批判》仍然以饱满的热情倾述了对人的解放的执着追求，他指出，在未来的共产主义社会里，"无产阶级使生产资料摆脱了它们迄今具有的资本属性，给它们的社会性以充分发展的自由"。"随着社会生产无政府状态的消失，国家的政治权威也将消失。人终于成为自己的社会结合的主人，从而也就成为自然界的主人，成为自己本身的主人——自由的人。""完成这一解放世界的事业，是现代无产阶级的历史使命。"⑤ 马克思在总结巴黎公社经验的《法兰西内战》中指

---

① 《马克思恩格斯全集》第 1 卷，人民出版社 1979 年版，第 101 页。
② 《马克思恩格斯全集》第 42 卷，人民出版社 1979 年版，第 120 页。
③ 《资本论》第 1 卷，人民出版社 1972 年版，第 8 页。
④ 《马克思恩格斯全集》第 42 卷，人民出版社 1979 年版，第 101 页。
⑤ 《马克思恩格斯选集》第 3 卷，人民出版社 1972 年版，第 443 页。

出:"国家政权是资产阶级创造的,最初作为破坏封建制度的手段,后来作为压制生产者、工人阶级的解放要求的手段。"① 还说,公社"是终于发现的可以使劳动者在经济上获得能够解放的政治形式"。

在马克思晚年的东方社会和人类学笔记中,人的解放问题仍然是其研究主线。为直接配合晚年马克思"根据世界人类学最新科学成果,系统探索和制定唯物史观的原始社会、文明起源理论"的唯物史观创新计划而作的准备材料,"它们实质上是为晚年马克思系统阐明唯物史观的原始社会、文明起源理论、写出一部系统阐明上述理论的历史哲学著作做材料、思想上的充分准备的,而就其终极理论使命、价值目标而言,它们也是为马克思的社会理想、革命实践服务的"②。一句话,是为了马克思的人的解放理想服务的,人的解放思想仍然是其逻辑主线。

从以上论述我们可以看出,马克思学说体系是一个庞大的理论体系,但人的解放始终是马克思学说体系的主题,是贯彻马克思学说体系始终的逻辑主线。

三　马克思学说体系逻辑主线的基本内涵

哲学的本性就是追求人的自由与解放,马克思学说体系的逻辑主线彻底地体现了哲学的这一根本属性。马克思学说体系的逻辑主线把"现实的人及其历史发展"作为自己的核心内容,并将之贯彻到自己的全部理论活动和实践活动之中。全部马克思的学说就是"关于现实的人及其历史发展并走向解放"的学说,正是这一主线,才使其彰显哲学的当代价值,是马克思学说当代发展的价值保证和内在动力。

我们应该从哲学革命的高度来理解马克思学说体系逻辑主线的意义和价值,马克思学说体系逻辑主线的确立,使马克思学说最终实现了哲学革命,马克思所实现的人的解放是全部哲学的共同使命,即哲学的本体论追求。马克思所要实现的哲学革命,就在于马克思告别追究"世界何以可能"的"解释世界"的路径,开辟了探索"解放何以可能"的"改变世界"的新的哲学路径。孙正聿对马克思的本体论革命及其所开

---

① 《马克思恩格斯选集》第 3 卷,人民出版社 1995 年版,第 93 页。
② 林锋:《马克思"人类学笔记"历史地位新界定》,《东岳论丛》2010 年第 1 期。

辟的哲学道路指出，"一是把本体论对'何以可能'的追问定位为对'人的解放何以可能'的寻求，从而变革了传统本体论对人的存在何以可能的抽象思辨，实现了本体论的理论内容的变革；二是把对'人的解放何以可能'的寻求诉诸于对人的历史活动的理解，从而变革了传统本体论以唯心史观为依托所进行的对人的意识活动的追问，实现了以唯物史观为依托的理论基础的变革；三是把对'人的解放何以可能'的寻求诉诸于人对自己既定状态的扬弃，从而变革了传统本体论把对'何以可能'的追问定位为某种'永恒在场'的研究方式，实现了本体论与'革命的、批判的'的辩证法的统一。这就是马克思哲学在理论内容、理论基础和研究方式上所实现的本体论革命"①。

马克思学说体系逻辑主线的内涵主要包括三个方面，一是人对自然的解放，人从自然力的束缚中获得解放，实现人在与自然的关系领域中的自由；二是人对人的解放，人从生产资料私有制和国家权力的束缚中解放出来，使人在人与人、人与社会的关系领域获得自由；三是人的精神解放，人从旧观念、旧思想、旧文化和因社会分工而形成的狭隘视野的束缚中解放出来，使人在主观世界领域获得自由。人的解放具有深刻的历史内涵，马克思人的解放的思想，是站在无产阶级的立场上，批评一部分人蔑视、贬低、奴役、剥夺另一部分人的一切思想观念、社会关系和社会制度。人的解放思想的基本价值追求是尊重人权、公民权，尊重人的尊严、人的价值、人的需要、人的发展，是马克思对"文艺复兴"以后"人的发现""人的觉醒"思想传统的扬弃。

马克思的时代与我们当今的社会已经相去甚远，但是，不论马克思所提供的方法论，还是他确定的一系列科学原理，它的基本原理、科学精神依然是有效的，仍然是我们今天行动的指南。我们今天已经建立了社会主义基本制度，处于社会主义初级阶段，但马克思所追求的人的解放的历史任务至今没有真正解决，摆在我们面前的还有漫长的道路。21世纪以来，我们党提出以人为本，科学发展观和构建社会主义和谐社会的理论，其目的就是实现人的解放和发展。马克思人的解放的思想仍然是当下践行科学发展观和建设社会主义和谐社会的根本指导思想，马克思人的解放的意义极其伟大而深远。

---

①　孙正聿：《解放何以可能——马克思的本体论革命》，《学术月刊》2002 年第 9 期。

四　马克思学说体系是以人的解放为逻辑主线构筑起来的正、反、合的逻辑体系

对于整个马克思学说，就是以人的解放为主线构筑起来的逻辑严谨、内容丰富的科学体系，这一科学体系展开为正、反、合的总体性圆圈，现实的人是这个圆圈的逻辑起点，全面发展的人是其逻辑终点。①在这个总体性圆圈之内还包括着若干低一层次的圆圈，其中，从理想的人到现实的人的构筑就表现为马克思学说体系的第一个逻辑圆圈。

（一）从理想的人到现实的人——马克思以人的解放为主线构筑其学说体系的逻辑起点

整个马克思学说体系的逻辑起点——现实的人的构筑过程逻辑展示为一个圆圈，这也是马克思学说体系中的第一个圆圈。在这一过程中，理想的人是正题，是出发点，被异化的人是反题，是逻辑中介，而现实的人则是合题，是逻辑终点，这三个阶段构成了马克思学说体系内的第一个完整圆圈。

首先，马克思的哲学之旅开启于人，这时的人还只是理想人的自我意识、理性和人的类本质。早期的马克思致力于法的研究，并以此来审视理性的人或者人的理性存在方式。1837年下半年，马克思转向对黑格尔，在黑格尔的"事物本身的理性在这里应当作为一种自身矛盾的东西的展开，并且在自身求得自己的统一"思想影响下，开始了以理想性为出发点的人本质的构筑过程，这里，理性自由是一种理想的逻辑，在《博士论文》中，马克思用黑格尔哲学去分析古希腊哲学，借助黑格尔的抽象人的自我意识来构筑其哲学体系，他从黑格尔的实体即主体的原则出发来理解人，把作为实体存在着的人赋予了主体的含义，他看到了包含种种矛盾的原子是原子偏离直线运动的根据，并以此为基础，从自然的角度出发，对个体打破命运的束缚，争取意志自由个性独立进行了解释，但这时他构筑的起点只是抽象的人，还没有得到社会关系、社会实践的解释。理想人的本质是马克思构筑现实的人的第一个环节。

---

① 王清涛：《论马克思学说的逻辑起点、逻辑终点及其中介》，《前沿》2010年第5期。

其次，马克思在费尔巴哈哲学影响下，开始揭示社会历史中人的存在的异化状态，在《莱茵报》工作期间，马克思看到物质利益对国家和法的决定作用，意识到只有具体的物质利益才是人们活动的出发点，并开始对现实社会的关注，展开了古典经济学的研究，写成了《1844年经济学哲学手稿》，在书中，马克思从理想类本质——自由自觉的活动这一理想逻辑出发来揭示现实中的人的异化的不合理性，他借助于理想人的本质来批判资本主义社会中人的异化，揭示了人在社会历史生存中被异化了的事实。这样，马克思人本质的构筑便到达了理想人的否定阶段，这是第一个圆圈的第二个环节。

最后，马克思在《关于费尔巴哈的提纲》中，把对人的本质的理解跟一切社会关系的总和联系在一起，指出，"人的本质并不是单个人所固有的抽象物，在其现实性上，它是一切社会关系的总和"①。而在1845年的《德意志意识形态》中，马克思进一步完善了现实的人本质，他从物质生活、生产的角度建构起对人的历史的和现实的分析，从分工和劳动两个方面分析现实性与理想性，与自愿、自发的分工和自主活动相脱节的劳动是人类的现实性，而人的理想状态则是与自愿、自发的分工和自主活动相一致的劳动。一切社会关系的总和既是人的活动的结果，当然包含着人的理性，但同时，一切社会关系的总和又是人本质被异化的根源，是人被异化的表现形式，因此，一切社会关系的总和是理想人和被异化人的统一，理想的逻辑和被异化的现实在实践的逻辑中统一，是合题。

（二）从现实的人到全面发展的人——马克思人的解放学说体系的构筑

《关于费尔巴哈的提纲》和《德意志意识形态》既是马克思构筑现实人的本质的逻辑终点又是马克思全部学说的逻辑起点。此后，马克思通过揭示现实人的内在矛盾运动，揭示人类历史运动规律，构筑人类历史解放的学说体系。现实的人是正题，也是整个马克思学说体系的逻辑起点；无产阶级的解放运动是反题，无产阶级解放运动是消灭异化的历史性活动，在这一过程中无产阶级同样消灭着旧的，既体现自身本质又

---

① 《马克思恩格斯选集》第 1 卷，人民出版社 1995 年版，第 60 页。

是人本质的束缚的社会关系，是一个去异化的过程；而全面发展的人，人本质的全面实现状态则是合题。这样，马克思从现实的人出发，经过现实人的解放运动最终到达人的本质的全面回归，构筑了其逻辑体系的第二个也是最大的圆圈。

在《德意志意识形态》中，马克思揭示社会关系是对人的本质的反对，从社会关系的总和在资本主义条件下是对人的本质的否定这一矛盾出发，马克思构建了他的唯物史观，正是在解决这一矛盾的过程中，马克思进一步探悉了资本主义异化的根源——政治经济学，同时，唯物史观和政治经济学的逻辑结论就是现实的人的解放道路：科学社会主义。

在人的科学社会主义的历史实践中，人的本质得以全面展开，人的全部本质最终回归于人自身，实现人的全面发展。全面发展的人是人类历史运动的终点，是马克思学说的逻辑终点。

跟现实的人是马克思全部学说的逻辑起点一样，全面发展的人成为马克思全部学说的逻辑结论，是马克思全部学说的逻辑终点。这样，马克思以人的解放为逻辑主线，构筑了从正题——哲学，到反题——政治经济学，再到合题——科学社会主义的正、反、合的逻辑结构。

第六章

马克思学说体系的逻辑
起点的基本内涵

　　现实的人是马克思学说体系的逻辑起点，对现实的人的正确认识是科学理解马克思学说体系的基本前提。马克思对现实的人的本质的揭示历经了一个漫长的过程，也正是在对现实的人的本质的揭示中，马克思发现了历史唯物主义，唯物史观的确立与现实的人的本质的揭示是统一的。在《关于费尔巴哈的提纲》中，马克思通过"一切社会关系的总和"揭示人的本质，从而赋予了人的本质以现实的客观的意义。

　　"人"是马克思学说中的核心概念，但对其理解却一直存在歧义。马克思从对人本质的异化形式的批判中发掘人本质的真实内涵，继揭露"法""国家""宗教""抽象的人"是人本质异化的分形式之后，马克思把"一切社会关系的总和"归结为人本质异化的总形式。生成性、否定性、统一性是马克思人本质理论的基本属性，唯物史观的科学性并未终结马克思学说的价值批判功能，马克思学说是真理观和价值观的统一，异化仍然是马克思唯物史观的理论"构件"。前提批判和价值立场应是当下哲学、社会科学建构的出发点。

　　一直以来，我们把"一切社会关系的总和"看作马克思对人本质的界定，并且以之为马克思新旧世界观的分野："马克思和费尔巴哈相反，他提出了人的本质实际上'是一切社会关系的总和'的原理。这样，马克思就把唯物主义应用来理解人类社会了。"① 这是对马克思人本质理论最权威、最正统的解释，被奉为马克思人本质理论之圭臬。然而，这种理解与马克思对人本质理论的理解相左，马克思以"一切社会关系的总和"为人本质异化的总形式。马克思是从对人本质异化的各种形式

---

① 《马克思恩格斯全集》第 3 卷，人民出版社 2002 年版，"说明"第Ⅷ页。

的批判中发掘人本质的真实内涵的，最后把人本质的各种异化形式：法、道德、宗教、抽象的人等统统都归结为"一切社会关系的总和"，马克思"连续用不同的单独小册子来批判法、道德、政治等等，最后再以一本专著来说明整体的联系、各部分的关系并对这一切材料的思辨加工进行批判"①。"一切社会关系的总和"是现实的、具体的、历史的、否定的，是人本质的总异化。

马克思是在新世界观中发掘人本质理论的，现实人的实践及其社会关系，是人本质生成的土壤。现实的"一切社会关系的总和"是现实社会的内在结构关系，是人本质的表现形式，它直接构成人的异化本质，现实的社会关系还生发出人的"应然"本质，无论是现实的人的异化本质还是人的"应然"本质都是从现实当中生发出来的，根本不同于旧哲学的抽象本质，是唯物史观现实批判的产物，唯物史观决定了人本质的第一个基本属性——生成性；现实的"一切社会关系的总和"所表现出来的人的异化本质是"一定的历史的"因而是暂时的，是一个否定性的概念，体现着辩证法，因此人本质的第二个基本属性就是否定性，人的现实本质被人的应然本质所否定；"现实的人"是现实的社会关系所构筑的人的异化本质和人的应然本质的统一，是唯物史观和辩证法的统一，统一性是人本质理论的第三个基本属性。马克思的"人"的存在是正、反、合的统一，是彻底的辩证法。

在唯物史观照耀下，马克思的社会历史理论得以从现实出发分析、解决和回答资本主义这一"事件"所生发的问题，但马克思学说并不因此就成为完全科学化的辩证唯物主义（或者什么科学唯物主义等）从而拒斥人道主义原则，马克思学说在唯物史观诞生之后仍然是真理观与价值观的统一，其发展是两条主线的合一。

"现实的人"的"现实性"与"超越性"的内在紧张构成全部马克思学说展开的内在动力，"现实的人"是马克思学说的逻辑起点，"人"是马克思学说关注的核心，因此，在"以人为本"的当代语境下，澄清马克思学说人本质理论的真实内涵具有深刻的理论意义和实践价值。

---

① 《马克思恩格斯全集》第42卷，人民出版社1979年版，第45页。

一 "一切社会关系的总和"是人本质的异化

马克思从对人本质的异化形式的批判中发掘人本质的真实内涵，继揭露"法""国家""宗教""抽象的人"是人本质异化的分形式之后，马克思把"一切社会关系的总和"归结为人本质异化的总形式。

（一）在揭露"法、道德、政治、宗教、劳动"等是人本质的异化形式基础上，指出"一切社会关系的总和"是人的异化本质

在马克思之前的全部哲学家所触摸到的人本质都是人本质的异化形式。在不同时期马克思依次揭露人本质异化的各种形式：早在《莱茵报》期间，马克思就揭示了法律和人的自由之间的矛盾，《评普鲁士最近的书报检查令》揭露了书报检查制度与新闻出版自由之间的矛盾，在《关于林木盗窃法的辩论》中，揭露了国家和法律制度与贫困群众的物质利益之间的矛盾，在《摩泽尔记者的辩护》一文中，揭露了隐藏在各种社会关系后面的客观本质是摩泽尔河岸地区农民贫困的根源。这时马克思已经自觉地运用"异化"理论来批判国家、法律等对人的自由本质的实现的束缚，事实上已经揭示出政治国家、法律等是人本质的异化。在《〈黑格尔法哲学批判〉导言》中，马克思进一步批判人本质的异化形式——宗教，指出"人是人的本质"；在《1844 年经济学哲学手稿》（以下简称《手稿》）中，马克思又深入批判人本质的异化形式——劳动，指出人的本质是"自由自觉的活动"。

在《手稿》中，马克思把"自由自觉的活动"作为人的最高本质，实践、劳动应当是人的本质活动，但在私有制关系下，劳动成为了与人本质相对立的一种活动，因而劳动不但不是人的本质，反而是人本质的异化。马克思还指出了人本质异化的根源：资本主义生产关系，但在《手稿》中，马克思并未指认资本主义生产关系本身就是人的异化本质，因为当时马克思还没有从现实的角度寻找人的本质，因而不能揭示社会关系与人本质的直接联系。

在揭露人异化本质的各种分形式之后，在《关于费尔巴哈的提纲》中，马克思对旧唯物主义和唯心主义作了总批判，指出"一切社会关系的总和"是人本质异化的总形式。在《提纲》中，马克思看到了人本

质力量的对象化，物化为社会关系，社会关系就是人的活动、劳动、实践过程及其物化形式，正因为在私有制条件下劳动是人本质的异化，劳动产品跟人的本质相异化，因而由劳动所构筑的社会关系也是人本质的异化形式。于是马克思指出"人的本质不是单个人所固有的抽象物，在其现实性上，它是一切社会关系的总和"①。

但对人本质和"一切社会关系的总和"之间的关系，我们一直没有正确的认识。

（二）马克思人本质定义的含义及其歧义

那么，究竟应该怎样理解马克思对人本质的定义呢？

无论是判断还是简单的陈述或下定义，马克思历来都是直接、规范不会引发歧义的，在《〈黑格尔法哲学批判〉导言》中，马克思说"对宗教的批判是其他一切批判的前提"②。"批判的武器当然不能代替武器的批判，物质力量只能用物质力量来摧毁"③。"德国人的解放就是人的解放。"④ 在《手稿》中，马克思说"凡是在工人那里表现为外化的、异化的活动的东西，在非工人那里都表现为外化的、异化的状态。"⑤ 在《提纲》中，"从前的一切唯物主义——包括费尔巴哈的唯物主义——的主要缺点是：对对象、现实、感性，只是从客体的或者直观的形式去理解，而不是把它们当作人的感性活动，当作实践去理解，不是从主体方面去理解"⑥。"人的思维是否具有客观的真理性，这不是一个理论的问题，而是一个实践的问题。"⑦ "费尔巴哈是从宗教上的自我异化，从世界被二重化为宗教的、想象的世界和现实的世界这一事实出发的。"⑧ "全部社会生活在本质上是实践的。"⑨ "哲学家们只是用不同的

---

① 《马克思恩格斯选集》第 1 卷，人民出版社 1995 年版，第 56 页。
② 同上书，第 1 页。
③ 同上书，第 9 页。
④ 同上书，第 16 页。
⑤ 同上书，第 52 页。
⑥ 同上书，第 58 页。
⑦ 同上。
⑧ 同上书，第 59 页。
⑨ 同上书，第 56 页。

方式解释世界，而问题在于改变世界。"① 在《德意志意识形态》中，马克思说："全部人类历史的第一个前提无疑是有生命的个人的存在。"②"在过去一切历史阶段上受生产力制约同时又制约生产力的交往形式，就是市民社会。"③"统治阶级的思想在每一个时代都是占统治地位的思想。"④ 在《哲学的贫困》中，马克思说："正如经济学家是资产阶级的学术代表一样，社会主义者和共产主义者是无产者阶级的理论家。"⑤"被压迫阶级的存在就是每一个以阶级对抗为基础的社会的必要条件。"⑥ 在《共产党宣言》俄文版序言中，马克思说"《共产党宣言》的任务，是宣告现代资产阶级所有制必然灭亡"⑦。在正文中，马克思说"至今一切人类社会的历史都是阶级斗争的历史"⑧。"无产者在这个革命中失去的只是锁链。他们获得的将是整个世界。"⑨ 从马克思的大量判断、定义中可以看出，马克思在其中的语言表述绝对不会让读者产生歧义的。马克思在《关于费尔巴哈的提纲》中对人的本质所下的定义，《马克思恩格斯选集》第 2 版翻译为："人的本质不是单个人所固有的抽象物，在其现实性上，它是一切社会关系的总和。"⑩ 而在《马克思恩格斯全集》第 2 版中，翻译为："人的本质不是单个人所固有的抽象物，实际上，它是一切社会关系的总和。"⑪ 在选集的说明中指出："马克思批判了费尔巴哈对人的本质的抽象理解，指出人的本质不是单个人所固有的抽象物，在其现实性上是一切社会关系的总和。"⑫ 而在《马克思恩格斯全集》第 2 版的说明中，则直接说"他提出了人的本质实际上'是一切社会关系的总和'"⑬。显然，二者的表述并不完全一

---

① 《马克思恩格斯选集》第 1 卷，人民出版社 1995 年版，第 57 页。
② 同上。
③ 同上书，第 87—88 页。
④ 同上书，第 98 页。
⑤ 同上书，第 155 页。
⑥ 同上书，第 195 页。
⑦ 同上书，第 251 页。
⑧ 同上书，第 272 页。
⑨ 同上书，第 307 页。
⑩ 同上书，第 56 页。
⑪ 《马克思恩格斯全集》第 3 卷，人民出版社 2002 年版，第 5 页。
⑫ 《马克思恩格斯选集》第 1 卷，人民出版社 1995 年版，"说明"第Ⅳ页。
⑬ 同上书，"说明"第Ⅷ页。

致，而究竟哪一种表述更接近马克思的原意呢？请看英文译文：But the human essence is no abstraction inherent in each single individual. In its reality it is the ensemble of the social relations. ① 显然，选集与英文译文更加接近，再看德文原文，马克思的意思非常清晰：Aber das menschliche Wesen ist kein dem einzelnen Individuum inwohnendes Abstraktum. In seiner Wirklichkeit ist es das ensemble der gesellschaftlichen Verhältnisse. ② "reality"、"Wirklichkeit" 是 "现实" 的意思，"现实" 显然不是 "实际"，为什么《马克思恩格斯全集》第 2 版不翻译为 "在其现实性上"，而译为 "实际上" 呢？ "在其现实性上"，应当理解为 "（人的本质）在现实的人类社会中表现为……" 而并不是说 "人的本质实际上就是……" 二者是有本质差别的。在马克思当时的语境中，现实是一个否定性的概念，马克思是要批判现实，推翻现实的不合理社会关系，而 "实际" 则没有这一含义。从以上分析中还可以看出，马克思在《提纲》当中对人本质的定义与他同时期的大量判断、定义所采用的叙事方式和语言逻辑并不相同，马克思这样表述的目的显然是为了强调字面所隐含的更为深刻的意义。

（三）社会关系的 "现实性" 和 "理想性"

早在 1844 年《詹姆斯·穆勒〈政治经济学原理〉一书摘要》中，马克思就明确指出："人的本质是人的真正的社会联系"③，但是，现实社会中的社会联系却都是以异化的形式存在的，"只要人不承认自己是人，因而不能按照人的样子来组织世界，这样的时候联系就以异化的形式出现。因为这种社会联系的主体，即人，是自身异化的存在物"④。"人自身异化了以及这个异化的人的社会是一幅描绘他的现实的社会联系。"⑤ 资本主义社会是马克思所批判的 "虚假共同体"，资本主义社会人的社会联系——"现实的社会联系" 只能是虚假的社会联系而不是

① Marx/Engels Selected Works, Volume One, pp. 13 - 15; Publisher: Progress Publishers, Moscow, USSR, 1969.

② Diese Version aus Karl Marx u. Friedrich Engels, Werke, Bd. 3, Berlin 1978, S. 5 - 7.

③ 《马克思恩格斯全集》第 42 卷，人民出版社 1979 年版，第 24 页。

④ 同上书，第 24—25 页。

⑤ 同上书，第 25 页。

"真正的社会联系"，因此，现实的社会联系绝不是人的本质，而只是人本质的异化，只有"真正的社会联系"才是人的本质。当时马克思没有发现唯物史观，也没有从总体上对"一切社会关系的总和"加以把握，只是初步认识到了"真正的社会联系"是人的本质，而"现实的社会联系"则是人本质的异化。马克思把人的社会联系分为"真正的社会联系"和"现实的、资本主义的社会联系"，然而，"真正的社会联系"在现实中并不存在，只是因为其合理性它才具有现实性，只能存在于人的"理想"当中，只处于"应然"状态；而现实的却是虚假的，因其不合理性必然失去存在的根据。马克思在《提纲》当中提出的人本质的定义是《詹姆斯·穆勒〈政治经济学原理〉一书摘要》中人本质定义在唯物史观基础上的逻辑延展，二者的叙述结构是相同的。前者揭示"真正的"亦即"理想的""社会联系"是人的本质，而"现实的社会联系"则是人本质的异化；后者指出人本质在现实中表现为"一切社会关系的总和"，而"现实的""一切社会关系的总和"是虚假共同体中的联系，是人本质的异化形式，而真正的人本质却是从现实中生发出来的"理想的""一切社会关系的总和"。理想性的人本质是从现实当中生发出来的，是从预成到生成，从抽象到现实转换产生的。当马克思展开自己的人本质理论的构筑时，"他的思想的运思，便一直在人们具体特殊的实践活动方式与人类生成发展的总体性的历史这两个向度之间反复展开；它不断地深入到人类历史的过去和未来之中"①，构筑人的理想本质，"又从过去和未来返回到当下的历史境遇"，构筑人的现实本质，"从而不断地深化着对于人类命运问题，尤其是现代人命运问题的认识和解答"②。实践是人本质的现实性和理想性开显的基础，"如果说实践表征着人类及其生活世界得以生成和发展的'根据'，那么，这个'根据'的含义则在于，它既是人的现实生活世界的'创造''建构'活动，又是一切可能的存在之域的'开显''确证'活动"③。

　　这样，从"具体特殊的实践活动方式"中，马克思看到："在其现

————————

① 张曙光：《马克思主义哲学研究应有的现实性与超越性》，《哲学研究》2006 年第 4 期。

② 同上。

③ 同上。

实性上，人的本质是一切社会关系的总和"，从"人类生成发展的总体性的历史"中，可以推论出："在其理想性上，人的本质是一切社会关系的总和。"

二　马克思人本质理论的三重基本属性

唯物史观和辩证法是马克思人本质理论真正诞生的理论前提，由是决定了马克思人本质的三重基本属性：生成性、否定性和统一性。

（一）唯物史观基础上的"生成性"

马克思对旧唯物主义批判，对费尔巴哈人本质的批判，突出感性活动的地位，把全部社会生活建立在实践基础上，把"一切社会关系的总和"视作人的异化本质。

人本质是在人的现实活动中生成的。人的本质有自然本质与社会本质的区分，人的自然本质具有预成性，但人的社会本质和部分自然本质则是生成的，"环境的改变和人的活动或自我改变的一致，只能被看作并合理地理解为革命的实践"①。

马克思的"新世界观"力图从生成的现实中把握与思考人的本质，从而与对人本质的精神构想或自在性质的理解区别开来。旧的唯物主义"对对象、现实、感性，只是从客体的或者直观的形式去理解"②，而没有从感性的人的感性活动，没有从"实践"的方面、从"主体"的方面、从"历史"的方面来理解，得到的将是没有任何生成的自然对象，"是具有自然的本原意义上的纯粹物质世界"③；与旧唯物主义相反，唯心主义抽象地发展了精神能动方面，但是却不理解现实的感性活动本身。这样理解的人"只能是'精神'、'理念'的某种图式，这一图式或者体现为'知识论'的抽象原则，或者是人类历史过程背后的绝对逻辑"④。马克思与旧哲学的根本区别就在于马克思不再服从于人的抽

---

① 《马克思恩格斯选集》第 1 卷，人民出版社 1995 年版，第 55 页。
② 同上书，第 54 页。
③ 陆杰荣：《马克思"新世界观"的现实性向度及其实质》，《中国社会科学》2007 年第6 期。
④ 同上。

象本质，而是力图从现实当中把握人的本质，"马克思的第一个'伟大发现'是发现了人们首先必须吃喝穿住，然后才能从事政治、科学、艺术、宗教等等活动这个'简单事实'。……'简单事实'构成"伟大发现"……对'思想观念统治着现存世界'的意识形态的'颠覆性的破除'"①。新世界观所指称的人是在实践活动中，在历史的发展过程中所生成的，"一切社会关系的总和""作为在意识之外的历史性生成的现实过程既是人通过实践活动所产生的现实结果，又是人的实践活动得以有效进行的现实条件。"② 社会关系的总和是在人的历史活动中确立的，是在人的现实活动之中不断生成的历史过程。"新世界观理解的'世界'是在现实的历史的实践活动中人与世界的相互生成，即人与环境的相互改变是同一过程。"③ 人本质的生成性是唯物史观从现实的人出发的必然结论。

（二）辩证法决定的"否定性"

"一切社会关系的总和"既然是生成的，必然具有否定性。"一切社会关系的总和"既是人类历史生活的前提，又是人的历史活动的结果，"一切社会关系的总和"只有在人的改造世界的实践活动（否定性的肯定活动）中才能成为现实的、历史的，具有时间的具体特征。"一切社会关系的总和"是变化的，处在生成之中的，发展的感性的存在，是在时间与空间限定的条件下的具体的存在，因而是暂时的、否定的。

"一切社会关系的总和"既然是现实的，必然具有否定性。"一切社会关系的总和"是由感性存在的人以及他们的活动和他们的物质生活条件构成的。现实的人"在其活动中是受'他们已有的'和'由他们自己活动创造出来的物质生活条件'制约的，一定数量的生产力和交往形式的总和，是'人的本质'的现实基础"④。对"现实的"因素的理解必然导引出对这些因素的历史性把握，这是马克思反复强调"一定

---

① 孙正聿：《提出和探索马克思主义哲学研究中的重大理论问题——评 2006 年〈中国社会科学〉若干哲学论文》，《中国社会科学》2007 年第 2 期。

② 陆杰荣：《马克思"新世界观"的现实性向度及其实质》，《中国社会科学》2007 年第 6 期。

③ 同上。

④ 同上。

的"的真实用意："马克思所提出的关于'一定的方式'与进行生产活动的'一定的个人'，以及发生'一定的'社会关系和政治关系，人们的生产必须用'一定的方式'进行等这些表述，其实质在于强调这些因素的'历史性'和'现实性'特点。"① 马克思确立人的本质"在其现实性上"的目的，指认"一切社会关系的总和"的"历史性"（暂时性）和"现实性"特征，是为了导引出其否定性，既然是现实的、历史的，必然是否定的，"在对现存事物的肯定的理解中同时包含对现存事物的否定的理解，即对现存事物的必然灭亡的理解"②。马克思新世界观的"全部问题都在于使现存世界革命化"③，他接下来的任务就是要"实际地反对和改变事物的现状"④。

"一切社会关系的总和"是人本质的反对形式，必然具有否定性。孙麾对此有清晰的表达：以《提纲》为标志，马克思开始以唯物史观来分析和回答社会问题，而"他所面对的最直接的问题就是资本和劳动的关系"⑤，于是，"超越私有制而实现新的社会形态更替，以及从人的奴役状态走向人的解放的现实运动和理论向度，构成了马克思一生的理论主题"。马克思对现实批判的参照体系"不是像国民经济学家那样，从'虚构的原始状态'出发，把应当加以说明的东西假定为一种历史事实；真正的事实是在资本的统治下工人被奴役的现实状况及其异化表现"。人的本质只能存在于人的现实的社会关系中，"人在积极地实现自己的本质的过程中创造、生产人的社会联系、社会本质。但在异化劳动状态下，人的活动受制于资本对劳动的统治，劳动在其现实性上表现为劳动所生产的对象同劳动相对立，也就是说，劳动对劳动者而言完全是外在的，因为劳动只是资本积累的手段或对象，而'资本就是积累的劳动'"。孙麾指认人的活动失去自主性，"人的活动完全服从资本增值的需要，这种被动的乃至被资本所规定的人的活动则使人失去了自由。马克思认为，在大工业和竞争中，各个个人的一切生存条件、一切生存

---

① 陆杰荣：《马克思"新世界观"的现实性向度及其实质》，《中国社会科学》2007 年第 6 期。

② 《马克思恩格斯全集》第 23 卷，人民出版社 1972 年版，第 24 页。

③ 《马克思恩格斯全集》第 3 卷，人民出版社 2002 年版，第 48 页。

④ 同上。

⑤ 孙麾：《马克思哲学的学术传统与问题意识》，《哲学研究》2009 年第 3 期。

条件对人的制约性以及由此而表现为人的一切片面性，都融合为两种最简单的形式——私有制和劳动。正因为如此，人的活动与人的生活处于彼此分离的状态。在这种情况下，作为自由最本质规定的人的自主活动的唯一可能的形式，就是自主活动的否定形式"①。但是孙麾的逻辑还不彻底，第一，他还没有指明现实的"一切社会关系的总和"就是人的实践过程以及实践过程的物化形式；第二，他没有明确现实的"一切社会关系的总和"是人本质的异化。

"一切社会关系的总和"是否定的，是人本质的异化：在生产关系私有制条件下，人的本质力量"对象化""物化"而成的"一切社会关系的总和"只能是人本质的扭曲的形式，是人本质的异化。否定性是坚持彻底辩证法的必然结论。

（三）唯物史观和辩证法的结合决定的"统一性"

"一切社会关系的总和"既具有"现实性"又具有"超越性"，人的本质是"现实性的""一切社会关系的总和"与"超越性的""一切社会关系的总和"的统一，是合题。马克思对人的本质的界定：人的本质，"在其现实性上，是一切社会关系的总和"，只说了人本质的"现实性"这一半，另一半"在其理想性上，是一切社会关系的总和"马克思没有文本的表达，但是在马克思人本质理论的完整结构中，马克思的现实的人是"在其现实性上，是一切社会关系的总和"与"在其理想性上，是一切社会关系的总和"的统一，现实的"一切社会关系的总和"是人的本质通过对象化的活动、劳动、实践表达出来的过程及其物化形式，其核心是资本主义所有制关系，它虽然是人本质的现实性表现，但并不是人的本质本身，恰恰相反，它是使人不能成其为人，使人的本质不能得以自然表达的社会关系，是人的异化本质；而理想性的"一切社会关系的总和"则是通过革命的批判建构起来的实现了人的解放了的"自由人的联合体"的社会关系，这是人的本质充分表达、直接得以实现的社会关系，是人们得以自由自觉地活动的社会关系，与人的本质相统一，直接就是人的本质本身。"现实的""一切社会关系的总和"与"理想的""一切社会关系的总和"统一的基础是实践，"马

①　孙麾：《马克思哲学的学术传统与问题意识》，《哲学研究》2009 年第 3 期。

克思主义哲学是以实践论的世界观去看待人与世界的关系，从而把人与世界的关系理解为否定性的统一关系。正是这种关系构成了马克思主义哲学的现实性与超越性相统一的实践基础"①。

生成性、否定性与统一性是马克思人本质理论的基本属性，坚持马克思的唯物史观必然承认马克思人本质理论的生成性原则，人的生活的现实性决定了人本质理论的生成性；否定性是马克思辩证法的根本要求，坚持辩证法，必然看到马克思人本质理论的否定性和批判性，必然承认"一切社会关系的总和"是人本质的异化；统一性是对人本质理论的完整理解，是唯物史观和辩证法的完美统一。

马克思人本质的存在就是正、反、合的逻辑统一，人的应然本质是正题，现实的"一切社会关系的总和"所体现的人的异化本质是反题（也可以将二者理解为互为反题），而"现实的人"则是合题。

三　马克思人本质理论是真理观和价值观的统一

我们虽然论证了"一切社会关系的总和"是人本质异化的总形式，但还有一个问题没有解决：在"科学的唯物主义"那里，根本就否认马克思的异化理论，认为"异化"根本不是马克思唯物史观的理论"构件"，究竟如何理解马克思学说和异化的关系呢？显然，马克思在《提纲》当中开显新世界观，进入了新唯物史观阶段，新世界观被称作"科学的唯物主义"，然而，马克思学说"被科学化"（用当下时髦的术语说）之后，是否还具有价值批判的功能？是否拒斥人道主义？

（一）马克思学说是真理观和价值观的统一

对马克思在《提纲》中的人本质定义，大部分学者还是遵循了全集当中的权威说明，也有学者对其有所发展，但是并不彻底。张一兵的理解就具有代表意义："以往的社会批判理论……运用人本主义的逻辑范式，即运用从'应该'与'是'的矛盾中引出来的批判张力。'应该'往往被规定为人类生活理想化的本真存在状态，这是一种本质性的价值

---

① 孙正聿：《提出和探索马克思主义哲学研究中的重大理论问题——评 2006 年〈中国社会科学〉若干哲学论文》，《中国社会科学》2007 年第 2 期。

悬设和超越性的引导范式。""而'是'则代表现实生活与人的世俗存在。"① 以往的社会批判理论"正是这种'应该'与'是'的逻辑差距才导出一种强烈的批判张力"②。1844 年青年马克思的劳动异化理论就是以人本主义为批判的武器来揭露"资本主义应该被打到，共产主义才是真正人道主义的实现"，"其逻辑思路的内驱力也还是价值悬设的超越性"③，是"应该"人的抽象本质同抽象的人性批判。而 1845 年的《关于费尔巴哈的提纲》实现了对唯心主义的最终超越和唯物主义的真正确立，"否定了任何抽象的价值悬设"，"马克思已离开了理想化的'应该'"，而要从"现实的'是'中引出科学的'应该'"。"新批判张力的理论基点可以概括为一种新的理论质点：现实中生成出来的现实进步可能性。"④ 然而，到此为止，张一兵教授所理解的马克思对现实资本主义的批判张力已经不再是"应该"与"是"之间的矛盾，取而代之的是马克思"直到 1847 年……才形成了一种新的见解：彻底的唯物主义必然是革命的历史辩证法！从一定的具体现实出发，必然能通过发现所有人类社会具体存在的历史性和暂时性，进而达到对客观现实的科学批判认识。""作为一种方法论的历史唯物主义与历史辩证法是完全同一的，二者是同一个东西！"⑤ "历史辩证法永远是批判的。……历史辩证法不再立足于观念性的价值超越，而是立足于'解放的物质条件'，原先人本主义的'应有'与现实之间的矛盾在一种历史的现实可能性——'能有'中统一起来了。批判不再外在于现实，它只能从现实的解放可能中引导而出。马克思最终架起了一座联通'应该'与'是'的桥梁，即只是从实证的现实科学研究中才能引发出来的新的现实批判张力。"⑥

　　事实上，从 1845 年起马克思找到了从"是"出发通达"应该"的现实的道路，对"应该"的建构转换了视角——从价值悬设到从现实中引发出来，由此把人类历史的发展道路等同于历史辩证法。可以看出，

---

① 张一兵：《文本的深度耕犁——西方马克思主义经典文本解读》，中国人民大学出版社 2004 年版，第 36 页。

② 同上书，第 37 页。

③ 同上。

④ 同上。

⑤ 同上。

⑥ 同上书，第 38 页。

这时的马克思对人的解放的认识已经不再是单一的社会批判，而是生发了历史辩证法，马克思从"应该"当中引发的对"是"的批判随着"应该"的内容的转换其批判也发生了转换，这是马克思的价值论，而历史辩证法则是马克思的真理论，二者的统一是马克思学说价值论和真理论的统一，无产阶级消灭资本主义的共产主义运动则是合目的性与合规律性的统一。然而，张一兵教授在马克思发现了历史辩证法之后就以历史辩证法取代了社会批判，以真理论取代了价值论，必然致马克思学说于见物不见人的纯科学！至此，张一兵走向了历史决定论，把马克思学说打扮成"科学的唯物主义"。马克思学说的价值论是其真理论的存在根据，价值观保证了真理观的合法性，二者完整地统一在整个马克思学说中。

（二）"异化"仍然是马克思唯物史观的理论"构件"

为了彻底否定异化，把异化从马克思学说中清理出去，张一兵还区分了"对象化""物化"和"异化"。张一兵在接下来对卢卡奇物化理论的批判中指出"1845 年，马克思创立了历史唯物主义，从此人本主义异化逻辑被彻底颠覆了。马克思否定了异化历史观"[1]，以"根本异质于异化史观的物化理论"对"资本主义商品交换中形成的社会关系物化，人所创造的物的力量奴役人的历史现象"进行批判，这是"建立在历史唯物主义基础之上的科学社会批判理论"。在这里，张一兵教授还对"对象化"和"物化"作了区分："'个人在其自然规定性上的物化'，也就是一般意义上所说的生产……就是马克思原先谈到的生产劳动的对象化"[2]，并且指出"马克思对这种在生产领域中必然发生的物化持充分的肯定态度"[3]。而真正的物化则是"在商品交换中历史形成的特定的社会关系物化"，"人与人的社会关系颠倒地表现为物与物的对象性关系"，"人自己创造出来的物（关系）反过来奴役人"。"马克思的这种物役性理论正是他在科学的历史观基础上原有人本主义异化

---

① 张一兵：《文本的深度耕犁——西方马克思主义经典文本解读》，中国人民大学出版社2004 年版，第 47 页。

② 同上。

③ 同上。

逻辑理论的直接转型。"①

应该说，"对象化"是主体通达客体的过程描述，而"物化"则是对这一过程的事实判断，"异化"则是对这个过程的价值判断。张一兵否认了马克思唯物史观中的价值论成分，当然也就不可能对物化作价值判断，必然看不到异化，自然认为马克思"此时的他早已不带丝毫抽象的价值伦理批判和浪漫主义色彩"②，自然把"一切社会关系的总和"当作人的本质。

"异化"一直是马克思社会批判理论的锐利武器，在《关于费尔巴哈的提纲》中，在《德意志意识形态》中，在《资本论》中，马克思一直没有拒斥"异化"武器，"异化"仍然是马克思学说中的"逻辑构件"。

在《德意志意识形态》中，马克思以唯物史观为理论武器，对异化劳动的批判愈加彻底：劳动本来应该是劳动者自主力量的展示，但是在现实中，"他们同生产力并同他们自身的存在还保持着的唯一联系，即劳动，在他们那里已经失去了任何自主活动的假象，而且只能用摧残生命的方式来维持他们的生命"③。这才是真正存在着的人，才是"现实的人"的真正寓意。"物质生活一般都表现为目的，而这种物质生活的生产即劳动（它现在是自主活动的唯一可能的形式，然而正如我们看到的，也是自主活动的否定形式）则表现为手段。"④ 这些人要"受自己的生产力和与之相适应的交往的一定发展——直到交往的最遥远的形态——所制约"⑤。

马克思把社会关系归结为私有制和劳动："在大工业和竞争中，各个人的一切生存条件、一切制约性、一切片面性都融合为两种最简单的形式——私有制和劳动。"⑥ 但是由于分工所引起的"资本和劳动之间的分裂以及所有制本身的各种不同的形式"⑦ 的分裂在资本主义条件下

---

① 张一兵：《文本的深度耕犁——西方马克思主义经典文本解读》，中国人民大学出版社2004年版，第48页。

② 同上。

③ 《马克思恩格斯选集》第1卷，人民出版社1995年版，第128页。

④ 同上。

⑤ 同上书，第72页。

⑥ 同上书，第127页。

⑦ 同上。

越来越尖锐，而"劳动本身只能在这种分裂的前提下存在"①。劳动者与他们自己的能力—生产力之间发生了分裂，"同这些生产力相对立的大多数个人，这些生产力是和他们分离的，因此这些个人丧失了一切现实的生活内容，成了抽象的个人，然而正因为这样，他们才有可能作为个人彼此发生联系"②。马克思这里所说的"抽象的个人"，实质上就是"被异化的个人"。

（三）马克思学说的存在和发展是真理观和价值观相统一的合题

对《提纲》的不同理解，导致了马克思主义哲学发展的分野，正是从这里的区分中，开出了两个马克思（人道的马克思和科学的马克思，认识论的断裂等）的争论，以及马克思和恩格斯的争论等。

两个马克思之争实质上是人道主义和科学主义之争，正统的马克思主义者们抽象地发挥了马克思哲学的科学性，把马克思学说看成是脱离社会批判而存在的纯逻辑结构，而人学的马克思主义则抽象地发展了马克思的人本主义理论，拒斥马克思学说的科学性。

实质上，从《提纲》开始，马克思进入了"新"世界观时期，马克思学说在历史唯物主义的照耀下，开启了社会批判的新历程。新的社会批判是历史的、科学的，和从前的从抽象原则出发的批判有根本的区别。

马克思学说是科学性和人本性的统一，对马克思学说的理解，也经历了一个正、反、合的过程。其中，科学性和人本性互为正题和反题，而完整统一地对马克思学说的认识：科学性和人本性的统一则是马克思学说的合题。马克思学说对辩证法运用无比精准，在对其学说的理解上，当然不能舍弃其辩证法。不理解辩证法就不能理解马克思，同样，不使用辩证法就不能科学地构筑马克思学说体系。

辩证法是马克思学说的灵魂。对马克思哲学科学性和人本性的理解事实上是哲学上科学主义与人本主义之争的反映，是否认识到"一切社会关系的总和"是人的异化本质，其实质是是否肯定马克思价值批判的社会功能，是否承认马克思学说是真理观和价值观的统一。

---

① 《马克思恩格斯选集》第 1 卷，人民出版社 1995 年版，第 127 页。
② 同上书，第 128 页。

四　对马克思人本质定义不同理解生发的思考

是把马克思学说看作纯科学还是把它作为真理观和价值观的统一，马克思学说是单一的"自然历史过程"还是贯彻着人的解放。按照张一兵的逻辑，必然是单一的"自然历史过程"的"历史辩证法"。此外，我们还应当追问：哲学、社会科学的前提批判和价值立场是否还存在？

孙麾看到了"哲学贫困"及其"自我放逐"是当下哲学研究中存在的问题，并把问题归根于哲学神经敏锐性的退化："它的神经元不再是实践之网上的纽结，也不是批判性的尖锐眼光；哲学家们日益严重地沉溺于小格局的文本解读及其诠释技法之中，在学术化的口号中远离了现实生活，使哲学在书斋中更加思辨化、碎片化和个人化"①，"新近的马克思哲学的范式转换运动也是脱离马克思哲学的学术传统与问题意识的一个注脚"②。与哲学一样，经济学界"在技术和模型的铁轨上不断地淡化前提批判和价值立场"，史学界"在显微镜下致力于拼接和缝制历史的残瓦碎片"③，逐渐舍弃了历史考察和批判的立场。孙麾所看到的是哲学、社会科学的"祛意识形态化"过程，哲学社会科学在这一过程中正日益变成了纯科学的逻辑结构。④

孙麾指认"意识形态祛魅"是当下"哲学贫困"及其"自我放逐"的根源，但他没有指认"意识形态祛魅"的生活根基：人们生活的目的性正日益为理性所取代，目的性淹没于理性当中，现代人永远告别"酒神的狂欢"，取而代之的是资本的逻辑：市场经济造就了资本的庞大和个体的渺小，人类陷入"资本的狡计"中，人生成为必然性的存

---

① 孙麾：《马克思哲学的学术传统与问题意识》，《哲学研究》2009 年第 3 期。

② 同上。

③ 同上。

④ 新中国成立后，学术与意识形态的关系在不同的历史时期分别走向了两个极端："文化大革命"期间的泛意识形态化与当下社会科学的祛意识形态化。在"文化大革命"时期，自然科学纷纷意识形态化：生物学被改为农业生产技术，物理学被改为工业生产技术，科学技术成为意识形态化，几与西方马克思主义的科学技术即意识形态相呼应；而当下哲学、社会科学却正在经历"祛意识形态化"。

在，市场经济的规则正在终结"感性存在"①的人，曾经神圣的"婚姻"、社会交往等都服从于市场经济原则，人们在市场原则面前纷纷放弃自我，个体淹没在大众当中，大众淹没在资本的逻辑中，每个人都过着《蜗居》中主人公一样的生活，成为无目的的必然性的存在。尼葛洛庞帝（Negroponte）在《数字化生存》一书中透露出信息时代人符号化存在的秘密，当代人只有在虚拟世界中人才能寻找到感性的慰藉。

个体生活的"祛意识形态化"是社会科学"祛意识形态化"的最终根源。个体变为"单向度的人"，中国市场经济建设为我们带来了"千年等一回"的发展机遇和挑战，然而在快速现代化的进程中，我们等来的却是目的的退场和意义的沦丧。

---

① 强调感性的人的活动是马克思新唯物主义的基本原则："从前的一切唯物主义（包括费尔巴哈的唯物主义）的主要缺点是：对对象、现实、感性，只是从客体的或者直观的形式去理解，而不是把它们当作感性的人的活动，当作实践去理解，不是从主体方面去理解。"（《马克思恩格斯选集》第 1 卷，人民出版社 1995 年版，第 55 页。）

第七章

马克思学说体系的本体论

　　马克思学说是否具有本体论？应当怎样理解马克思学说的本体论？这是构建马克思学说体系所不能回避的问题。对马克思学说本体论的澄清有助于对马克思学说的深刻理解，马克思学说本体论是整个马克思学说体系的基础。

　　有人说，本体论是哲学范畴，作为一个社会理论体系存在的整个马克思学说，其本体论只能存在于体系内部的哲学理论中，只是哲学理论体系的组成部分。他们认为在马克思学说的整个体系中本体论不具有总体性的地位，也不是作为整个理论体系存在的马克思学说研究的重点；更因为本体论的抽象性，使得本体论在以现实的人的解放道路探索为己任的马克思学说研究中无法充分展开，因此，本体论不是马克思学说体系的组成部分，本体论研究也不是马克思学说体系研究的重要内容，在马克思学说体系的结构中，不能作为独立的章节存在，它本身只是马克思哲学的理论构件，而不能称其为马克思学说体系的理论构件。还有人甚至说，马克思的哲学就没有本体论，"本体论是旧哲学的术语"，近代以来西方哲学风行"拒斥形而上学"的潮流，使得本体论在马克思哲学当中的地位也被否定。否定本体论在马克思哲学当中的地位，已经遭到了学术界的广泛批判，这一对马克思哲学的误读也已基本得到纠正，但对于"本体论是整个马克思学说的理论构件"这一命题却仍然没有得到学术界的充分肯定。本章力图证明作为社会理论体系存在的整个马克思学说存在统一的本体论，"主体"本体是整个马克思学说的本体论。在马克思的理论体系中，"主体"就是"实体"，"实体"上升为"本体"；这与传统哲学"主体""实体"以及"本体"之间的转换关系正好相反，在传统哲学那里，"本体"被转换为"实体"，在黑格尔那里，"实体就是主体"。

一　马克思学说体系的本体论地位的确立

马克思学说毫无疑问是存在本体论的，但马克思学说的本体论跟传统本体论已经有了根本的不同，正是在这个意义上来说，马克思学说实现了哲学史的革命。

（一）作为哲学形态存在的马克思学说体系为本体论开辟了道路

本体论无疑是哲学的基础和核心，本体论成为哲学挥之不去的根基。马克思学说能否在总体上作为哲学存在？如果整个马克思学说在总体上表现为一种哲学，那么本体论在马克思学说中的地位就是无可置疑的。

对于马克思学说的学科归属问题，在中国以及世界都是一个争论的焦点问题，马克思学说涉及广泛的学科领域，因此，把马克思学说囿于哪个具体的学科都有贬斥马克思学说的丰富性之嫌，但是，还是有众多的中外学者把马克思学说视为哲学，认为只有哲学的包容性才能作为马克思学说的归属。何中华教授就认为："马克思思想不是各种知识的折中和杂糅，因而不能对其采取一种折中主义的知性式的处理和看待方式。它的整个体系乃是人的存在的现象学，即拿现象学的方法反思性地把握人的存在的历史展现及其完成。这也就是马克思在'终结'了以往的旧'哲学'之后建立起来的新的哲学形态。因此，马克思思想在总体上是一种哲学，而不是其他学科。这既是由马克思思想的人的存在的现象学性质所决定的，也是由马克思思想固有的批判立场所内在地要求的。"[1] 衣俊卿教授也认为："马克思从事理论研究的宗旨不是纯理论性的，他本人并未试图建立传统分类学意义上的具体的哲学、政治经济学和社会历史理论，相反，马克思明确地把自己的各种理论探索称之为哲学批判、政治经济学批判、社会历史批判等。"[2] "马克思从事这些批判的目的并不是要建立某种新的哲学、政治经济学或社会主义理论去取

---

① 何中华：《马克思思想的学科归属问题》，《长白学刊》2009 年第 1 期。

② 北京大学哲学系等编：《21 世纪哲学创新——黄楠森教授八十华诞纪念文集》，中央编译出版社 2001 年版，第 274 页。

代传统的理论体系，而是根本超越建立在传统分工基础之上，以'解释世界'为特征的纯理论形态的学说，形成一种实践性的、批判性的、行动性的理论精神，其宗旨是人的解放和人的自由，是建立'自由人的联合体'。因此，马克思所有的理论批判和理论研究实际上构成了一种以人的劳动、现实的生产活动，即人的实践为现实基础而说明人类社会的生成与分裂，以及扬弃这些分裂和对立，使人类获得解放的一体化的革命的和批判的学说。这种一体化的学说从总体上属于哲学，但它不是由给定的理论范畴和命题构成的抽象的哲学理论体系，而是一种植根于人的实践活动的超越本性之上的理性批判与反思活动，一种文化批判精神。这应当是本真意义上的哲学。"① 当然，把马克思学说归属于哲学是由马克思学说本身的性质以及哲学的根本属性所决定的，但是，作为学科存在的包容马克思学说的"哲学"也已经超越了我们对"哲学"通常的理解，这里的"哲学"，其内涵和外延都比传统的"哲学"的内涵和外延内容丰富得多。

既然马克思学说被视为哲学，而作为哲学存在的马克思学说自然要拥有自己的本体论。马克思批判和超越了传统本体论，实现了哲学的伟大变革。

（二）马克思本体论形态的转换

由虚构本体论向现实本体论转换。传统本体论远离人的生活世界，力图从人之外的虚构本体中寻求世界的终极本原和统一性。马克思对传统本体论进行了彻底的批判，对传统哲学抽象、超验本体论进行超越，实现了本体论的变革和转换。高清海先生指出了传统本体论构筑方式的错误："1. 追求终极存在、永恒原则和绝对真理的哲学妄想；2. 与现实相脱离、由概念建构起来并加以实体化的所谓独立的本体世界；3. 从初始本原、预设本质去解释并推论现存世界的前定论和先验论思维；4. 从两极观点追求单极化、绝对论的认识方法；等等。"② 通过思维方式的转换，马克思实现了本体论构筑方式的转换，马克思开始以现实的人

---

① 北京大学哲学系等编：《21 世纪哲学创新——黄楠森教授八十华诞纪念文集》，中央编译出版社 2001 年版，第 274 页。

② 高清海：《马克思对"本体思维方式"的历史性变革》，《现代哲学》2002 年第 2 期。

的生活为本体论的构筑基础，把哲学拉回到了人的生活世界，人的生存和发展是哲学关注的第一问题，从而实现了哲学革命。在实现了传统本体论的思维方式的转换之后，"本体"的至高无上、唯我独尊的绝对权威的地位和意义被消解，"本体"概念的运用及其意义也就不再具有解释一切的权力。

在对旧有的马克思本体论生成范式的评判过程中，马克思学说体系的本体论形态出现了三个基本向度的转换：

由以过去为定向的、决定论的、还原式的本体论范式向以未来为定向的、生成论的、开放式的本体论范式转换。"当我们不再囿于以过去为定向的、还原式的、决定论的传统本体论范式（即实体本体论）的狭隘眼界去争论本体论问题，就可以理直气壮地断言，马克思的哲学思想包含这深刻的本体论意蕴：他的实践哲学是迄今为止最自觉地体现人自由和超越本性的哲学，是人之存在的本质性文化精神的自觉显现；他的哲学通过对现代哲学的深刻影响，在超越以过去为定向的、还原式的、决定论的传统本体论范式和确定以未来为定向的、开放式的、生成论的本体论范式的哲学转折中起到了决定性的作用。"①

由既成式向生成式本体论转换。马克思学说的本体论是在不断生成之中的。马克思的实践哲学是最自觉地体现人的自由和超越本性的哲学，马克思学说本体论是一个永远敞开的，它根源于人的实践和人之生存的内在的超越性维度，在马克思的哲学视界中，没有任何造物能重新成为超人的实体，马克思哲学也不会对外在的"实体"（包括理性、实践、人的主体性在内）的任何形式的崇拜，任何具体的本体论形态都不具有永恒的意义，本体论总在实现的过程中，总在人向未来的可能性国度的开放和自由生成之中。以批判的精神保持以未来为定向的、开放式的、生成论的本体论范式在人的开放性生存中的不竭活力成为马克思学说本体论的使命。

（三）作为"历史前提"和"现实基础"存在的马克思学说的本体论

马克思批判和超越了传统的本体论，他的开放、生成式的本体论究

---

①　衣俊卿：《人之存在与哲学本体论范式——兼论马克思哲学的本体论意蕴》，《江海学刊》2002 年第 4 期。

竟该如何定位？在考察马克思本体论思想发展的若干阶段及其特点的基础上，吴元梁研究员指出"历史前提"和"现实基础"是社会历史的本体论。他从考察《关于费尔巴哈的提纲》《德意志意识形态》入手，指出马克思恩格斯在这一著作中"不仅没有正面论述本体、本原之类的范畴，就是他们过去使用过的'实体''人的本质''类''人'等范畴也是在批判过程中提到的。但是，他们既然要讨论人们思想观念和人们现实生活的关系，讨论人类历史发展的原因和规律，也就必然会以自己的方式和语言来回答本体论式的问题，因此，我们在这一著作中虽然没有读到社会历史的本体或本原之类的范畴，但却遇到了'历史的前提''历史的基础''物质实践''现实基础''现实前提''自然基础'等说法"[1]。

在吴元梁看来，人的自然存在和社会存在在实践基础上的统一构成马克思学说的本体论，"人的社会存在的形态变化是通过改造社会的各种实践活动实现的。人的两重性存在的理论在马克思主义理论体系中处于极为重要的地位，是一种基础性、前提性、始源性即本体性的理论"[2]。

诚然，我们不赞成将"历史前提"和"现实基础"作为马克思学说的本体论，但，吴元梁研究员所提出的把"历史前提"和"现实基础"作为马克思学说的本体论，却在事实上为马克思学说本体论存在开辟了现实道路。同样，我们所构筑的马克思学说的本体论，也应当担负起"历史前提"和"现实基础"的责任。

二　"主体"构成马克思学说本体论探索

究竟应当如何定义马克思学说体系的本体论？

（一）既有的三种马克思本体论见解

马克思所实现的哲学革命并不单指方法论上的革命，从最终意义上

---

① 吴元梁：《关于马克思哲学本体论思想的几点思考》，《天津社会科学》2003 年第 1 期。

② 赵剑英、俞吾金主编：《马克思的本体论思想》，社会科学文献出版社 2006 年版，第 305 页。

来说，马克思的哲学革命是本体论意义上的革命。在本体论框架内理解马克思哲学革命，存在着三种不同的阐释路径：

1. "实践本体论"

"实践本体论"对传统哲学教科书把实践的作用限制在认识论的范围内的做法加以评判，强调实践概念是本体论中的核心概念。传统的哲学教科书虽然把本体论等同于旧哲学而加以抛弃，但强调"世界统一于物质"，坚持的是旧唯物主义的"物质本体论"。

实践本体论者从马克思《德意志意识形态》一书找到根据："……实际上和对实践的唯物主义者，即共产主义者说来，全部问题都在于使现存世界革命化，实际地反对和改变事物的现状。"① 正是从这里出发，他们把马克思哲学理解为"实践唯物主义"。"实践唯物主义"以实践为中介，以实践而不是以物质作为考察和理解世界的出发点，把人的生存实践活动视为一切存在物的统一性，"只有当物按人的方式同人发生关系时，我才能在实践上按人的方式同物发生关系"②。

实践本体论较物质本体论更加重视主体的地位，更契合马克思哲学革命的本意。但实践本体论同样有其缺憾："其一，按照传统的哲学观念，本体论是从属于形而上学的，而形而上学则属于超验的范围，但'实践'是一个具有经验意义的概念，因而实践本体论的提法就缺乏充分的理据。其二，'实践'概念具有无限丰富的含义，在解释过程中经常出现各种歧义，从而导致把握上的困难。"③

2. "社会存在本体论"

一旦开始触及到社会存在概念，我们就真正地进入了马克思的本体论视域。晚年卢卡奇的巨著《社会存在本体论》中提出以社会存在为马克思学说体系的本体论，比实践本体论更接近马克思哲学革命的本质。"社会存在"是超验的、居于基础和本原的地位，马克思关注人类的实践活动，但在一切实践活动背后的社会存在比实践更具有本体意蕴，诸如商品的交换价值、货币、资本、经济形式等就是社会实践的抽象，"分析经济形式，既不能用显微镜，也不能用化学试剂。二者都必

---

① 《马克思恩格斯全集》第 3 卷，人民出版社 2002 年版，第 48 页。
② 《马克思恩格斯全集》第 42 卷，人民出版社 1979 年版，第 124 页。
③ 俞吾金：《马克思哲学是社会关系本体论》，《学术研究》2001 年第 10 期。

须用抽象力来代替"①。社会实践的最高抽象——社会存在构成马克思学说体系的本体。跟实践本体论一样，卢卡奇的社会存在本体论也有其局限性："其一，他强调自然存在本体论是社会存在本体论的基础，这就使社会存在失去了那种把自己的意义赋予全部存在物（包括自然存在物）的统一性和普遍性，相反，这种统一性落到了自然存在的身上，而自然存在本体论实质上也就是物质本体论。其二，他把超验性的社会存在理解为经验性的实践活动，所以他的社会存在本体论实际上只是我们前面提到过的实践本体论。其三，'社会存在'概念同样具有丰富的内涵，容易做出各种不同的阐释，从而导致对马克思哲学理解上的模糊性。"②

3. "社会生产关系本体论"

社会生产关系本体论认为一切社会存在形式本质上都是人与人之间的社会关系，整个社会关系表现为社会存在的本质。马克思《关于费尔巴哈的提纲》中"人的本质不是单个人所固有的抽象物，在其现实性上，它是一切社会关系的总和"③。以及马克思在《雇佣劳动与资本》一文中的论述"人们在生产中不仅仅影响自然界，而且也相互影响。他们只有以一定的方式共同活动和相互交换其活动，才能进行生产。为了进行生产，人们相互之间便发生一定的联系和关系；只有在这些社会联系和社会关系的范围内，才会有他们对自然界的影响，才会有生产"④。是社会关系本体论者立论的依据，他们从中得出结论，认为："每个人借以进行生产的社会关系，也就是'社会生产关系'，而社会生产关系正是使人的最基本的实践活动——生产劳动得以展开的本体论前提。"⑤"马克思不但从'社会存在'的概念深入到作为'社会存在'本质的'社会关系'概念上，而且进一步从'社会关系'的概念上深入到作为'社会关系'的基础和核心的'社会生产关系'的概念上，并在这一概念上确立了自己的本体论。"⑥ 马克思指认社会关系中"社会生产关系"

① 《马克思恩格斯全集》第44卷，《资本论》第1卷，人民出版社1995年版，第8页。
② 俞吾金：《马克思哲学是社会关系本体论》，《学术研究》2001年第10期。
③ 《马克思恩格斯选集》第1卷，人民出版社1995年版，第56页。
④ 同上书，第344页。
⑤ 俞吾金：《马克思哲学是社会关系本体论》，《学术研究》2001年第10期。
⑥ 同上。

的地位和作用："在一切社会形式中都有一种一定的生产决定其他一切生产的地位和影响，因而它的关系也决定其他一切关系的地位和影响。这是一种普照的光，它掩盖了一切其他色彩，改变着它们的特点。这是一种特殊的以太，它决定着它里面显露出来的一切存在的比重。"① 社会生产关系本体论认为："马克思哲学革命的性质乃在于他创立了'社会生产关系本体论'，正是这一理论为我们透视一切社会现象提供了一把钥匙。"②

（二）马克思的主体本体论

在众多学者致力于构建马克思本体论的同时，有学者却在关注马克思学说本体论的建构方法，丰子义教授指认了马克思的本体论研究方法的四个方面："1. 从'关系'的观点看待本体问题；2. 从活动、过程的观点来看待本体问题；3. 从生成论的角度来研究本体问题；4. 从'人'的观点来看待本体问题。"③ 在马克思本体构建方式发生了转换的前提下，究竟什么才能充当整个马克思学说的本体呢？

马克思本体论思想中方法论的定位为其本体论探索提供了参考。在近年来马克思本体论探索的基础上，我们尝试提出，"主体"是马克思学说的本体。理论界长期存在着关于马克思哲学本体论之争：物质本体论、实践本体论、物质——实践本体论、社会存在本体论等，但既在整个马克思学说体系中居于基础性地位，又不失本体论属性与特质的马克思学说的本体应当是"主体"，马克思学说的主体本体有着丰富的内涵，在不同历史时期又包含着不同的内容，这在马克思学说本体论生成过程中的历时态结构中表现为四个阶段：

第一阶段：《博士论文》——"原子主体本体论"阶段。

从《博士论文》中，我们可以发掘马克思的原子辩证存在的主体本体论。这里，马克思的本体论构建包含两个层次：马克思首先确立原子的实体地位，但马克思并不仅仅满足原子的实体地位，而是进一步肯定了原子的主体本质，指出"那在物质的形态下同抽象的物质作斗争的抽

---

① 《马克思恩格斯全集》第 46 卷（上），人民出版社 2003 年版，第 44 页。
② 俞吾金：《马克思哲学是社会关系本体论》，《学术研究》2001 年第 10 期。
③ 丰子义：《马克思本体论思想的方法论》，《天津社会科学》2002 年第 6 期。

象形式，就是自我意识本身"①。

马克思确立原子的实体地位："原子概念中所包含的存在和本质、物质和形式之间的矛盾，表现在单个的原子本身内，因为单个的原子具有了质。由于有了质，原子就同它的概念相背离，但同时又在它自己的结构中完成。于是，从具有质的原子的排斥及其与排斥相联的聚集中，就产生出现象世界。"②

"在这种从本质世界到现象世界的过渡里，原子概念中的矛盾显然达到自己最尖锐的实现。因为原子按照它的概念是自然界的绝对的、本质的形式。这个绝对的形式现在降低为现象世界的绝对的物质、无定形的基质了。"③

但马克思又不仅仅满足于原子的这种实体地位，"原子诚然是自然界的实体，一切都由这种实体产生，一切也分解为这种实体，但是，现象世界的经常不断的毁灭并不会有任何结果。新的现象又在形成，但是作为一种固定的东西的原子本身却始终是基础。所以，如果按照原子的纯粹概念来设想原子，它的存在就是虚空的空间，被毁灭了的自然；一旦原子转入了现实界，它就下降为物质的基础，这个物质基础，作为充满多种多样关系的世界的承担者，永远只是以对世界毫不相干的和外在的形式存在。这是一个必然的结果，因为原子既被假定为抽象个别的和完成的东西，就不能表现为那种多样性所具有的起观念化作用和统摄作用的力量"④。

马克思进一步通过对德谟克利特和伊壁鸠鲁的原子论的比较，指出了德谟克利特的原子论的不足，德谟克利特只认识到原子的物质存在，原子只是一种无形式规定的抽象存在，把一切归结为必然性，"德谟克利特承认不可分割的、用理性可以直观的物体是自然界的本原"。马克思肯定了伊壁鸠鲁的原子偏斜说，赞扬伊氏对于偶然性的承认："伊壁鸠鲁原子偏斜说就改变了原子王国的整个内部结构，因为通过偏斜，形式规定显出来了，原子概念中所包含的矛盾也实现了。"⑤ 马克思指出，

①　《马克思恩格斯全集》第 1 卷，人民出版社 1995 年版，第 61 页。

②　同上书，第 49 页。

③　同上。

④　同上书，第 49—50 页。

⑤　同上书，第 38 页。

正是原子偏离直线的运动，才是原子的本质，正是原子偏离直线的运动，才使实体性原子成为"主体"。

在此，马克思揭示了原子概念的内在矛盾以及从本质世界到现象世界的过渡，马克思在这里所讨论的问题就是典型的本体论问题，他指出原子概念辩证存在和过渡的动力来自自我意识，原子成为有意识的行动的主体，马克思所论述的是原子辩证存在的原子主体本体论。

第二阶段：《1844年经济学哲学手稿》——"类主体本体论"阶段。

在1844年前后，社会问题成为马克思理论研究关注的焦点，他从对工资、资本、地租之间的利益关系的分析入手，评判资产阶级国民经济学。资产阶级国民经济学从私有财产的事实出发构筑理论体系，进行社会分析，但却没有揭示这个事实的本质，资产阶级国民经济学没有揭示劳动和资本分离以及资本和土地分离的社会根源，直接把私有制作为其理论体系的出发点，马克思必须弄清楚私有制、贪欲同劳动、资本、地产三者的分离之间的本质联系，揭示三者背后的社会根源，完成资产阶级国民经济学所没有做的工作，在解决这一问题的过程中，马克思批判地改造了费尔巴哈的人本思想，提出了以自然界为前提的类主体本体论，当时马克思的政治经济学分析也正是在这种本体论基础上展开的。

马克思是借用黑格尔的异化理论来揭示私有制、贪欲等社会问题的。马克思借用费尔巴哈哲学的类本质思想批判地改造了黑格尔的异化理论，阐明自然存在物、对象性存在物、对象性存在等概念，并从存在物的角度论述了人的特征，明确了人这一存在物的自然属性。

但更深刻的是，人还是类的存在物，"人不仅仅是自然存在物，而且是人的自然存在物，是为自身而存在着的存在物，因而是类存在物。他必须既在自己的存在中也在自己的知识中确证并表现自身。正像一切自然物必须产生一样，人也有自己的产生活动，这是人有意识地扬弃自身的活动"①。"人是类存在物，不仅因为人在实践上和理论上都把类——自身的类以及其他物的类——当作自己的对象；而且因为——这只是同一件事情的另一种说法——人把自身当作现有的、有生命的类来

---

① 《马克思恩格斯全集》第42卷，人民出版社1979年版，第169页。

对待，当作普遍的因而也是自由的存在物来对待。"①

　　既然人是类的存在物，人总是在一定的目的和欲望支配下从事实践活动，人的实践活动把人同无意识的生命活动的动物区分开来，人通过有意识的实践活动改造世界，创造对象世界，人类的实践活动就是人的本质力量的对象化过程，自然界转化为人化自然正是人的类本质物化的结果，人化自然，人化世界同人的类本质是统一，有人的世界只是人的类本质的物化形式。"从理论领域说来，植物、动物、石头、空气、光等等，一方面作为自然科学的对象，另一方面作为艺术的对象，都是人的意识的一部分，是人的精神的无机界，是人必须事先进行加工以便享用和消化的精神食粮；同样，从实践领域说来，这些东西也是人的生活和人的活动的一部分。人在肉体上只有靠这些自然产品才能生活，不管这些产品是以食物、燃料、衣着的形式还是以住房等等的形式表现出来。在实践上，人的普遍性正表现在把整个自然界——首先作为人的直接的生活资料，其次作为人的生命活动的材料、对象和工具——变成人的无机的身体。自然界，就它本身不是人的身体而言，是人的无机的身体。人靠自然界生活。这就是说，自然界是人为了不致死亡而必须与之不断交往的、人的身体。所谓人的肉体生活和精神生活同自然界相联系，也就等于说自然界同自身相联系，因为人是自然界的一部分。"②

　　自然变成了人无机的身体，人以类的方式占有着自然界，自然界成为人身体的延伸："正是在改造对象世界中，人才真正地证明自己是类存在物。这种生产是人的能动的类生活。通过这种生产，自然界才表现为他的作品和他的现实。因此，劳动的对象是人的类生活的对象化：人不仅像在意识中那样理智地复现自己，而且能动地、现实地复现自己，从而在他所创造的世界中直观自身。"③

　　马克思通过对象化、异化打通了人、世界的联系，并且把世界纳入人的创造性活动之中，使自然成为类主体的作品和他的现实，实现了人与世界的统一，而在这一统一体系中，人的主体地位被确立，自然没有成为终极的本原，反而人类主体成为世界统一体的最终决定力量，成为

---

　　① 《马克思恩格斯全集》第 42 卷，人民出版社 1979 年版，第 95 页。

　　② 同上。

　　③ 同上书，第 97 页。

世界统一体的本体。

第三阶段：《关于费尔巴哈的提纲》和《德意志意识形态》——"实践主体本体论"阶段。

马克思在《关于费尔巴哈的提纲》中阐述了他的实践观，进而把人的本质、人的思维、感性直观、世俗基础、社会生活、宗教感情等问题作为他的考察对象，表明了新唯物主义不同于包括费尔巴哈唯物主义在内的旧唯物主义的立场，强调新唯物主义并不满足于解释世界，改变世界才是新唯物主义的最终目的。《提纲》和《德意志意识形态》在思想上是一致的，《提纲》是马克思新世界观的纲要，《德意志意识形态》则是《提纲》思想的展开，在《德意志意识形态》中马克思按照《提纲》中的线索第一次系统地阐释了唯物史观。马克思哲学正是在这一阶段上，进入了实践主体本体论时期。但是，唯物史观究竟是在何种意义上构成了世界的本体？

在《提纲》中，马克思以实践来表征人的主体性活动，明确指出，要从主体角度理解世界，整个世界也应该是按照主体的原则建构起来的活的、生动的世界："从前的一切唯物主义（包括费尔巴哈的唯物主义）的主要缺点是：对对象、现实、感性，只是从客体的或者直观的形式去理解，而不是把它们当作感性的人的活动，当作实践去理解，不是从主体方面去理解。"① 主体不仅是理解世界的原则，而且是世界构筑的原则，由此，主体成为世界的本体，不过这个主体是实践主体，这一本体论，也是实践主体本体论。但马克思所指的"实践"只是"革命的实践"，"环境的改变和人的活动或自我改变的一致，只能被看作是并合理地理解为革命的实践"②。在马克思的视野中，不仅对象性世界——客观自然界是革命实践的对象，而且人类社会活动本身，也是实践活动的结果，他指出："全部社会生活在本质上是实践的。"③ 并且进一步指出："直观的唯物主义，即不是把感性理解为实践活动的唯物主义至多也只能达到对单个人和市民社会的直观。"④

在《德意志意识形态》中，马克思恩格斯批判了包括费尔巴哈在内

① 《马克思恩格斯选集》第 1 卷，人民出版社 1995 年版，第 54 页。
② 同上书，第 55 页。
③ 同上书，第 56 页。
④ 同上书，第 56—57 页。

的青年黑格尔派的观点，从总体上完成了对德意志意识形态——德国旧哲学的批判。对于本体论，马、恩不再正面论述世界的本体、世界的本原之类的问题，就是他们过去使用过的"人的本质""实体""类""人"等范畴也是以批判的方式提及。但《提纲》和《德意志意识形态》集中论述唯物史观，他们致力于剖析人们思想观念和现实生活的关系，讨论人类历史发展的原因和规律，本体论问题就不可回避，马、恩在这一著作中没有使用社会历史的本体或本原之类的范畴，而是转换了叙述本体论的语言和方式，使用"历史的前提""历史的基础""物质实践""现实基础""现实前提""自然基础"等说法来表征本体论："我们开始要谈的前提并不是任意想出的，它们不是教条，而是一些只有在想象中才能加以抛开的现实的前提。这是一些现实的个人，是他们的活动和他们的物质生活条件，包括他们得到的现成的和由他们自己的活动所创造出来的物质生活条件。因此，这些前提可以用纯粹经验的方法来确定。"① 在马克思的唯物史观中，马克思的本体包含两个对象，即"历史的前提"和"现实的基础"。

在《德意志意识形态》中，马克思恩格斯确实论述了观察和分析社会的历史前提和基础理论。而社会的历史前提和现实基础是否就是本体呢？应该说，社会的历史前提和现实基础只是本体的两个对象和结果，本体只能是唯一的实践主体，无论是历史前提还是现实基础都是实践主体的对象化，实践主体才是社会的历史前提和现实基础的本原。这在《提纲》第一条中马克思就已经明确表明自己的态度。历史前提虽然能够充任历史起点，现实基础构成分析社会结构的逻辑起点，如果从逻辑和历史一致的角度出发，历史的起点也应当是逻辑的起点，反之亦然。但社会历史的本体却不能就理解为历史前提和现实基础。

第四阶段：政治经济学批判——"关系主体本体论"阶段。

社会生产关系表现社会存在的本质，社会生产关系使人的最基本的实践活动——生产劳动得以展开的本体论前提。在政治经济学批判阶段，马克思已经将社会关系作为主体来理解。早在《提纲》中，马克思就指出，"人的本质不是单个人所固有的抽象物，在其现实性上，它是一切社

---

① 《马克思恩格斯全集》第3卷，人民出版社2002年版，第22页。

会关系的总和"①。人的本质理论的界定确立了马克思主体人与社会关系的统一性，马克思将关系作为本体论来看待，但关系只是主体活动的连接形式，这样，与其说是关系本体论，倒不如说是关系主体本体论。

马克思政治经济学批判阶段把社会关系上升到本体地位来认识，在此基础上，20 世纪以来的马克思主义研究把关系本体论发展到新的层面上来认识，哈贝马斯的主体间性理论就其本质来说就是关系本体论的不同表达方式。主体间性是主体间（"主体——主体"）关系中内在的联系，其实质是个人与他人，个人与社会，个体与群体的关系问题，它涉及多个主体间的主体关系，从而超越了传统主体客体间的单纯的主体——客体关系或主体——中介——客体的关系模式。主体间性理论强调主体间关系，而不是强调主体——客体关系，形成一种新的处理人与人、人与自然的关系思路和方法。

哈贝马斯把劳动与交往当作人类最基本生产方式，交往的目的是达到主体间的理解和沟通，而在晚期的资本主义社会，在科学技术快速发展的前提下，劳动的合理化得以实现，并且劳动的合理化和科学技术的进步相得益彰，并驾齐驱，但其结果却是扼杀和湮灭了主体间的合理交往，把主体间关系降格为物的关系，所以，要扬弃技术异化，就要建立合理的交往模式，以主体间性取代劳动在传统社会和传统社会理论中的核心地位，从而取得社会历史理论的转向，实现历史理性的关注点从主体——客体结构向主体——主体结构的主体间性转换，据此，哈贝马斯要重建历史唯物主义的基础。交往合理性构成他全部理论的核心价值。哈贝马斯提出的交往合理化是单一主体性向主体间性的转向。

近年来，我国学者针对马克思的政治经济学批判，不仅提出了关系本体论，而且以交往实践来表征马克思这一阶段的理论本质。任平教授提出的交往实践理论就是其中的代表（请参阅书中"马克思学说的历时态结构"部分）。

事实上，把马克思这一阶段理解为关系本体论、交往实践本体论只是从两个角度对一个问题的分别表述，交往实践本体论与关系本体论是存在的两个侧面：交往实践是活动的存在，而关系则是交往实践的形式。交往实践是动态的，关系是静态的，是存在的两种表现形态。然而

---

① 《马克思恩格斯选集》第 1 卷，人民出版社 1995 年版，第 56 页。

两者都有缺陷，两者都是在忽视前提的前提下讨论本体问题，被两者所忽略的前提就是"主体"，因为无论是"交往实践"还是"关系"都是主体的"交往实践"和主体的"关系"，而交往实践本体论和关系本体论都避开主体来讨论本体论问题，显然是在舍本逐末。应当说，关系本体论是马克思学说的重要内容，交往实践本体论也是马克思学说本体论的重要内容，但两者分别构成马克思学说本体论内涵的一部分而不是全部，马克思学说的本体论应该是关系主体本体论，只有关系主体才能担负起马克思政治经济学批判的历史使命，只有关系主体才最终构成一切实践活动背后的社会存在。由此说，关系主体是马克思这一阶段的本体论。

　　要想重建马克思学说的统一性，必须寻找马克思学说统一的本体论。马克思的主体本体论打通了早期、中期和老年马克思思想的联系，把分割的马克思学说啮合为一个统一的整体。在以往对马克思学说的认识中，无论是正统的马克思主义还是以各种面貌出现的新马克思主义，对马克思学说的认识往往是选取某个阶段，或者从马克思学说的某个环节出发进而展开其对马克思学说的解读，这种解读必然导致对马克思学说的肢解，在他们那里自然也找不到马克思学说的统一的本体。主体本体论的建构是在深入分析马克思学说深层本质的基础上，发掘马克思学说的统一的基础，从而建构起来的马克思学说的本体。马克思学说的统一的本体论使马克思学说真正成为一个统一的整体。但是，马克思学说的统一的本体虽然是"主体"，但主体在马克思学说的建构历史中并不是一成不变的，马克思的本体论是经历了一个逐步完整的过程，这个过程就是"原子主体本体论"——"类主体本体论"——"实践主体本体论"——"关系主体本体论"四个阶段。在这四个阶段中，马克思本体论的属性："主体"没有改变，但主体的具体形式却伴随马克思理论探索的递进而不断深化。

三　主体——实体——本体的过渡

　　本体、实体、主体三者之间的联系和转换是西方哲学发展过程中呈现出来的本体论演化轨迹，是在人与世界统一关系中人的主体性地位从逐渐被重视到最终确立的反映，但也只有马克思的主体本体论，才最终明确了主体在本体论中的价值、地位和意义，使世界成为一个以主体意志为本原的活的、生动的、处在不断生成中的灵动的世界。

（一）传统哲学从本体到实体到主体的逻辑演绎

在古希腊哲学中，实体（或译为本体）表示万事万物的本原是什么，本原即某种独立存在的东西，一切存在物都由它构成，最初都从其中产生，最后又复归于它。本原包含着实体范畴的原初状态。柏拉图将其表述为："一个东西之所以能够存在，只是由于'分有'它所'分有'的那个实体"[①]，具体事物所"分有"的那个"实体"即"理念"，它是精神性，柏拉图的实体（理念）是精神实体。

从泰拉斯到巴门尼德，古希腊对本原的认识经历了从感性的具体上升到抽象的过程，即从把水当作万物的本原，最后把最一般最抽象的概念"存在"作为万物的本原。亚里士多德对此作了总结，在《范畴篇》中将"存在"分成作为"这个"的存在，以及作为数量、性质、关系、状况、时间、地点等的共 10 类存在。他把作为"这个"的存在名之为"实体"。实体是其他几类存在的基础，其他几类都只是它的"属性"。这样，从亚里士多德起，"实体"开始作为哲学范畴被使用。

主体（subject）源自希腊文"subjectum"，原意是指在底下的东西，亚里士多德则以之表示一切性质、变化或状况的载体，把主体赋予了基础或实体的含义；笛卡尔以自我灵魂或心灵为主体，主体的本质是思想；莱布尼茨不仅把"单子"称作"灵魂"或"隐德莱希"，把知觉活动视作单子的本质规定性，明确地宣布"单子"为"形而上学的力的中心"；康德对以往的主体范畴进行批判总结，将主体改造、规定为先验主体，并在认识论上掀起了一场哥白尼式的革命；黑格尔进一步提出"实体即主体"观念，其主体不仅是认识论意义上的自我或意识，也是一种存在样式。马克思更是在本体论意义上使用了主体概念。

从中世纪经院哲学到文艺复兴时期，西方哲学中的实体范畴经历了一个从"神"到"人"的转换过程。经院哲学利用亚里士多德哲学中的唯心主义成分为基督教神学作论证，贬抑人和自然界，以上帝为最圆

---

① 柏拉图：《斐多》，杨绛译，辽宁人民出版社 2000 年版，第 100—102 页。

满的实体。近代哲学家批判经院哲学，提出了新的实体观。笛卡尔、霍布斯、洛克等认为具有长、宽、高的"形体"是独立的实体，但笛卡尔还认为，除了"形体实体"之外还有"心灵实体"，形体和心灵分别以广延和思维为属性，二者并立而互不依赖，但却依赖于一个共同的原因，即最圆满的上帝，上帝是绝对的实体。斯宾诺莎致力于克服笛卡尔机械唯物的不彻底性，认为思维和广延并不是分属于两个实体的属性，而是唯一实体的属性，这唯一的实体是独立自存的"自因"，他虽然也称为"最圆满的上帝"，但斯宾诺莎的实体却清除了神学目的论思想，从而等同于自然。莱布尼茨不同意机械论的实体观，并认为实体不是僵死的东西，具有内在的活力。他把实体规定为无限众多的精神性的"单子"，每个单子是独立自存的"单纯实体"，彼此之间"没有窗户"，不能相通，其一致的根源，是上帝的"前定和谐"。巴克莱认为，我们既然感觉不到物质，物质就是不存在的，只有个人的心灵和上帝才是实体，休谟又认为这两者也不是实体，从而取消了实体，成为不可知论者。狄德罗与唯心主义的本体论相反，建立起唯物主义一元论，把有广延的、能运动的、有感受性的形体即物质作为唯一的实体，精神实体的上帝是根本不存在的。德国古典哲对实体加以辩证地考察，康德认为过去的哲学家们离开主体谈论实体，是非批判的独断论，实体并不独立存在，而只是知性的一个范畴，是知性构成判断的条件，但康德还保留着"物自体"这一概念，物自体是不可认识的。费希特剔除了物自体，只保留"自我"谢林又用"客观精神"代替"自我"，但无论"物自体""自我"或"客观精神"都不是原来意义的机械唯物主义实体。黑格尔根本改造实体范畴，把"绝对理念"当作最高、最丰富的范畴，实体只是理念发展过程中的一个重要阶段，对实体的认识必须经过一个辩证的中介过程，并且黑格尔不满足于斯宾诺莎的"实体"，把费希特的"自我意识"结合进来，主张的实体是"活的实体"——实体即主体。

斯宾诺莎的"实体"指抽象的自然，却不是通常所理解的在思维之外的感性"自然"，而是笛卡尔的"广延"和"思维"。笛卡尔的所谓"广延"是物质的特性，广延和思维在实体内的同一，就是西方哲学史上的"思维与存在同一"，所以黑格尔在阐发"实体即主体"的原则时指出："必须注意到，实体性自身既包含着共相（或普遍）或知识自身的直接性，也包含着存在或作为知识之对象的那种直接性。"① 实体本身包含了思维与存在的同一性。

黑格尔不满足于斯宾诺莎的"实体"，把费希特的"自我意识"结合进来，主张的实体是"活的实体"。费希特认为，主体即"自我"或"自我意识"，自我通过设定自身，进而设定"非我"，最后设定"自我与非我的同一"。黑格尔的"活"是思辨意义上的生命，是指思维能够展开自身，能够自我否定，然后扬弃否定，并通过否定和否定的扬弃而实现自身的成长。这一过程分为三个阶段：从"单一的东西的分裂为二的过程或树立对立面的双重化过程"开始，经过对这种"漠不相干的区别及其对立"的"否定"，最后达到"重建其自身的同一性或在他物中的自身反映"。这里强调的是"否定物的严肃、痛苦、容忍和劳作"以及"异化"和"异化的克服"。经历这样一个艰苦的过程，思维和存在的同一最终实现。

（二）马克思学说从主体到实体到本体的逻辑演绎

对于黑格尔的实体即主体思想，马克思认为："在黑格尔的体系中有三个因素：斯宾诺莎的实体，费希特的自我意识以及前两个因素在黑格尔那里的必然的矛盾的统一，即绝对精神。第一个因素是形而上学地改了装的、脱离人的自然。第二个因素是形而上学地改了装的、脱离自然的精神。第三个因素是形而上学地改了装的以上两个因素的统一，即现实的人和现实的人类。"② 黑格尔虽然把实体作为主体，但这只是黑格尔对旧哲学唯心主义改造，没有实现真正意义上的本体论革命，只有把主体看作是实体，才是真正意义上的本体论革命——哥白尼式的革命。黑格尔把实体看作是主体，而马克思则认为实体是由主体建构起来的。亚里士多德曾在分析主体和实体关系时说，"实体，就其最真正的、第一性的、最确切的意义而言，乃是那既不可以用来述说一个主体又不存在一个主体里面的东西，例如某一个个别的人或某匹马"③。很明显，在亚里士多德看来实体是不依赖于主体而独立存在的事物，但近代哲学

---

① ［德］黑格尔：《精神现象学》上册，商务印书馆1979年版，第10页。
② 《马克思恩格斯全集》第2卷，人民出版社1995年版，第177页。
③ 亚里士多德：《范畴篇》，商务印书馆1959年版，第11—13页。

在这一领域的功绩就在于建立了实体与主体的联系，黑格尔最终指出实体即主体，而马克思则反转了实体与主体之间的关系，在《提纲》的第一条就开宗明义地提出，"从前的一切唯物主义（包括费尔巴哈的唯物主义）的主要缺点是：对对象、现实、感性，只是从客体的或者直观的形式去理解，而不是把它们当作感性的人的活动，当作实践去理解，不是从主体方面去理解"①。马克思是要从主体的视角理解、建构实体，是要把实体当作感性人的活动，当作实践去理解，是从主体方面去理解。实践本体论正是从这一条出发把马克思本体论归结为实践本体论，但是，实践本体论对提纲的第一条没有完整理解，至少没有去理解"从主体方面去理解"的含义，应该说，从主体方面去理解才是马克思对实体最终的理解，也是马克思批判旧唯物主义所要达到的目的和所以揭示的新唯物主义的本体论实质。

主体与实践，与关系等比较来说更具有根本、原初的意义，更是本原性的。马克思在写作博士论文期间，把世界的本原看作是原子主体，世界就是具有自我意识的原子在争取自我解放的运动中建构起来的，在马克思研究社会历史问题之后，马克思把类主体、实践主体、关系主体当作世界的本原，这种本体论首先确立了人在世界当中的地位，人是发现世界、改造世界的主人，同时，人又是世界的审美主体，人既在世界之中又是世界创新的力量；其次，主体本体论把人同世界捏合为一个统一的整体，使世界成为主体的一个延伸，并且最终成为主体的重要内容，也只有奠定人与世界的统一性，才能最终确立人在世界中的地位，但这种地位并不是把自然只是当作客体来看待，而是把自然当作主体的一部分，自然跟主体的关系已经不是改造和被改造的对立关系，也不是主体际关系，二者是在新的基础上形成的有机的统一体，人与自然与社会的共同的进步的基础只能是革命的实践；最后，主体本体论的确立还使人在世界的发展中要承担应有的责任，人类不仅要摘取社会历史的硕果，也要接受人类文明走向误区的痛苦的洗礼，人类要担负其责任，就要致力于实现世界历史和人类历史的统一，也只有在二者的统一中，每个个人才能达到全面发展，整个社会从而组成一个自由人的联合体。

————————

① 《马克思恩格斯选集》第 1 卷，人民出版社 1995 年版，第 54 页。

四　"主体"本体的生存论特质及解放意义

马克思的"主体本体论"是以未来为定向的、开放式的、生成论的本体论范式，"主体本体论"使一切存在的本体总在生成中；"主体本体论"使哲学从传统的超验式的、实体性的、抽象存在论向奠基于现实生活世界之上的感性的、历史性的生存论本体论转换；"生存论转向是整个当代哲学转型中哲学存在论从超验的、实体性的抽象本体论向奠基于现实生活世界之上的感性的、历史性的生存论本体论的转换"①。马克思的"主体本体论"使本体真正处于不断生成中，本体最终成为开放本体。

马克思的"主体本体论"使世界成为活的世界，在"历史中行动的人"及其实践的对象世界就是全部存在的本体。从 20 世纪 80 年代以后，主体性问题引起广泛重视，从主体性出发，人的自由问题被提升到本体地位来认识，只有在马克思的本体被赋予主体本体之后，人的自由与解放才能被真正理解和实现。一旦从本体论视角考察人的自由与解放，我们就把世界的本质与人的本性统一起来，表现人本质的真正个性的积极力量才能得以充分展示。

"主体本体"本身即是生活世界，"主体本体"是生活世界的对象化，"主体本体"对象化为生活世界。马克思学说的本质是"主体本体论"，这一本体论决定了世界的本原是生成性存在。在马克思看来，人的生活世界或现存的感性世界表现出来的普遍而基本的事实和问题，主要是如何面对和处理主体和客体的关系、人和世界的关系、原始的自在存在和人的实践活动创造的存在的关系。"各种事物的生成、发展和变化的实际过程，即是生成性存在；在这种关系和过程中人的生存（生活）结构、生存方式、生存处境及其改变，即是人的生存性存在。'关系'、'过程'、'人的生存性存在'，是人的生活世界首要面对的问题，而这些核心问题实质上就是人的生活世界中的本体问题，它要求寻求处理各种关系并使各种关系达到统一的基础、根据和方法；寻求存在（事

---

①　邹诗鹏：《当代哲学的生存论转向与马克思哲学的当代性》，《学习与探索》2003 年第
2 期。

物）自己生成、发展和变化的根源、成因；寻求人之所以是这样的现实存在并成其为理想存在的根据；揭示人对其现存状况的扬弃即人的解放和发展何以可能的根据。"① 马克思的主体本体论还充分表达了在关系和过程中现存世界向人道世界、现实的人向理想的人转换的生存及其生存本性，充分表达了马克思对人的现存状况的扬弃即人的解放和发展的向往，从而建立起了马克思的本体论与现实的人的解放和发展的内在联系。

主体本体论所蕴涵的解放意蕴是贯穿于马克思学说始终的一个话题，早在《博士论文》中，马克思就不满意于德谟克利特的原子论，而赞扬伊壁鸠鲁的原子理论，把原子偏离直线的运动看作是原子打破必然性，追求自我的本质，从而也把原子的这种运动视为人的自我解放的根源；在其后的类主体本体论、实践主体本体论以及关系主体本体论阶段，马克思本体论的解放意蕴就更加清晰。主体本体论的生存论特性和生成性本质使本体永远在途中，于是，马克思哲学在途中，马克思学说在途中。生活内涵的丰富性不断充实着本体的含义，同时，也给人类解放提出了新的任务，给人类解放的现实性开拓了新的空间。"马克思实践生存论思想中蕴涵的人及其生存的历史的未完成性恰当地体现了当代哲学生存论转向的未竟性，并由此提供了一种克服当代人类生存困境的信念支撑。"②

---

① 赵剑英、俞吾金主编：《马克思的本体论思想》，社会科学文献出版社 2006 年版，第 309 页。

② 邹诗鹏：《当代哲学的生存论转向与马克思哲学的当代性》，《学习与探索》2003 年第 2 期。

第八章

马克思学说体系的历史境遇

自 19 世纪 40 年代马克思学说体系创立以来的 160 多年，人类社会生活发生了天翻地覆的变化，人们对马克思学说体系的理解也出现了多元分化的格局。20 世纪 90 年代以来，世界历史出现了许多令人瞠目的变化，苏东社会主义国家剧变，仅存的社会主义国家纷纷转向市场经济，并面临着各种各样的社会主义改革的繁重任务；同时，当代资本主义也出现了一系列新变化，经济的全球化正冲击着全球的各个角落；科学技术飞速发展，整个世界日益处于一个普遍交往的地球村时代。人类社会实践的重大变化，使马克思学说面临着一个新的历史境域，有人借口科学技术的发展否定了马克思学说所赖以产生的自然科学基础，有人在总结苏联东欧剧变的历史经验教训时语出"历史的终结和最后的人"①，有人在以西方当代哲学文化思潮的视角对马克思学说的科学性指手画脚……马克思学说在当代的生命力和发展前景，即马克思学说的当代性质和当代意义便成为人们关注和讨论的焦点，要求人们加以重新检视和估价。

一 当代科学视野下马克思学说体系的历史命运

马克思学说自诞生之日起就不断遭受各方面的质疑与挑战：国际共产主义运动实践中的波折动摇着马克思主义的信仰，科学进步则冲击着马克思主义自然科学基础的合法性。前者质疑的是马克思主义存在的合理性，后者动摇的则是马克思主义合理性的根据。每一次科学进步都会

---

① ［美］弗朗西斯·福山：《历史的终结和最后的人》，黄胜强、许铭原译，中国社会科学出版社 2003 年版。

对马克思学说的自然科学基础的合法性带来冲击，马克思主义正是在应对一次次挑战中才有了突破式发展，其科学性也得以彰显。

（一）20世纪初马克思主义科学性遭遇的挑战与捍卫

自然科学在马克思学说诞生之后的一个多世纪里有了长足的进步，它不仅推动了马克思主义的发展，给其发展提供动力，为其发展丰富了新的内涵，拓展了新的空间，也引发了对马克思主义科学性的质疑。早在20世纪初，以科学面貌出现的马赫主义就对马克思主义提出挑战。革命导师列宁有力地批判了马赫主义的错误，把马克思主义发展到了新的阶段。

20世纪初，古典物理学正向现代物理学过渡，新发现的X射线、电子、放射性元素镭等，使人们对物质结构有了新的认识。被人们奉为绝对真理的牛顿力学无法解释物理学的新发现，以牛顿力学为自然科学基础的哲学也走到了尽头。于是，马赫、阿芬那留斯等人试图用经验批判主义来概括、解释自然科学的新变化，马赫主义诞生了。

马赫主义否定反映对象的客观性，否认主体与客体的统一性，从而也就否认了真理的存在，这直接对诞生在三大自然科学发现基础上的马克思主义的科学性提出了挑战。伟大的导师列宁及时撰写了《唯物主义和经验批判主义》，以革命的反映论，肯定了反映对象的客观性，肯定了主体与客体的统一性，从而也就肯定了主体正确反映客体的可能，为真理的现实性开辟了道路。虽然"今天，为马赫正名的学者已经指出了列宁的偏颇"[①]，但现实中列宁捍卫和发展了马克思主义哲学，对马赫主义进行了深刻的批判，既指出了马赫主义的思想渊源，也指出了它主观唯心主义和不可知论的实质，维护了马克思主义哲学的科学性，同时，也为自然科学的发展奠定了坚实的基础。

但是，马克思主义的科学性在列宁之后还遭遇了不断的挑战，因此，维护马克思主义的科学性，从理论与现实的视角对马克思主义的在场性做出论证，就是当代马克思主义理论工作者义不容辞的历史使命。我们应密切注视自然科学的新动向，不断吸收自然科学的最新成果，加

---

① 王彦君：《如何评价哲学家——读马赫〈感觉的分析〉》，《中山大学研究生学刊》（社会科学版）2001年第3期。

强马克思主义哲学与自然科学的联合，主动出击，证明马克思主义哲学与当代科学的一致性，而不只是在马克思主义哲学遭遇挑战与质疑之后被动地应付。

（二）"人类历史科学原理"的基本主张

以科学的名义对马克思主义的质疑总是伴随着科学进步不断再现，《人类历史科学原理》① 一书就是这方面的典型代表。赖泽民先生的"人类历史科学原理"就力图借助耗散结构理论来否定马克思学说的科学性。以耗散结构理论为基础的"人类历史科学原理"对以辩证法为基础的马克思学说科学性的质疑事实上是以科学名义对辩证法的质疑。马克思学说就是大写的辩证法，辩证法是马克思学说的生成路径、存在方式、在场保证和发展根据。辩证法与耗散结构理论并不矛盾，二者本质上是一致的，科学化的马克思主义只能是马克思主义的一个组成部分而不能以之批判或取代马克思学说本身。

赖泽民曾是一位学习热能动力的研究生，从1985年开始用现代前沿科学——进化科学研究人类历史运动。2006年出版了理论专著《人类历史科学原理》。该书试图用耗散结构理论来研究人类历史的进化过程。"又经过3年的努力，他在人类历史科学的方法论、系统、准确、简洁和完善性等方面做了进一步改进，力图建立系统、完整的人类历史科学体系。"② 赖泽民所构筑的马克思人类历史科学体系是力图运用自然科学理论尤其是运用"科学的进化论——耗散结构理论"来解释人类社会结构以及人类社会历史运动的规律，因为人类社会的结构和人类历史运动就是遵循自然科学理论尤其是"科学的进化论——耗散结构理论"运动的，"科学的进化论——耗散结构理论"是人类社会的结构和人类历史运动的内在规定性。马克思主义就是揭示人类社会结构和人类历史运动的这种规律的科学理论，因此，马克思主义被赖泽民教授称为"人类历史科学原理"。

1. 把马克思学说的自然科学基础定位于经典热力学

---

① 赖泽民：《人类历史科学原理》，中央编译出版社2006年版。

② 曹颖新：《历史的新探索——赖泽民〈人类历史科学原理〉简介》，《学习时报》2009年4月7日。

热力学的发展经历了从经典热力学到现代热力学的转变。19世纪中叶由克劳修斯等人创立了经典热力学。经典热力学的核心是熵增理论，由于在孤立系中熵总是增加的，而熵是混乱度。那么，系统在孤立情况下总是自动地趋向于混乱与无序，热力学发展的初期，克劳修斯（R. J. E. Clausius）和汤姆逊（W. Thomson，即开尔文 Lord Kelvin）等人，把热力学第二定律滥用于整个宇宙，得出荒谬的"宇宙热寂论"，认为整个宇宙都发生着熵增加，最后整个宇宙将会达到热平衡，熵值达到最大，温度差消失，压力变为均匀，所有的能量都成为不可再进行传递和转化的束缚能，整个宇宙都陷入停止变化、停止发展的状态。熵增原理表明自然是"退化"，而不是进化的。

这是马克思学说诞生的热力学基础，既然马克思学说是诞生在经典热力学基础之上的，因此，在赖泽民先生看来，马克思学说是一个封闭体系，是人类历史科学静态原理，而非开放的动态理论。怎样理解赖泽民的静态理论？静态理论事实上是经典物理学理论，牛顿在发现了万有引力之后，认为我们所生活的宇宙，是一种机械的模型，他构想的宇宙是静态的宇宙，所有星系都静止的镶嵌在空间中，星体的运转靠推动的作用完成，就像一块机械表，靠齿轮的推动完成。齿轮的运转需要能量，靠一根发条，而整个宇宙的运动则是得益于上帝的第一推动，是上帝提供了能量，推动了宇宙的运转。可见，静态理论是力图把马克思学说定位于经典物理学范畴，这与20世纪初马赫主义对马克思主义的发难如出一辙。

普里高津于20世纪中叶创立了耗散结构理论：进化是在系统开放，并达到远离平衡后所出现的通过自组织从无序到有序的结构运动。耗散结构理论指出：一个开放系统（无论是力学的、物理的、化学的还是生物的乃至社会的经济的系统）处在远离平衡态的非线性区域，当系统的某个参数变化到达一定的临界值（阈值）时，通过涨落，系统发生突变，即非平衡相变，其状态可能从原来的混乱无序的状态转变到一种在时间上、空间上或功能上有序的新状态，这种新的有序结构（耗散结构）需要系统不断地与外界交换物质和能量才能得以维持并保持一定的稳定性，且不会因外界的微小扰动而消失。

人类社会的历史正是符合耗散结构理论的动态开放系统，人类历史科学原理也应当是按照耗散结构理论建构起来的动态开放体系，而马克思学说则是静态的人类历史科学封闭体系，据此，赖泽民指出了马克思学说"存在的问题"：

"由于历史的局限性，马克思的历史科学体系有两个缺陷：第一，他并没有找到系统开放对人类历史运动的影响——正如经典热力学没有找到系统开放对自然进化的影响一样。因而，马克思的历史科学理论在本质上属于历史静力学理论。第二，由于马克思时代进化科学还没有诞生，马克思的历史科学理论不是现代的系统科学理论，而是实证科学理论。正因为此，马克思并没有完成系统的人类历史科学理论。"①

他提出了"马克思主义理论是否是真正的人类历史科学？或者说，他的理论是仅仅包含了人类历史科学'元素'，还是直接形成了人类历史科学体系？"② 的质疑，在《人类历史科学原理》中，赖泽民认为马克思主义理论应当被看作是人类历史科学理论，更准确地说是人类历史静力学理论，而在其后的理论研究中，甚至否定了马克思主义理论作为一个科学体系资格："经过两年多来的认真分析和进一步研究，我认为这个评价值得进一步商榷。其根本原因在于，人类历史科学体系正如自然科学体系一样，应当有严格的标准和基本原则，而不应当照顾任何人的颜面而降低这些标准和原则。如果不满足其基本标准时，即使再丰富的科学元素也不能视为科学体系。"③

2. 把马克思学说纳入时间可逆的时空结构

赖泽民认为，"一门科学能否建立，或者它究竟'科学'到什么程度，时空观是一块试金石"④。人类历史运动与一般自然运动在时空结构上的本质区别是：历史运动是关于时间不可逆的，而经典物理学，包括爱因斯坦的相对论都是关于时间可逆的。"马克思的历史科学理论虽然也阐述了历史不可逆的思想，特别是他还通过历史观察和辩证法拟合了一条历史发展轨迹。但这些拟合并没有依据真正的科学原则，也就无法真正地把它纳入不可逆的时空结构中去考察。"⑤ 于是，马克思学说

---

① 曹颖新：《历史的新探索——赖泽民〈人类历史科学原理〉简介》，《学习时报》2009年4月7日。

② 参见赖泽民博客"什么叫人类历史科学？"（http://jeremylaiz.blog.163.com/blog/static/12079464200810101 0536247/）

③ 同上。

④ 同上。

⑤ 同上。

被定位于可逆的时空结构中，而普里高津将熵的概念成功运用到远平衡系统中，建立了不可逆过程的时空结构，从而完成了科学进化论的主体构造。真正的人类历史科学，应当建立在不可逆的时空结构中。

3. 把自然史和人类历史同质化

赖泽民认为，"自然、人与社会是统一的"①，他还说"马克思认为，历史科学分为自然史和人类史，即自然历史科学和人类历史科学，最终这两门科学又会合并成为一门科学"②。显然，赖泽民是借马克思之口来表述自己对自然史和人类史相统一的看法，这种统一为进化论科学演绎到自然及社会的各个领域提供了可能。20世纪80年代，人们力图在耗散结构理论的基础上，通过哲学方法，即通过形而上学演绎出全新的解释人类社会运动的知识体系，但"很显然，这是康德、马克思和爱因斯坦所批评和抛弃的方法"③。

4. 否定马克思学说关于人类历史发展动力的理论

赖泽民认为，"马克思把研究人类历史运动作为其人生目标，但他却没有真正找到人类历史发展的动力"④。因为马克思是从人类历史系统的内部去寻找发展动力的，而"人类社会的进化就是人类群体与自然环境之间交互作用的结果"⑤，"人类社会的进化就是人类社会的结构与自然和历史环境之间交互作用的结果"⑥，人类历史发展的真实动力"社会进化的最终代价就是自然为人类付出生存、有序和向上运动所需要的能源。这一点与耗散结构理论中的'耗散'二字的含义达到了完全统一"⑦。

5. 构筑自然科学规范的人类历史科学体系

在质疑马克思学说的科学性基础上，赖泽民力图构筑在方法论上像自然科学体系一样精准的人类历史科学。据此建立的人类历史科学是

① 赖泽民：《人类历史科学原理》，中央编译出版社2006年版，第229页。

② 同上书，第170页。

③ 曹颖新：《历史的新探索——赖泽民〈人类历史科学原理〉简介》，《学习时报》2009年4月7日。

④ 参见赖泽民博客"什么叫人类历史科学？"（http：//jeremylaiz. blog. 163. com/blog/static/120794642008101010536247/）。

⑤ 同上。

⑥ 同上。

⑦ 同上。

"系统科学"，而不是实证科学。他将整个科学体系的构建模式概括为：公理＋假设＋逻辑演绎＋实践检验。

（三）以耗散结构理论为基础的"人类历史科学原理"对以辩证法为基础的马克思主义的科学性的质疑事实上是以科学的名义对辩证法的质疑

马克思学说是以辩证法理论构筑起来的。辩证法是马克思学说的生成路径、存在方式、在场保证和发展根据。辩证法是马克思学说科学性、革命性之所在。马克思学说的科学性不能武断地宣布，同样，马克思学说丧失其在场性也需要逻辑地证伪，不能因为马克思学说产生于经典热力学背景下就宣布马克思学说的自然科学基础是经典热力学，马克思主义是经典物理学的产物，从而对当代科学视野下马克思主义的科学性产生质疑。

1. 经典热力学理论并非马克思学说的自然科学基础

马克思学说赖以生成和存在的依据是辩证法，而辩证法是对经典热力学的哲学升华和超越。经典热力学的熵增理论的逻辑结论是"热寂说"，所要表达的是事物将要被否定，马克思"辩证法在对现存事物的肯定的理解中同时包含对现存事物的否定的理解，即对现存事物的必然灭亡的理解"①，只是从对资本主义无情揭露和批判的需要出发，指出资本主义必然灭亡的历史命运，然而否定在辩证法那里从来就是辩证的否定，这里只是问题的一个方面，最终被否定了的只是事物的具体形式，而作为事物本身则是在辩证的否定过程中螺旋式上升的，马克思的辩证法并非通往热寂，而是辩证的否定，是事物在高层次的回归。而耗散结构理论所要表达的正是事物不断在新的阶段取得平衡，从而达到新的稳定状态，这也正是马克思辩证法的基本逻辑。因此说，马克思辩证法跟耗散结构理论是相一致而不是相反对的。

事实上，恩格斯早就展开了对经典热力学的批判，对此，法国生物学家、哲学家 J. 莫诺（J. Monod）曾指出，"恩格斯因为看到热力学第二定律将危及人类以及人类的思维活动是宇宙演化的必然产物这一带有必然性的规律，所以他感到非反对它和否定它不可。在《自然辩证法》

---

① 《马克思恩格斯选集》第 2 卷，人民出版社 1995 年版，第 112 页。

的导言中，他就是这么说的；而且他还直接从这个命题转到了热情洋溢的宇宙论预言，预示着如果不是现在的人类，无论如何也有思维能力的精神将永恒地反复地再现"①。

恩格斯在1869年3月21日（"热寂说"问世之初）致马克思的信中指出，"这种理论认为，世界愈来愈冷却，宇宙中的温度愈来愈平均化，因此，最后将出现一个一切生命都不能生存的时刻，整个世界将由一个围着一个转的冰冻的球体所组成。我现在预料神父们将抓住这种理论，把它当作唯物主义的最新成就"②。在《自然辩证法》中，恩格斯集中对"热寂说"进行批判，指出"热寂说"断言宇宙中的一切运动都将最后转化为热，因而违反了辩证唯物主义的基本原理——运动不灭原理，"克劳修斯的第二原理等，无论以什么形式提出来，都不外乎是说：能消失了，如果不是在量上，那也是在质上消失了。熵不可能用自然的方法消灭，但可以创造出来。宇宙钟必须上紧发条，然后才走动起来，一直达到平衡状态，而要使它从平衡状态再走动起来，那只有奇迹才行。上紧发条时所耗费的能消失了，至少是在质上消失了，而且只有靠外来的推动才能恢复"③。恩格斯进一步联系科学史指出："作为冷却的起点的最初的炽热状态自然就绝对无法解释，甚至无法理解，因此，就必须设想有上帝存在了。牛顿的第一推动就变成了第一炽热。"④ 而克劳修斯就这样像牛顿一样从形而上学滑向了唯心主义。然而赖泽民先生在他的著作中却无视恩格斯对经典热力学的批判，而把马克思主义的自然科学基础定位于经典热力学。

辩证法是对经典热力学理论的超越，同样，经典热力学理论只是部分地构成了马克思学说的自然科学基础，马克思学说并不拒绝耗散结构理论，而是同耗散结构理论具有高度的一致性，马克思学说并非建立在封闭体系之上的人类静力学理论。

2. 马克思学说是动态的人类历史开放体系

人类历史科学原理把马克思学说定位于"封闭"、"静态"理论，指责马克思学说所主张的人类历史发展动力根源于封闭体系的内部，而

① J. 莫诺：《偶然性和必然性》，上海人民出版社1977年版，第30—31页。
② 《马克思恩格斯全集》第32卷，人民出版社1974年版，第267页。
③ 恩格斯：《自然辩证法》，人民出版社1971年版，第261—262页。
④ 《马克思恩格斯全集》第32卷，人民出版社1974年版，第267页。

在马克思的哲学视界中，人类社会同环境之间始终存在着密切的联系，人在改造环境的同时也改造着自身："环境的改变和人类活动的一致，只能被看作是并合理地理解为变革的实践。"① 自然不仅作为环境成为人类历史活动的基础，而且自然史已经纳入到了马克思的人类史中，并且成为人类史的一部分。早在《1844 年经济学哲学手稿》中，马克思就确立了他的"人化自然"观念，在马克思那里，自然史早已成为人类史的重要组成部分，以辩证法为根本原则建构起来的马克思学说必然向自然界敞开着，人类社会系统与自然系统的物质能量交换及其交互作用形成人类历史发展的基础。但是马克思在寻找人类历史发展动力时对推动人类历史进步的动力有着明确的区分，那就是来自社会内部的生产力和生产关系之间的矛盾、经济基础和上层建筑之间的矛盾是人类社会发展的决定力量，而人类社会系统与环境系统，人类社会的开放性所带来的与环境之间的矛盾只是人类社会发展的外部力量，是发展的基本条件，外部力量总是要转换为人类社会的内在矛盾才能最终推动人类历史的进步。总之一句话：内因是变化的根据，外因是变化的条件，外因通过内因而发生作用。据此，我们可以得到马克思学说的"动态"理论和"开放性"特征。

3. 在辩证法基础上展开的"世界的哲学化和哲学的世界化"的马克思学说

"世界的哲学化和哲学的世界化"是马克思学说的辩证法展开，马克思按照主体性原则勾画了世界的发展向度，资本主义的滥觞即"世界问题"的症结在于世界的"非哲学化"，没有按照"哲学化"的原则来加以规范和改造，因而世界的前途应该是哲学化即"合理化"的问题，而"哲学必须在批判现存非理性的、非哲学化的世界并使之合理化的同时，使自己从作为一定体系束缚它们的哲学中解放出来，走向世界，驾驭世界，实现'哲学的世界化'"②。哲学和世界就是在这样双向化的过程中实现了世界的解放和哲学的自由。

马克思究其一生就是为了解决世界的哲学化和哲学的世界化问题，这正如何中华教授所说的"一个伟大的理论，它的真正价值就在于它能

---

① 《马克思恩格斯选集》第 1 卷，人民出版社 1995 年版，第 59 页。
② 任平：《当代视野中的马克思》，江苏人民出版社 2003 年版，第 53 页。

够超越时代的局限，成为'高卢的雄鸡'。马克思哲学所追求的最高境界和理想，就是'哲学的世界化和世界的哲学化'，亦即共产主义的实现"①。共产主义是马克思主义的逻辑归宿，"世界的哲学化和哲学的世界化"构成了马克思全部学说的逻辑起点，"世界的哲学化和哲学的世界化"是马克思的宿命，马克思全部思想都是在不同的层面对这一问题的展开。

这样，整个的人类历史就在"哲学化"——共产主义的目标原则中展开，人类已经认识到人类社会历史运动规律，在此认识基础上，人类将按照美的规律来创造自己的历史，这正是耗散结构理论的自组织行为。

事实上，科学和哲学是现代文明的两大基石，二者是互为阶梯的孪生姊妹，任何一方的合理性只能是促进对方发展动力而不是否定对方合理性的充分理由，随意挥舞科学的大棒拷问马克思主义哲学的合理性损害的不仅仅是马克思主义哲学，也包括科学本身。

（四）当代科学视野下马克思主义的发展方向

马克思主义的发展应该选择一个什么样的路径？是按照自然科学的逻辑构筑一个严密的科学体系还是延续历史哲学的方向？显然，人类历史科学体系的建构是马克思主义发展的新路径，是丰富和发展马克思主义的大胆尝试，赖泽民先生无可辩驳地作出了巨大贡献，但是，这并不是马克思主义发展的唯一路径，人类历史科学体系只是马克思主义发展的一种可能的方向，只是在科学化的向度上开拓了马克思主义的发展空间。人类历史科学应当借助而不能照搬自然科学理论生成的逻辑，人类历史毕竟不同于自然史，二者有根本的区别。

人类历史科学对自然科学新成果的概括和总结，应该全面而综合，不应当只引用自然科学的某些领域或某几项新成果，否则容易导致以偏概赅全，甚至把人类历史科学引入歧途。20世纪以来自然科学有众多新的发现，例如，除耗散结构理论之外，测不准理论就是其一。测不准理论（不确定性原理）对我们世界观有非常深远的影响，至今它仍然是许多哲学家所鉴赏、争议的主题。不确定性原理使拉普拉斯科学理

①　何中华：《重读马克思》，山东人民出版社2009年版，第18页。

论，即一个完全宿命论的宇宙模型的梦想寿终正寝：如果人们甚至不能准确地测量宇宙的现在状态，就肯定不能准确地预言宇宙的未来。测不准理论无可辩驳地将对完全按照自然科学的逻辑构筑起来的"人类历史科学原理"的宿命本质提出质疑。因为人类活动的不确定性要远高于自然领域的不确定性。

另外，马克思主义的这种科学向度的发展本身也存在一些疑问。按照人类历史科学原理描述出来的人类历史发展谱系力图做到类似自然科学的"精准"，"由于历史科学公理的引入，使得这门科学直接建立在人类历史本质之上，而不是建立在一般的普通实践的基础之上。使得人类历史科学具有自然科学一样的完整性和精确性"①。但是我们要时刻牢记，对人类历史发展未来的描述越是精准，那么这种描述就越不准确，因为人类历史发展具有极大的"不确定性"——爱因斯坦为测不准理论所诟病的就是他坚信"上帝不掷弄骰子"，赖泽民的人类历史科学体系的逻辑结论也是要达到人类历史发展的自然科学的准确性，然而当代自然科学的发展却对这种精准提出质疑，事实上，我们只能在不确定中才能把握未来，按照赖泽民构筑的人类历史科学体系所描述出来的人类历史发展前景只能走向宿命论的结局。

二　当代世界社会历史实践中马克思学说体系的历史命运

马克思学说诞生以后，共产主义的伟大实践就在全世界风起云涌，从来没有停息过，马克思学说的传播也遍及世界的每一个角落，但马克思学说无论是理论上还是实践上的发展都不是一帆风顺的，马克思学说在其传播和走向实践的过程中经历了各种各样的挑战和诘难。

自19世纪40年代马克思学说诞生至今已160多年，人类社会实践发生了天翻地覆的变化，马克思学说的理解也出现了多元化的趋势。20世纪80年代末和90年代初世界范围的社会主义阵营发生了重大的政治动荡，西方资本主义世界再次出现了普遍的乐观情绪，认为建立单一的

①　曹颖新：《史的新探索——赖泽民〈人类历史科学原理〉简介》，《学习时报》2009年4月7日。

资本主义主导的国际政治经济新秩序的时代已经来临，社会主义与资本主义两极对立的格局行将结束，未来将是资本主义的经济体系以及由之而生的政治体系和文化体系一统天下的世界，弗朗西斯·福山就宣称，历史的终结行将来临，未来将是自由市场经济全球化的时代。苏联东欧社会主义国家解体后，吉登斯就说"社会主义已经死亡了"，马克思学说体系被一些西方学者诬蔑为"无用"、"过时"，马克思学说研究步入低潮；世界经济全球化、政治多极化和文化多样化时至今日已经愈演愈烈，科学技术特别是高科技的飞速发展，使得整个世界正处于普遍交往之中。信息化、网络化、数字化导致人类生存方式产生深刻变革，同时也导致了哲学等精神活动领域的非神圣化，哲学不再具有向人们颁布现成的真理和观念体系的特权，马克思学说体系的科学性随成了许多人怀疑的对象。社会主义的历史命运问题、全球化问题、新科技革命浪潮对人的生存方式的重构问题、西方非马克思主义者的诘难问题等都摆在马克思的后继者们面前。世纪之交新的历史境域使马克思学说的当代性和当代意义凸显出来。

虽然20世纪90年代初世界社会主义出现了动荡，但自20世纪末以来，世界上许多国家的社会民主党派纷纷重申要走社会主义道路。查韦斯自1998年当选委内瑞拉总统上台执政以来，十分向往社会主义。自2005年2月起，查韦斯多次提出要用"21世纪社会主义"和"新社会主义"取代"资本主义"，并自称是社会主义者。为此，他提出了建设"21世纪社会主义"的理论，2007年1月，委内瑞拉新一届当选总统乌戈·查韦斯在就职仪式上就庄严宣誓："要么社会主义，要么灭亡！"① 他还说："我丝毫不怀疑，这是救助我们人民、拯救我们祖国的唯一道路。"② 查韦斯还宣布，他将在新的任期内实施更加彻底的经济、政治和社会变革，解决"历史性贫困和根深蒂固的不平等问题"③，建设委内瑞拉的"21世纪社会主义"。2009年2月，经查韦斯修改后的宪法修正案在全民公决中被通过，这是加速委内瑞拉转变为社会主义的

---

① http：//news. sohu. com/20070111/n247553325. shtml.

② http：//www. wyzxsx. com/artcal/class20/200701/14376. html.

③ 美苏迦萨·费尔南德斯著，许峰等编写：《查韦斯与委内瑞拉的社会基层组织》，《国外理论动态》2008年第1期。

人民授权，"那些投赞成票的人同时也在投票给社会主义"①。

中国等社会主义国家成功的社会主义实践也得到了包括西方思想家在内的广泛认可，《一位波兰学者眼中的中国社会主义现代化——关于维克多的新著〈中国走上社会主义现代化的道路〉》②就是其中的点睛之作。维克多是波兰颇有影响的社会政治理论研究的学者，他高度关注中国的社会主义建设和马克思主义在中国的发展，认为"中国共产党和中国是世界上马克思主义理论发展的最大希望，中国特色社会主义是中国的马克思主义者和共产主义者对当代马克思主义发展的最大贡献。在苏联和其他一些社会主义国家垮台的艰难情势下，中国社会主义仍然坚持了社会主义政治经济制度，采取对外开放政策，实行社会主义市场经济，社会主义现代化建设取得了很大成就。他认为，中国快速发展的一个重要原因在于它所实行的和平外交政策"③。他指出，"中国的成功还源于中国共产党的领导体制"④。维克多教授对中国问题的研究成果丰硕，其中出版于 2008 年的著作《中国走上社会主义现代化的道路》最具有代表意义。

《中国走上社会主义现代化的道路》一书，由波兰最大的学术出版机构用波兰文出版，"作者考察了近代以来特别是新中国成立以来直至 2007 年底中国社会各个不同时期的历史发展情况，介绍了经济改革与社会主义现代化基本原则。其中特别分析了中国共产党和苏联共产党双方意识形态的差异及其原因和后果。本书的第四章介绍作者亲历中国的情况及感想"⑤。

维克多教授还对目前中国引起世界关注的原因进行分析，他肯定 1978 年以来"在邓小平领导下实行社会主义现代化与经济建设、社会改革"、"实行对外开放"，指认"中国现代化仍具有社会主义特色"；把坚持四项基本原则；坚持中国特色的社会主义道路，建设和谐社会；坚持和平共处五项原则，共同维护世界和平稳定看作是中国实现社会主

---

① 赵灵敏：《"终身总统"查韦斯?》，《南方人民周刊》2009 年 3 月 2 日。

② 丁俊萍：《一位波兰学者眼中的中国社会主义现代化——关于维克多的新著〈中国走上社会主义现代化的道路〉》，《中共党史研究》2009 年第 12 期。

③ 同上。

④ 同上。

⑤ 同上。

义现代化与发展市场经济不能脱离的基本原则。可见，在当代的人类社会历史实践中，马克思学说体系并不是被抛弃了，而是越来越被世界各国人民所重视，尤其是全球金融风暴之后，西方世界的许多学者开始重新审视资本主义，马克思学说体系的当代性凸显出来。

在全球化语境中马克思学说体系的历史命运确实值得认真思考，而雅克·德里达在《马克思的幽灵》一书中以"马克思的幽灵们"这一复数形式来表述马克思主义和马克思学说不只有一种形式，多种形式的马克思学说以及作为其建制形式的社会主义一样，都是由于传统历史规定的、确定的，"某一特定的社会主义形式的'崩溃'或'瓦解'并不必然地就意指着马克思主义本身的终结，并不必然地意指着社会主义或共产主义的全面崩溃"①。也就是说，以"新国际"的名义对所谓的新世界秩序的话语诉求其实只是一种新弥赛亚主义的末世学论调，是资产阶级用以压制其他异质声音的意识形态"伎俩"。"在德里达看来，我们都是马克思的灵魂，我们作为马克思主义的继承人，作为马克思的幽灵政治学和谱系学中的一员，都是马克思或者马克思主义精神的幽灵化合具体化。"② 德里达还认为幽灵的再现其实还是我们对其重新建构的过程，"那幽灵也是——在其他东西之中——人们所想象出来的东西。是人们认为他看得见并投射出来的东西——投射在一个想象的屏幕上，在那里看不见任何的东西"③。也正如德里达所指出的那样，马克思学说只有在不断建构当中，在不断寻找其新形式——包括社会主义和共产主义的新形式，它才有生命力，在共产主义的实践中它才能显现。

三　当代西方哲学文化思潮中马克思学说体系的历史命运

马克思学说体系是西方哲学文化的重要组成部分，在马克思学说体系产生之后，西方的哲学文化思潮澎湃发展，学派林立，"左"派的、右派的都试图从各个角度对马克思学说体系发起诘难和攻击，甚至西方

---

① ［法］雅克·德里达：《马克思的幽灵——债务国家、哀悼活动和新国际》，何一译，人民大学出版社 2008 年版，"译者序"第 3 页。
② 同上。
③ 同上书，第 98 页。

马克思主义也在背离、解构着马克思学说体系。这些反马克思学说体系思潮主要有新自由主义、解构主义、后现代主义等。

（一）新自由主义对马克思学说体系的批评

个体利益和集体利益、个体理性与集体理性的冲突性是马克思学说体系的社会发展理论包含着的一个基本理论前提，在马克思看来，社会发展不应当完全受个体利益的支配，而应当受集体理性所控制，资本主义不对生产进行有意识的调节，把对社会生产过程的任何有意识的社会监督和调节，当作是侵犯私人的财产权、自由和"独创性"；与此相反，公有制过去则表现为对人们外在强制的全部生产的联系和规律，能够为社会的集体理性所自觉认同，服从于集体控制，而集体控制正是个人发扬个性实现全面和自由发展的前提。马克思要改造现有社会制度，所以历来遭到保守主义者和传统自由主义者的攻击。第二次世界大战之后，马克思学说体系中的社会主义理论，被"自由制度捍卫者"激烈抨击，其中哈耶克和波普尔等学者就是其中的典型代表，哈耶克否定了社会主义经济制度理论上的可行性和可能性，波普尔则对马克思主义的哲学和历史学说展开了最审慎然而又是最令人畏惧的批判。20 世纪 80年代以来，随着新自由主义的《通向奴役的道路》《自由秩序原理》《致命的自负》和《开放社会及其敌人》等著作在我国的一版再版，"新自由主义"在学界掀起了一个小小的高潮，马克思学说体系必然要应对其挑战。

1. 哈耶克的批评

哈耶克是一个新自由主义者，是当代新自由主义最有代表性的理论家，他终其一生，都致力于对集体主义社会的批判，他所有著作的立场都是一致的，就是对社会主义和共产主义的仇视。哈耶克认为经济生活中的主体是由追求利益最大化的个人构成的，是个人对商品和劳务的主观评价导致了社会资源得到最优配置，使经济达到最大化。在哈耶克看来，自由是最高的政治目标，是追求文明社会的崇高目标和私人生活安全的根本保证。自由主义要求应尽量发挥自发力，减少使用强制力量处理问题，私有制是自由的最终保障，个体的"积极性"只有在私有制的基础上才能得到充分发挥。如果私有财产被限制和管理，如果国家干预代替市场的作用，那就会导致效率的丧失，个人"积极性"受挫，资源配置失调，最终必然走向法西斯的"极权主义统治"，是"通往奴役之路"。

哈耶克把社会主义和法西斯主义归结为极权主义，他把社会主义视为乌托邦，认为抛弃资本主义下的自由主义传统，背离以市场经济原则为基础的自由选择道路而选择社会主义，就是和纳粹主义"走着同一条道路"，就是"通往奴役之路"。资本主义社会经济具有自我调节功能，不进行国家干预，银行也会自动调节信用，生产过剩现象就会逐渐消失，经济就会步入复苏，与此相反，不但不能解决经济的危机，而且"自由"、"平等"也会丧失，可见国家的反危机措施是有弊无益的。新自由主义经济学说中的核心理论就是通过价格机制进行资源配置。

哈耶克经济自由理论都源于他的哲学基础，他认为，现代文明受到的威胁，并不是来自毁灭世界的非理性狂热，而是来自建构论的唯理主义者之滥用理性，试图有意识地设计现代世界，计划经济、干预市场，都是对理性的过度迷信，而真正的理性是要意识到理性的局限，理性的局限性来源于这个世界是唯物的，世界的唯物性决定了世界是不可能被认识的，"以哈耶克为代表的所谓进化自由主义者认为，社会科学领域存在着两种理性主义：一是进化理性主义，二是建构理性主义，前者是正确的，后者是错误的，马克思则被看做是建构理性主义的代表"①。

哈耶克是一个广博的学者，他在经济学、政治学和认识论等领域都有建树，并且致力于寻找其中内在的一致性。他的学说有一个前提判断：一种正确的认识论立场是衡量一种社会科学理论成立与否的不可或缺的条件。他认为进化理性主义和建构理性主义是社会科学领域存在着的两条理性主义路线。进化理性主义包含三个原则：其一，采取完整或集中形式的知识总体是不存在的，知识总是"以分散的、不完全的、有时甚至是彼此冲突的信念的形式散存于个人之间的"②。其二，在理性知识之外，"我们的习惯及技术、我们的偏好和态度、我们的工具以及我们的制度，在这个意义上讲，都是我们对过去经验的调适"③，这些构成了与理性知识相对的知识，这类知识是累积性的经验产物，这类知识为理性认识活动的发生提供了特定的框架。其三，"理性认识本身处

---

① 张宇、王生升：《马克思是建构理性主义者吗——评哈耶克对马克思的批评》，《中国人民大学学报》2003 年第 1 期。

② 哈耶克：《自由秩序原理》（上），生活·读书·新知三联书店 1997 年版，第 22 页。

③ 同上书，第 24 页。

在不断进化的过程中，社会科学理论并不是关于社会发展过程中某种规律的总结或发现，而只是关于客观世界某种自然秩序的主观重构过程，必然是一个不断证伪的过程，不存在永恒的绝对真理"①。建构理性主义认同相反的论断："这种观点……宣布，适用于历史的观念，也适用于未来的纲领；对自己的行为了如指掌的人类，应当运用理性所赋予的设计能力，按部就班地创造一种文明。"② 哈耶克还描绘了一条建构理性主义这一思想传统的解析脉络，这条脉络最早从培根、霍布斯和笛卡尔那里出发，而在卢梭、黑格尔、马克思等人那里完善，最终在哲学和法律实证主义者那里达到顶峰。

哈耶克把建构理性主义视为幼稚的理性主义，是对理性的一种滥用："社会学为自己设定的最重要的目标是预测未来的发展、塑造未来，或者——如果有人愿意那样说的话——创造未来。……这种对社会形态的建构主义解释，不仅是一种有害的哲学思辨，并且也是一种在解释社会过程和政治行动的机会时，据以得出结论的事实断言。……这种有违事实的断言，等于是说我们现代社会中的复杂秩序，完全应归因于使人的行动必须受预测——对因果关系的认识——的支配这种条件，或至少可以通过设计使它产生。"③ 在事实上，只有少数的社会建构是按照人们的主观意识设计出来的，绝大多数的社会建构是自发"生长"出来的，是人类活动的未经设计的结果。无论是法律、货币、市场、语言、道德等，都只是一种"自发次序"，它们都只是人类行为的结果，而不是人类设计的产物。

在哈耶克的视野中，马克思学说体系是典型的建构理性主义，哈耶克驳倒了建构理性主义的理论基础，马克思的科学社会主义理论和实践，其合法性当然要受到质疑。

2. 波普尔的批评

波普尔是 20 世纪最伟大的科学哲学家、思想家之一，他的学术思想具有独创性、清晰性和稳定性特征，他撰写的《研究的逻辑》（英译

---

① 张宇、王生升：《马克思是建构理性主义者吗——评哈耶克对马克思的批评》，《中国人民大学学报》2003 年第 1 期。

② 哈耶克：《理性主义的类型》，《经济、科学与政治》，江苏人民出版社 2000 年版，第595 页。

③ 哈耶克：《经济、科学与政治》，江苏人民出版社 2000 年版，第 39 页。

本为《科学发现的逻辑》)《历史主义的贫困》（也译作《历史决定论的贫困》)《开放社会及其敌人》、《猜想与反驳》、《客观知识》等，在科学家和哲学家中引起强烈反响。爱因斯坦（A. Einsterin）、梅达沃（Peter Medawar）、埃克尔斯（John Eccles）、莫诺（J. Monod）、贡布里希（Ernst Gombrich）、哈耶克（F. A. von Hayek）和索罗斯（G. Soros）等不同领域的知名人物都宣称深受其学说的影响。

波普尔是一位笃信非决定论（indeterminism）的科学哲学家，终生都在与科学决定论的教条作斗争，认为科学决定论与人类的创造力、与自由是对立的，因而与科学自身是对立的。他一生都为此信念寻找论据，并试图构造更有说服力的论证。

波普尔主张试错法、猜想与反驳、证伪，反对归纳方法，在他的"形而上学研究纲领"（metaphysical research programme)① 下，他坚持实在论，反对各种决定论。他说："我的观点是，非决定论（indeterminism）与实在论是相容的，认识到这一事实，就使得采纳一种一致的客观主义的认识论、对整个量子理论作出客观的解释、对概率作出一种客观的解释，成为了可能。"波普尔正好处于物理学基础理论大变动的时代，他明确感受到物理学中的基本观念的分裂（schism），他列出了三组信念：（1）非决定论与决定论；（2）实在论与工具主义；（3）客观主义与主观主义。爱因斯坦、德布罗意、薛定谔、玻姆等科学家是决定论者、实在论者。对于物理学理论的目的，他们是客观主义者，对于概率论的解释，他们又是主观主义者。而玻尔、海森堡以及得到泡利和玻恩支持的正统的哥本哈根学派，则是非决定论者和工具主义者。波普尔尽管不赞成这一学派的主观主义情绪，但支持他们拒斥爱因斯坦等人的决定论。波普尔坚信，"非决定论与概率的倾向解释，使我们能够绘制物理世界的新图景。按照这幅图景，在此处只能描绘其大概的架构，物理世界的所有性质都是倾性的（dispositional），物理系统在任何时刻的真实状态，都可视为其倾性（或者其潜在性、可能性、倾向性）的

① 波普尔说："我用这一术语，希望人们注意到这样的事实，在科学发展的几乎每一阶段，我们都受形而上学观念的影响，这些观念是不可检验的。这些观念不但决定了我们选择什么的问题去探索，而且决定了我们会考虑什么样的回答是适合的、令人满意的或者可接受的，以及什么样的回答才算改进、推进了早先的答案。"

总和"①。

　　波普尔是熟悉当代科学进展的少有的思想家，他从多个角度反驳了多种形式的决定论，对"科学"决定论（"scientific"determinism）的反驳尤为有特色。决定论与非决定论由来已久，说到底它们都属于不可检验的形而上学，都是人们的某种信念。他在《科学发现的逻辑》一书的第78节"非决定论的形而上学"中就支持非决定论，认为决定论的大厦倒塌了，在其废墟上非决定论崛起了。在《开放的宇宙：对非决定论的一种论证》（Open Universe：An Argument for Indeterminism）中从经典力学中寻找到了证据，说明非决定论是如何可能的。

　　正是在非决定哲学的支配下，波普尔和哈耶克对马克思学说体系公开诘难，《开放社会及其敌人》《通往奴役之路》是其批判马克思的两部名篇，然而，也是这两部著作，使其为中国学者所熟知。

　　1937年，卡尔·波普尔在远离欧洲战事的新西兰接受了克莱斯特切奇大学一个教席，开始系统的从事政治哲学的研究，1944年《历史主义的贫困》分两次发表在英国的专业刊物《经济学》上，其后结集成书并出版。在书中，卡尔·波普尔推导出极权主义的政治观："人们通过认识绝对有效的'历史规律'来控制和计划社会的发展。在这一信仰背后，蕴藏着最站不住脚的哲学概念即'本质主义'。'本质主义'的出发点是：事情只依赖于概念根据其'本质'所作的明确定义，这些定义然后可以通过某种方式把世界构筑入逻辑的和普遍适应的关系之中。波普尔认为，这一'本质主义'在社会科学上的应用大多归结到'历史主义'，也就是对'必然的'历史发展的可知性和可预见性的信仰。无论是纳粹主义、法西斯主义还是马克思主义，他们都是利用这样一种目的论的历史观。"②

　　在波普尔看来，"本质主义"和"整体论"哲学危险的根源在于："它们意味着一种'对知识的非分要求'。"③波普尔有意识地联系了他的《研究的逻辑》一书中的对归纳逻辑的批判，指出"这些哲学用一种可以简单运用的一般性知识和简单的解决问题的办法来蛊惑人心。但

---

　　①　Popper，1982b，p. 159.

　　②　［英］卡尔·波普尔著：《开放社会及其敌人》，郑一明等译，中国社会科学出版社1999年版，"导言"第3—4页。

　　③　同上书，"导言"第4—5页。

是在事实上，它们不再能够与确实复杂得多的现实世界挂钩。这一现实世界是不能通过'集合概念'，而总是需要通过清晰表述的单一观察进行把握的。一种'批判性的、理性的'行事方式必须总是从一种'方法论上的个人主义'出发。因此，也不可能存在成功的并且是非极权的社会计划方案。进步总只是通过解决各单一问题得以实现的。不是'乌托邦的社会工程'指明了一个更好的未来，而是'零星社会工程'。后者已经是以理性批判为前提，从而也是以言论自由和多元主义为前提。波普尔把一个根据这些原则组织起来的自由主义社会称作为'开放社会'。与此相反，为'本质主义'和'整体论'思想所迷惑的社会不能把各单一的批判理解为系统干扰。自由和多样性在这样一个幻境中没有其位置。它是一种'封闭社会'"①。

在《开放社会及其敌人》一书中，波普尔进一步拓展了对"历史主义"的批判："'历史主义'不仅通过传播历史的'解脱预期'用一种恰恰是救世主式的（因而总是可能助长暴力的）意识形态理由来装点革命运动，而且从方法论原因来看也是不可立足的。"② 为了反对"整体性社会"的"乌托邦社会工程"，"他提出过以'零星社会工程'代替'乌托邦社会工程'，但这只是以一种社会改造方案代替另一种社会改造方案，而不是一种社会改造的目标"③。

波普尔在《开放社会及其敌人》一书中"把柏拉图的哲学王国们的严格等级制国家、黑格尔把国家作为美德思想的实现这一执拗观念，以及最后但并非不重要的卡尔·马克思的历史观当作是我们这一世纪中所发生的暴行的思想来源而加以揭露"④。在《开放社会及其敌人》一书中，波普尔揭露并批判了现代极权主义的思想根源，"因为卡尔·波普尔在这部巨著中，笔墨集中于对柏拉图、黑格尔和马克思三个思想家的社会政治哲学的批判上，认为正是他们的思想构成现代极权主义的来源"⑤。

波普尔的《开放社会及其敌人》的"最重要的观点最终是其极其

---

① ［英］卡尔·波普尔著：《开放社会及其敌人》，郑一明等译，中国社会科学出版社1999年版，"导言"第4—5页。

② 同上书，"导言"第4页。

③ 同上书，"译者的话"第2页。

④ 同上书，"导言"第5页。

⑤ 同上书，"译者的话"第1—2页。

明显的'否定性'。它是对所有那些威胁开放社会的伪科学（整体论、本质主义、实证主义、历史主义等等）的方法论处事方式的批判"①。而马克思学说体系正是被他贴上了整体论、本质主义、实证主义、历史主义等的标签，由此我们可以看出波普尔对马克思的批判是全面而深刻的。

（二）后现代主义、解构主义等对马克思学说体系的诘难

与新自由主义的批评相比，后现代主义和解构主义从更深层次上对马克思学说体系进行着解构。

后现代主义哲学是后现代主义思潮的理论基础。伴随着现象学、分析哲学的式微和存在主义、结构主义的衰落，以后结构主义和新解释学的兴起为标志，后现代主义哲学登上当代思想舞台。后现代主义哲学以彻底否定现代哲学的面目出现的，人们称之为激进的后现代主义哲学，他们从否定物质与精神、主体与客体的对立统一关系的前提出发，拒斥形而上学本体论，反对基础主义、本质主义、理性主义，主张向统一性开战，取缔深度模式，宣扬所谓不可通约性、不确定性、易逝性、碎片性、零散化等。后现代主义认为当代资本主义社会已经从现代转入后现代，后现代资本主义的社会结构发生了根本性断裂，启蒙理性所确立的关于历史进步的宏大叙事已经崩溃，利奥塔说，这些宏大叙事已不再具有可靠性和合法性，后现代状况便标志着马克思学说体系的传统历史叙事的完结，后现代主义由此得出结论，马克思学说体系等传统理论已经过时。

兼具解构主义大师和后现代主义哲学家的德里达认为，西方哲学历史就是形而上学的历史，其原型是将"存在"定为"在场"。借助于海德格尔的概念，德里达将此称作"在场的形而上学"。"在场的形而上学"是指在万物背后都有一个根本原则，一个中心语词，一种支配性的力，一个潜在的神或上帝，这种终极的、真理的、第一性的东西构成了一系列逻各斯（logos），所有人和物都拜倒在逻各斯脚下，遵循逻各斯的运转逻辑，而逻各斯则永恒不变，它近似于"神的法律"，背离逻各

---

① ［英］卡尔·波普尔著：《开放社会及其敌人》，郑一明等译，中国社会科学出版社1999年版，"导言"。第7页。

斯就意味着走向谬误。德里达及其他解构主义者正是要攻击这种称为逻各斯中心主义的思想传统，解构主义及解构主义者们就是打破现有的单元化的秩序。很明显，这种批评跟后现代主义一样，也指向马克思学说体系。德里达所宣称的马克思学说体系的"在场性"只是马克思学说体系的零散的"在场性"，并不就是马克思"学说体系的在场性"。

（三）马克思学说体系对当代西方哲学文化的价值和意义

尽管马克思学说在当代西方哲学文化思潮中遭遇到各种诘难与质疑，但当下很多在世界上影响卓著的社会科学家都与马克思学说体系有着千丝万缕的联系，其中一些直接就被冠以"马克思主义者"的称号，比如美国的马尔库塞、法国的萨特以及意大利的葛兰西，都是西方世界最有影响的学者和知识分子，他们都被视作"西方马克思主义者"。在苏东剧变后，国际共产主义运动陷入低潮，世界范围内的马克思主义研究遭受很大挫折，但马克思主义研究在短暂的沉寂之后东山再起，法国的德里达、美国的詹姆逊、德国的哈贝马斯、英国的吉登斯等当代西方最有影响的思想家们却在苏东剧变后相继走进马克思，在世界范围内产生了强烈反响，德里达高举捍卫马克思学说体系的大旗，一再强调"我挑了一个好时候向马克思主义致敬"①，他站在解构主义立场对马克思学说体系的批判精神做了发挥，开辟了后现代主义的马克思主义时代，对当今世界的马克思学说体系研究产生了深远而巨大的影响，德国"最有影响的思想家"哈贝马斯、被誉为英国首相布莱尔的"精神导师"的吉登斯以及美国的后现代主义代表詹姆逊等，他们都是当今社会公认的在国际上最有影响的知名学者，都在各个领域当中执掌着社会科学的牛耳，也正是他们对马克思的思想在相当程度上持肯定态度，其中一些被赋予"西方马克思主义者"的称号，这些都是马克思学说依然在当今世界哲学文化领域、社会科学领域有着深刻影响的证明。

马克思学说在造就一批声誉卓著的国际知名学者的同时，还对西方社会科学有着广泛而深刻的影响：第一，促成了新的学术派别的产生，第二，开拓了新的生活科学分支学科：20 世纪 70 年代以降，西方社会盛行过许多思潮，其中新自由主义、新保守主义和新马克思主义影响最

---

① 陈学明、马拥军：《走近马克思》，东方出版社 2002 年版，第 124 页。

大。新马克思主义坚持马克思的批判精神，对现代资本主义社会对人的本性的抹杀加以批判，只是新马克思主义对当代西方资本主义社会的批判已经由马克思的政治经济批判向文化心理批判转向。第二次世界大战之后，西方社会科学出现了许多新兴的分支学科，而其中的许多分支学科直接与马克思学说有关，"新政治经济学和政治社会学，这是两门极为重要并有深远影响的新兴科学，它们的产生与马克思主义有着深刻的渊源关系。以政治学为例，它有两大理论来源，其一是马克思的理论，其二是韦伯的理论"①。

---

① ［法］雅克·德里达著：《马克思的幽灵——债务国家、哀悼活动和新国际》，何一译，中国人民大学出版社 2008 年版，"总序"第 2 页。

第九章

马克思学说体系的当代性发展

马克思学说在面对全球化和信息化时代的来临以及后工业文明和后现代西方思潮的冲击，面对各种各样的诘难，马克思学说还能够被称为"我们时代不可超越的旗帜"吗？还是我们"时代精神的精华"吗？马克思学说的当代性如何体现出来？这是我们这个时代的马克思主义者们不得不回答的问题。

要以真正科学的态度对待马克思学说体系，就必须正视马克思学说体系，既要看到马克思学说体系科学性的一面，也应当看到马克思学说体系自身的局限，马克思学说体系毕竟是诞生于19世纪中叶的理论体系，一个半世纪以来，人类历史发展和无产阶级革命实践都产生了巨大的进步，马克思当时所面临的社会历史现实到今天已经发生了根本的改变，所以，摆在马克思主义者面前的是如何发展马克思学说的问题。但是，无论时代条件和人类历史发展出现了什么新情况，马克思学说所关注的核心问题——人的问题始终是每一个时代人类所面临的主题，人的问题一天不解决，它就永远是无产阶级革命所面对的紧迫问题；马克思学说就是在批判现实中产生的，只要现实还需要马克思学说的批判，只要现实还没有满足马克思所提出的"世界的哲学化和哲学的世界化"的理想，现实就将在马克思批判精神的批判中诞生新的指导人类实践的马克思学说；马克思学说的产生方式——辩证法是宇宙中的永恒法则，辩证法将保证马克思学说的科学性。但是，要真正科学对待马克思学说，必须认真总结历史经验教训，对马克思学说发展过程中存在的问题作自我反思，坚持真理，修正错误，应当全面认识马克思学说发展中的胜利与失败，正视马克思学说发展中存在的问题与危机，正确处理马克思学说运用与发展过程中的矛盾关系。

一　马克思学说体系当代性的根本原因

任何理论都是时代的产物，都是一定历史发展阶段的产物，都要受到该历史时期政治、经济、文化、社会等各个方面发展水平的制约，"每一个时代的理论思维，从而我们时代的理论思维，都是一种历史的产物，它在不同的时代具有完全不同的形式，同时具有完全不同的内容"①。任何超时代、超历史的理论都是不可能存在的，所谓的"永恒真理"必将在时代前进的脚步中被抛弃。一门真正的哲学，必须把自己时代的迫切问题作为哲学思考的聚焦点，必须回答自己时代的重大理论和现实问题。把人民所关注的时代性问题升华为"时代精神的精华"，就是马克思学说体系的当代性课题。马克思学说体系自身的内在要求和当代中国发展的实际需要是马克思学说体系当代性的根本原因。

党的十七届四中全会审议通过了《中共中央关于加强和改进新形势下党的建设若干重大问题的决定》提出要大力推进马克思主义中国化、时代化、大众化，首次明确了马克思主义及其内核马克思学说的当代性问题。准确把握马克思学说体系的当代性的深刻内涵和精神实质，对于我们更好地坚持马克思主义，不断推进马克思主义中国化的历史进程，进一步丰富和发展中国特色社会主义理论体系，把中国特色社会主义事业推向前进都具有深刻的理论意义和现实意义。

马克思学说体系的当代性是由马克思学说体系的内在要求和实践发展的客观需要决定的，马克思学说所揭示的是人类社会历史的发展规律，马克思学说在实践中产生并在实践中得到检验和发展，人类社会历史实践向前发展了，必然要求马克思学说体系要与时俱进地回答实践提出的新课题，丰富马克思学说体系的新内涵，开拓马克思学说体系的新境界。

马克思学说体系并没有过时，依然具有解释世界的能力，首先，马克思学说体系依然是解释世界的理论依据，马克思之后的整个历史时期，世界的主要轮廓几乎都可以从马克思的经典文本中得到解释；其

---

① 《马克思恩格斯选集》第 4 卷，人民出版社 1995 年版，第 284 页。

次，马克思学说体系所揭示的资本主义社会的症结依然存续，其政治经济学所揭示的资本与雇佣劳动的关系如今依然是困扰资本主义的核心问题；再次，马克思学说体系仍然是劳动者用以批判全球化资本主义剥削的思想武器。马克思学说体系仍然是劳动者的精神武器，是反对资本主义的理论根据，当今社会本质上仍没有脱离"马克思的时代"，马克思时代的"总问题"就是资本主义和现代性的现实，就是以资本和劳动对立为特征的私有财产运动，就是对资本主义的批判与人类解放，不管"后工业社会"、"后现代社会"还是"新全球化"时代有很多不同于马克思时代的特点，都没有超越"马克思的时代"：首先，当下的全球化并未超越马克思的理论视野，马克思的世界历史理论依然是分析和解决当今全球化进程中出现的各种问题的基本理论；其次，新的全球化时代仍然存在劳动与资本对抗的问题、人的异化和人的解放的问题，这些问题仍然是困扰人类的重要问题，资本主义剥削还是当今时代的逻辑，资本的总体性还是人类社会实践的各个方面的制约，"科学技术研究、开发和应用都附属于资本，跨国公司也是资本扩张的新形态。意识形态、教育、文化和现代传媒都受到资本的内在控制，资本对劳动的剥削只是改变了新的形式。消费主义使社会不公正、人的异化现象有增无减甚至更为严重，全球性问题也都与资本扩张联系在一起。这些变化都是私有财产运动进一步发展所带来的变化。在马克思看来，资本主义和现代性的本质在于由资本和劳动的矛盾所推动的私有财产运动，在于资本的奴役和统治"①。马克思当年所提出的问题仍具有当代意义，当下的许多新问题没有超出马克思的"总问题"，只不过是马克思的"总问题"的不同表现形式而已。

马克思学说体系的当代性，还根源于马克思哲学的当代性，马克思反对脱离实践的抽象哲学，反对在哲学研究中的主观唯心主义，哲学要改变世界，实现人类解放，就必须同人类的实践活动结合起来。马克思实践哲学的确立和哲学主题的转换，使马克思哲学称为"改变世界"的实践哲学，从根本上实现了对近代哲学的超越并开启了当代哲学发展方向，把哲学变革和无产阶级的革命实践结合起来，使哲学具有高度的

---

① 潘惠香、王永明：《马克思主义哲学当代性研究新动向》，《社会科学战线》2006年第5期。

实践性和现实性；马克思哲学还具有高度的开放性，他在《德意志意识形态》和《共产党宣言》中强调指出"人类历史向世界历史转变"，突破了思想文化中的"地域性思维方式"，建构了全球性意义的哲学范式，克服和解构了西方中心论、欧洲中心论的狭隘立场，使哲学成为全球化时代的哲学。马克思哲学的开放性思维决定了马克思学说体系的历史命运：不但要整合以往的人类文明成果，而且要不断批判整合人类在实践中创造的一切新的优秀文明成果。

二　马克思学说体系当代性的基本内涵

什么是马克思学说体系的当代性？马克思学说体系在当代是否科学合理，是否有价值？

第一，马克思学说体系仍然具有当代价值。马克思体系的当代性是指马克思学说体系在当代世界的发展及其价值和意义。强调马克思学说体系的当代性，就是要凸显马克思学说体系的当代价值，并赋予马克思学说体系以当代形态，从而获得认识和改造当代世界的指南。马克思学说体系是一种"世界历史性"学说，其当代性就直接体现在马克思学说体系的"世界历史性"中。

第二，马克思学说体系的当代性根源于其科学性，马克思学说体系是科学的世界观方法论，具有科学性和真理性，不会因时代的改变而失效。马克思学说体系专注于对现实的、社会历史活动中的人及其生存意义的高度关怀与追求，决定了其批判性、开放性、革命性，尤其是自身变革性的理论气质与品格。马克思学说体系是一种实践的、批判的和人类解放的学说体系，内含着对马克思文本的时代超越。

第三，马克思学说体系的当代性根源于马克思哲学所实现的革命的实质——本体论根基处的革命，是真正具有当代意义的哲学，从而超越了全部形而上学。马克思哲学实现了思维方式的革命，"马克思以'实践思维'克服了作为传统形而上学核心的'本体思维'，超越了由于'本体思维'所导致的现实的人的存在之失落，使人真正以一种合乎人的本性的方式获得了现实的理解，并使哲学在对象、主题、内容以及研究方式都发生了根本性的变化，正是这些变化，奠定了现代哲学的一些最基本的原则，标志着哲学的发展进入了一个新的阶段或新的时代，马克思哲学的当代性也因此而获得了坚实的思想根据"①。

第四，马克思学说体系的当代性，根源于马克思学说体系包含现代性理论，马克思主义理论包含现代性理论，《共产党宣言》就是经典的现代性理论著作，"马克思主义哲学是后现代性理论或具有后现代性特征"，"马克思主义既是现代性理论的继承者，又是现代性理论的批判者，还是现代性理论的重建者"。"马克思生活在现代化迅速扩展的时代，也必然对现代化予以高度的关注和反思。……马克思既从历史的角度肯定了现代化在人类文明发展进程中所带来的巨大进步，又深刻批判了资本主义现代化的种种弊端，还指出了超越资本主义现代化的途径，这就是社会主义和共产主义道路。因此，马克思主义的社会批判理论和共产主义理论本质上就是一种现代性理论。"② 马克思学说体系产生的历史背景——资本主义社会就是现代性社会，马克思学说体系的现代性体现在对资本全球化为主体的现代性进行批判、"改造现存世界"、建设新世界之中，离开马克思科学体系的指导，中国的革命与现代化建设就难以取得成功，没有对马克思的现代性话语的记忆和继承，就没有中国和世界的未来。

探讨马克思学说体系的当代性，首先是马克思当年主张的基本观点是否仍然具有当代价值，是否与当今时代的发展相一致，是否具有指导性意义，也要看后继者们是否能够在社会历史的发展中坚持马克思学说体系的基本精神，马克思学说体系的当代发展对当今时代的回应是否还有解释力和说服力。

三 马克思学说体系当代性的基本课题

马克思学说体系的当代性课题，是沿着马克思所开辟的道路所承担的时代性课题。改革开放以来，我国学术界展开关于马克思学说体系的一系列大讨论，研究者们先后提出了"重读马克思""回到马克思"

① 贺来：《马克思哲学的现代哲学品格及其当代性》，《东岳论丛》2004 年第 3 期。
② 欧阳康：《全球化与马克思主义哲学的当代发展——前提、问题域及研究思路》，《哲学研究》2005 年第 9 期。

"走进马克思"等，把重新理解马克思学说体系作为一项重大的时代课题，不断拓展和深化马克思所开辟的道路，并沿着这条道路去丰富和发展马克思学说体系的时代内涵。

孙正聿教授撰文《马克思主义哲学的当代课题》① 从七个方面比较全面、中肯地探讨了马克思主义哲学的当代课题："1. 从马克思主义哲学的理论旨趣和理论使命、理论硬核和解释原则以及马克思主义哲学所实现的唯物主义与辩证法的统一深入探索马克思所开辟的哲学道路。2. 回答：以人的当代实践活动为基础的人对世界的当代关系是怎样的？以当代科学为中介的人的当代世界图景是怎样的？以人的当代社会生活为基础的当代人的思维方式、价值观念和审美意识是怎样的？3. 探索 21世纪的科学精神和新技术革命及其所引发的思维方式的变革。4. 确立发展的标准，并依据发展的标准而确认实践中的价值排序和行为选择。5. 对发展进行哲学反思，丰富马克思主义的社会发展理论。6. 反思社会主义的历史命运，探索中国特色社会主义道路。7. 把人的全面发展的哲学理念实现为每个人的自觉追求，并把这种'学养'变成每个人的自觉追求。"②

孙正聿教授对马克思主义哲学的时代课题的探讨为整个马克思学说体系的时代性课题的研究和探索提供了重要参考。马克思学说体系当代性的一个根本问题就是马克思学说体系跟当代中国、跟当代世界如何统一的问题，按照马克思的"哲学的世界化和世界的哲学化"的路径，马克思学说体系的当代性应当是"世界的马克思主义化和马克思主义的世界化"。

按照马克思所开辟的道路实现了当代性的马克思学说体系就要在当代世界开辟其现实性路径，就要寻求当代马克思学说体系的在场性，马克思学说体系的在场性是"世界的马克思学说体系化和马克思学说体系的世界化"的基本步骤，要实现马克思学说体系的在场性，坚持马克思学说体系的批判精神，坚持对现实世界的革命的批判是马克思学说体系走向现实的基本路径。

---

① 孙正聿：《马克思主义哲学的当代课题》，《光明日报》2010 年 8 月 24 日。
② 同上。

四　马克思学说体系当代性的基本原则

要重建马克思主义的当代性和在场性，奠定马克思主义合法性基础，就必须廓清马克思主义的原初形态与马克思主义在实践中产生的多种形式之间的关系，从而揭示马克思主义的真谛。人的解放是马克思学说体系贯彻始终的红线，唯物史观是马克思学说体系建构的指导性原则，辩证法是马克思学说体系合法性、科学性和在场性的根据。马克思主义原初形态——狭义的马克思学说体系的正确建构对马克思主义在当代中国的发展起着重要的指导作用。

人的解放是马克思学说体系的核心内容，并且永远是马克思主义发展的主题。从《博士论文》开始，人的解放问题就是马克思研究的主线，其后，马克思通过对人本质异化的批判和对人本质全面回归的设想完成了他对人的解放问题的从正题到反题到合题的思考。马克思正是在对人的问题的思考中发现了唯物史观，正是在唯物史观的指导下，马克思建构了科学社会主义理论、政治经济学理论，由此我们说，人的解放是马克思学说体系的核心内容，马克思主义中国化的最新成果之一——科学发展观正是在实践基础上对马克思人的解放理论的坚持和发展。

唯物史观是马克思主义当代发展的最根本的指导性原则。唯物史观坚持：社会存在决定社会意识而不是相反；生产力决定生产关系，经济基础决定上层建筑；"两个决不会"的原理。正是马克思的唯物史观，才使得科学社会主义理论、政治经济学理论最终成为科学。唯物史观不仅是马克思学说形成的基础，也是马克思学说发展的根据，要推动马克思主义在当代中国的新发展，必须唯物史观作为最终的指导原则。

辩证法是马克思学说合法性、科学性和在场性的根据。马克思学说是以辩证法为根本方法构筑起来的，"马克思学说就是大写的辩证法，辩证法是马克思学说的生成路径、存在方式、在场保证和发展根据"①。辩证法决定了马克思学说不是僵死的、封闭的体系，马克思学说的历史命运注定要在对现实的革命的批判中诞生新的形态，只要人类实践没有

---

① 王清涛：《当代科学视野下马克思学说的历史命运——评〈人类历史科学原理〉》，《理论探讨》2010 年第 2 期。

终止，辩证法就不会停滞，马克思学说就会保持旺盛的生命力。

五　批判是推进马克思学说体系
当代发展的基本路径

批判精神是马克思学说的基本精神，也是推进马克思学说体系当代发展的基本路径，只有在对现实的批判中，新的马克思主义才能产生出来。马克思对资本主义社会的批判是科学的、现实的、内在的批判，是价值批判与科学批判的辩证统一。马克思的批判精神，是科学揭示当前思想理论界存在的各种思想文化的本质的根据，是当下不断巩固马克思主义在意识形态领域的指导地位的保证。

（一）马克思学说体系批判精神在当代的回归

马克思的批判精神无疑对现当代的东西方学者有着深刻的影响，整个西方马克思主义，尤其是法兰克福学派之所以与马克思还被称为"马克思主义"，就在于他们所秉承的马克思的批判精神，在于他们对资本主义社会深层次社会矛盾的揭露和批判："西方马克思主义社会批判哲学对当代西主社会现代性问题的研究，主要体现在他们对当代西方社会'异化问题'、'消费主义文化问题''社会危机'问题的分析和批判上"[①]，西方马克思主义坚持以批判的态度对社会矛盾和性质加以分析，"如何看待当代西方社会的矛盾及其性质，这是当代马克思主义者面对的一个重大理论问题，西方马克思主义社会批判哲学对这个问题作了认真的探讨和分析"[②]。

后现代哲学家，结构主义大师德里达就十分重视蕴涵在马克思学说体系中的深刻批判精神，他曾公开宣称自己"挑了一个好时候向马克思致敬"，他以一种极为可贵的历史批判精神和"反潮流精神"，把马克思学说体系的批判精神界定为马克思主义的根本精神，他曾强调："不能没有马克思，没有马克思，没有对马克思的记忆，没有马克思的遗

---

① 王雨辰：《当代西方马克思主义社会批判哲学对现代性问题的研究》，《中南财经大学学报》2002 年第 4 期。

② 同上。

产，也就没有将来：无论如何得有某个马克思，得有他的才华，至少得有他的某种精神。"① 德里达所说的"某种精神"指的就是马克思的批判精神，"求助于某种马克思主义的批判精神仍然是当务之急，而且将必定是无限期地必要的。"② 很明显，这是一种极为可贵的历史批判精神和反潮流精神。

美国当代最重要、最具批判精神的马克思主义文化批评家詹姆逊也十分重视马克思的批判精神，他运用马克思学说体系的批判精神对晚期资本主义进行了深入的分析和批判，在《论现实存在的马克思主义》一文中，他在肯定晚期资本主义与以前形态的资本主义相比没有发生根本性变化的前提下，剖析了晚期资本主义的新特点，强调指出马克思学说体系的批判精神在晚期资本主义阶段中仍然是不可或缺的，它对我们分析和批判当今资本主义社会发挥着巨大的作用的重要地位："马克思主义的确是唯一一种包罗万象的移译转换的技巧或机制。"③

英国著名学者拉克劳和墨菲最早给自己的理论贴上后马克思主义的标签，指出："后马克思主义意味着仍然是马克思主义的探索，但是它加入了所有社会构造特性中的多样化方面。"④ 马克思学说体系的批判精神仍然是拉克劳、莫非等人社会评判的理论武器，他们继承了马克思与现实永不妥协的批判精神，对当代资本主义社会进行着不间断的批判。

（二）马克思的批判是现实的、科学的、内在的批判

马克思的一生，就是批判的一生，就是战斗的一生，马克思的毕生精力都运用在对资本主义的批评中。按照马克思批判所指向的对象，马克思的批判划分为理论批判和现实批判两种批判：理论批判是批判资本主义意识形态，批判资本主义哲学、政治思想和经济理论等；现实批判是批判资本主义社会政治经济现实状况。按照批判所应遵循的基本逻

---

① ［法］雅克·德里达：《马克思的幽灵》，何一译，中国人民大学出版社1999年版，第21页。

② 同上书，第122页。

③ ［美］詹明信：《晚期资本主义的文化逻辑》，生活·读书·新知三联书店1997年版，第21—22页。

④ ［英］恩斯特·拉克劳、查特尔·墨菲：《领导权与社会主义的策略》，黑龙江人民出版社2003年版，"中译者前言"第4—5页。

辑，马克思的批判可以划分为价值批判和科学批判：价值批判是指从某
种价值观出发，对资本主义社会中的异化和物化现象进行鞭挞；科学批
判则立足于无产阶级和人民群众的根本利益，从对社会生产总过程实证
的分析入手，运用唯物辩证法，揭示社会发展的基本规律，正确预测未
来社会的发展趋势。按照批判的性质归类，马克思的批判还可以划分为
政治批判和经济批判：政治批判是指对资本主义政治社会制度、资本主
义社会意识形态等作出的批判，而经济批判是对资本主义剥削进行的批
判，以及由资本主义剥削所导致的无产阶级的异化、无产阶级的贫困所
作出的批判。现实的、科学的、内在的批判是马克思学说批判精神的基
本特征。

　　第一，马克思的批判是现实的批判。马克思指出，"一切社会变迁
和政治变革的终极原因，不应当到人们的头脑中，到人们对永恒的真理
和正义日益增进的认识中去寻找，而应当到生产方式和交换方式的变更
中去寻找；不应当到有关时代的哲学中去寻找，而应当到有关时代的经
济中去寻找"①。只有在对资本主义社会生产方式深入批判的基础上，
才能完成对资产阶级意识形态的批判。第二，马克思的批判是科学的批
判，马克思是站在无产阶级立场上，与共产主义革命实践相联系的，通
过对社会现实科学实证的分析、考察，达到对资本主义社会内在发展规
律的科学认识。第三，马克思的批判是内在的批判，马克思运用辩证
法，通过研究资本主义产生、发展的客观过程，揭示资本主义的内在矛
盾和基本发展规律，从社会规律内部寻找对社会价值判断和历史判断的
标准，提出社会现实合理性和历史局限性的标准，从而对未来社会的发
展趋势展开预测。

　　马克思批判对象是客观的社会存在，核心是人类的生产实践和阶级
斗争实践，最终的目标是通过革命的实践变革世界，消灭不合理的社会
制度，从而推动社会的全面进步和人的自由全面发展。

　　马克思学说体系的批判精神永远是马克思学说体系科学性和革命性
的保证：马克思的批判精神包括两个方面：面向人类的实践领域，对人
的生存状态和生存方式进行反思和批判与理论的"自我反思"和"自
我批判"精神。批判精神使马克思学说体系在当代乃至未来都具有强大

---

　　① 《马克思恩格斯选集》第 3 卷，人民出版社 1995 年版，第 741 页。

的生命力。

任何理论都是时代的产物，都是一定历史发展阶段的产物，都要受到该历史时期政治、经济、文化、社会等各个方面发展水平的制约，任何超时代、超历史的理论都是不可能存在的，所谓的"永恒真理"必将在时代前进的脚步中被抛弃。要想成为真正的哲学，就必须回答自己时代的重大理论和现实问题，就必须把自己时代的迫切问题作为思考的聚焦点。马克思学说体系是"自己的时代、自己的人民的产物"，是"同自己时代的现实接触并相互作用"的学说体系，把人民所关切的时代性问题升华为"时代精神的精华"，就是马克思学说体系的当代性课题。马克思学说体系自身的内在要求和当代中国发展的实际需要是马克思学说体系当代性的根本原因。

结　语

　　马克思学说是一个恢弘的科学体系，本书通过对马克思等经典作家文本的研读以及对国际的、国内的关于马克思学说以及马克思学说体系有深刻影响的、有独到见解的学术著作、学术论文的参考和借鉴，通过从这一体系的逻辑结构、内容结构以及这一科学体系的当代性等视角对这一科学体进行学术梳理，基本厘清了马克思学说体系的逻辑结构，厘清了马克思学说体系的逻辑主线，厘清了马克思学说体系展开的内在动力，厘清了马克思学说体系的生成方式，对于马克思学说体系的逻辑起点、逻辑终点以及逻辑中介，对马克思学说体系的共时性结构以及历时态结构，对马克思学说体系的整体性、层次性、结构性等做了深入的探索，并从西方哲学的历史演进中寻找马克思学说体系的历史地位，发掘马克思学说体系的主体本体论，从而在最根本层面上找到了马克思学说这一人的解放的科学体系的理论支撑，使马克思学说体系的科学性和价值性都得以确立。但笔者也深知，马克思学说体系是一个有着丰富内涵的逻辑严整的壮丽的科学体系，对于这一科学体系，远远不是几本书，几篇论文就能揭示其全貌的，本书从上述几个视角对马克思学说体系的发掘也只是窥视了这一庞大体系的冰山一角，要真正完整地解剖这一科学体系，远远不是读博士期间的短短的几年工夫就的能完成的任务，在读期间只是在对马克思学说体系的探索道路上找到了一个通往该理论体系心脏的入口，也使我倍增了探索马克思学说体系的理论兴趣，在此后的研究中，将继续以对马克思学说体系的深入探索为己任，并在对马克思学说体系的深刻认识的基础上，构想马克思学说体系的当代形态。

　　马克思学说体系埋藏着无尽的宝藏，这是西方哲学对 19 世纪西方经济社会的反思，是人类文明在 19 世纪结成的硕果。马克思的人文关怀，时至今日仍然是照亮全世界的光芒，马克思的批判精神，仍然是世界的哲学化的动力，马克思的共产主义理想，也将永远成为人类的共同理想，成为现实社会检讨自身，祛除自身弊病的参照系。

马克思学说体系从诞生那天起就面对着挑战，这些挑战是多方面的，有来自马克思学说体系自身的问题，也有来自共产主义实践中出现的新情况、新问题对马克思学说体系科学性的质疑，还有来自当代西方哲学文化思潮对马克思学说体系的诘难。总之，时至今日，马克思学说体系的当代性受到广泛质疑。我们究竟是要"告别马克思"，还是要"回到马克思"？是"历史的终结"，还是"马克思是我们的同代人"？如何捍卫马克思学说体系的科学性和当代性，是当代马克思主义工作者们所肩负的历史使命。

我们坚信马克思学说体系是科学的，马克思学说体系永远是批判现实世界锐利的思想武器——这绝不是独断，这是从马克思学说体系自身的本性中生发出的结论。马克思学说体系的主题、马克思学说体系的基本精神、马克思学说体系的生成法则是马克思学说体系在场性的根本保证。马克思学说体系在场性的三大法宝是人的解放理论、批判精神和辩证法。

附录 1

马克思学说与孔子儒学体系
结构的异同及其相融性分析

逻辑起点、逻辑终点和逻辑中介是一门科学理论体系的基本元素。从逻辑起点出发，经过逻辑中介演绎，最终到达这门学说的逻辑终点，形成这门学说体系的基本结构。马克思学说与孔子儒学体系都是从人出发，分别从"现实的人"和"仁"出发，以"政治经济批判"和"伦理批判"，以及"革命的实践"和"道德实践"作为逻辑中介，各自成就了"全面发展的人"和"仁人"这一理想人格，从而走进了价值理想相近的逻辑终点"共产主义"和"大同世界"。马克思学说和孔子儒学体系基本元素、体系结构和价值取向的趋同性，决定了二者可融合的基本特性，二者的可融性成为马克思主义与中国文化相结合的内在根据。

马克思主义是社会主义核心价值体系的指导思想，孔子的儒学体系是社会主义核心价值民族精神的重要内容。关于马克思学说与孔子儒学体系结构的异同及其相融性的分析，对社会主义核心价值建设具有深刻意义。通过对马克思学说体系与孔子儒学体系逻辑起点、逻辑中介和逻辑终点的建构，我们可以把握其核心内容和本质特征。马克思学说体系和孔子的儒学体系分别从"现实的人"和"仁"出发，以"政治经济批判"和"伦理批判"，以及"革命的实践"和"道德实践"为逻辑中介，并最终达到人的全面提升的逻辑终点——"全面发展的人"和"仁人"，从而构筑了未来社会的内在本质。具有相近价值理想的"共产主义"和"大同世界"不仅是两个理论体系的逻辑终点，而且是两个学说体系的社会批判与社会变革的实践归宿。马克思学说和孔子儒学体系基本元素、体系结构和价值取向的趋同性，决定了二者可融合的基本特性，二者的可融性成为马克思主义与中国传统文化相结合的内在根据。

一　作为马克思学说体系逻辑起点的"现实的人"和作为孔子儒学体系逻辑起点的"仁"是人的属性的不同侧面

　　马克思学说与孔子儒学体系的形成，都首先确定一个最基本的范畴作为逻辑起点。对人的生存境遇的关注是一切哲学的出发点，马克思、孔子也不例外，他们从对人类历史活动的动因分析中，找到了打入其哲学批判的楔子。马克思从人类活动的客观结构——一切社会关系的总和来描述和揭示人类历史活动的动因，从而找到了跟哲学史上所不同的人类实践活动根据的唯物主义解释，表现出了跟孔子研究所不同的逻辑起点，其逻辑起点构筑结果也有差别。马克思从"现实的人"出发，确立"现实的人是马克思学说体系的逻辑起点"[1]。孔子儒学是从人的"仁"出发构筑"仁学"体系，"仁"是儒学体系的逻辑起点。

　　马克思从青年时期就开始了对"现实的人"的探索，早在写作《博士论文》（《德谟克利特和伊壁鸠鲁的自然哲学的差别》）时期，马克思就从对伊壁鸠鲁与德谟克利特的自然哲学的差别入手，分析个体冲破必然性，争取个性解放来力图构筑其逻辑起点，但这时的马克思只是从黑格尔哲学出发对人类社会的唯心主义解释，还没有从社会关系、社会实践的角度来理解。在《1844 年经济学哲学手稿》中，马克思从人的异化出发，展开对资本主义的批判，但这时的马克思并没有形成自己关于人的本质的理解，他只是搬用了费尔巴哈的类本质，是在对人的本质的无批判的预设——悬设有一个未异化的真正人的本质——前提下，揭露资本主义悖逆人性的实质，建构资本主义批判理论。在《黑格尔法哲学批判中》，马克思也是从抽象人的本质出发批判宗教、批判普鲁士社会。从《关于费尔巴哈的提纲》开始，马克思以人的社会关系来理解人的本质，指出"人的本质并不是单个人所固有的抽象物，在其现实性上，它是一切社会关系的总和"[2]。社会关系是人的本质的对象化，

---

① 王清涛：《论马克思学说的逻辑起点、逻辑终点及其中介》，《前沿》2010 年第 5 期。
② 《马克思恩格斯文集》第 1 卷，人民出版社 2009 年版，第 501 页。

是人本质的物化形式。在《德意志意识形态》中，马克思指出，人类历史的前提是一切现实的人，他们的物质生产和生活条件。要改变人的解放，就必须改变现实的客观存在和社会制度。马克思认为，整个资本主义社会关系只是人本质的否定形式。"现实的人"是人寻求解放的冲动与现实的社会关系的总和之间的矛盾统一体，正是两者之间的矛盾才是人类历史发展的根本动力，也是马克思学说展开的逻辑根据。于是，"现实的人"成了马克思学说的逻辑起点。马克思放弃了传统的抽象人的本质的建构理路和费尔巴哈的类本质思想，从社会关系切入人的本质的建构——由于社会关系的客观属性——为人的本质奠定了坚实的唯物主义基础，从而，马克思把自己的哲学同一切旧哲学划清了界限，同时也为整个马克思学说的唯物主义属性和其逻辑展开确立了逻辑起点。

孔子从"仁"出发，把"仁"作为儒学体系的逻辑起点。"仁"是儒家学说的基石，是儒学的核心和根本。"仁"的意思不是指个体的人，而是众人，孔子总是力图从人与人的相互关系中来揭示仁的内在涵义：其一，孔子强调人的自我人格地位，强调人与人的交互主体性，自我的主体定位是在肯定他人的人格地位的基础上产生的，主体的人格地位是确立在对象人格地位的确立之中的；从实践角度来说，个体的自我实现也只能存在于他者的自我实现之中，所以孔子说"己欲立而立人，己欲达而达人"（《论语·雍也》），要求自己欲立欲达的事，也要尊重别人有立、有达的权利和愿望。孔子也从否定方面，划定了个体行为合法性疆界："己所不欲，勿施于人"（《论语·颜渊》），从而确立其忠恕之道。其二，孔子在"仁"的基础上确立了人本质理论。孔子认为仁义是人的本性，"仁"就是人们之间的亲善关系，仁就是爱人，樊迟向孔子问仁，子曰："爱人。"（《论语·颜渊》）欲达至仁的境界，成就仁人，需要"弟子入则孝，出则悌，谨而信，泛爱众，而亲仁"（《论语·学而》）。其三，孔子之"仁"是万物一体，天德人德合一，"天生德于予"（《论语·述而》）。孔子按照推己及人的逻辑，从两人一体推演至家庭、社会一体，并由内而外，由人及天，开出万物一体，天人合一的路数。孔子在《中庸》开篇处便讲："天命之谓性；率性之谓道；修道之谓教"，打通了天人相通的内在逻辑。其四，孔子之"仁"是爱和担当。孔子把"仁"定义为"爱人"，具有仁爱之心之人才是"君子"。当我们面对这个世界的时候，只有爱和担当，才能至善至仁。孔

子借尧之口，道出天命思想，但天命还需人来担责："咨！尔舜！天之历数在尔躬。"（《论语·尧曰》）

在《论语》中有一百多个"仁"字，孔子通过"仁"的论述来解析人与人的关系、人的真实本质。孔子是从人出发来建构其儒学体系的，但作为儒学体系逻辑起点的人只是抽象人的心性，这种抽象的心性被孔子作了单向度的理解，并以之来表征、概括和约束人的本性，继而以之取代人的本性，这个本性就是"仁"。马克思在其论著中也力图从人的社会关系中建构人的本质。马克思的"现实的人"，内在地包含着"人的本质与现实的社会关系总和之间的矛盾"，这一矛盾相互对立、相互统一，成为推动马克思学说逻辑展开的内驱力，构成了马克思学说展开的内在动力，同时，也正是这一矛盾在实践世界中成为推动社会运动的根本动力。

二　马克思和孔子分别以积极入世的"革命的实践"和"道德实践"为中介展开其学说体系

马克思和孔子学说体系的逻辑中介包含两个层次，在批判阶段，马克思通过政治经济批判中展开其唯物史观，孔子则是在伦理批判中开显内圣之道；在实践层面，马克思在"革命的实践"中发现唯物史观的科学性及其根基，孔子则在积极入世的"道德实践"中推行圣人之治。

（一）马克思不妥协的"政治经济批判"和孔子崇尚周礼的"伦理批判"

马克思是在对唯心主义、旧唯物主义以及它们的不同表现形式进行了彻底的批判中发现唯物史观的。正是在次第展开的逻辑批判中，马克思揭开了笼罩在人的本质之上的重重迷雾，最终从现实的社会关系来解读人的本质，并赋予人的本质以现实的唯物主义元素，使马克思的人学真正奠定在唯物史观基础上。

马克思的批判分为哲学批判和政治经济批判两个时期，马克思的哲学批判，以人本质批判、宗教批判以及意识形态批判等形式展开，在《博士论文》中，马克思批判必然性，强调人的本质是"自我意识"；

在《〈黑格尔法哲学批判〉导言》中，对宗教的本质做了彻底的揭露和批判，阐明"人是人的最高本质"；在《1844 年经济学哲学手稿》中对异化劳动进行了集中批判，强调"人的本质是自由自觉的活动"；在《神圣家族》中对青年黑格尔派主观唯心主义的批判，指出人的本质是"历史中行动的人"；在《关于费尔巴哈的提纲》中批判旧唯物主义，从社会关系的总和中发掘人的本质，确立了人的本质的唯物主义根基；在《德意志意识形态》中批判旧的意识形态，确立"现实的人"为其学说的逻辑起点。

马克思的经济批判凝结在其鸿篇巨制《资本论》之中，但在马克思的哲学批判著作《关于费尔巴哈的提纲》《德意志意识形态》《共产党宣言》《〈政治经济学批判〉导言》中，也不乏经济批判着力执笔。马克思致力于揭示资本主义生产方式中劳动和资本的对立："现代资本主义生产方式是以两个社会阶级的存在为前提的，一方面是资本家，他们占有生产资料和生活资料；另一方面是无产者，他们被排除于这种占有之外而仅有一种商品即自己的劳动力可以出卖，因此他们不得不出卖这种劳动力以占有生活资料。"① 资本的逻辑必然指向资本主义行将消亡的历史性。马克思以政治经济批判为其社会批判的核心内容，政治经济批判最终成为马克思通往共产主义的现实道路的入口。此后，马克思运用唯物史观，在《哥达纲领批判》中，剖析工人阶级的历史境遇："雇佣工人只有为资本家（因而也为同资本家一起分享剩余价值的人）白白地劳动一定的时间，才被允许为维持自己的生活而劳动，就是说，才被允许生存"②，分析、批判资本主义的基本矛盾，指明无产阶级的革命道路，揭示人类历史的发展规律，揭示资本主义必然灭亡和社会主义必然胜利的历史必然性。

孔子生活在春秋末年，诸侯争霸，战争纷起，社会处于新旧交替的大变革时期。为了实现社会的稳定，人民的安居乐业，他提出了"仁、义、礼、智、信"为核心内容的伦理道德思想。孔子正处于天下无道之期："天下有道，则礼乐征伐自天子出；天下无道，则礼乐征伐自诸侯出……天下有道，则政不在大夫；天下有道，则庶人不议。"（《论语·

---

① 《马克思恩格斯文集》第 3 卷，人民出版社 2009 年版，第 460 页。
② 同上书，第 441 页。

季氏》）孔子崇尚周礼，"郁郁乎文哉，吾从周"（《论语·八佾》）。周礼是孔子道德批判的武器，他认为要实现"礼治"，首先要求统治者能以德治国，施以仁政，以仁德教化百姓，提高老百姓的道德境界："人而不仁，如礼何？人而不仁，如乐何？"（《论语·八佾》），再就是希望君子要积极出仕，治国平天下，《中庸》第二十章中说君子"凡为天下国家有九经，曰：修身也、尊贤也、亲亲也、敬大臣也、体群臣也、子庶民也、来百工也、柔远人也、怀诸侯也"。孔子的理想是推行孝悌之礼治国："所谓平天下在治其国者：上老老，而民兴孝；上长长，而民兴弟；上恤孤，而民不倍。是以君子有 絜之道也。"（《大学》）孔子用"仁"来规范道德的标准，提出了以君臣、父子为核心的五伦思想："齐景公问政于孔子。孔子对曰：'君君，臣臣，父父，子子。'"（《论语·颜渊》）；孔子对君王的独断专行、不人道的人殉陪葬、不赡养孝悌的行为等进行抨击，从伦理批判出发，对当时没落的道德予以无情批判，但伦理批判并不是孔子批判的最终目的，孔子以伦理批判为名，行社会批判乃至政治批判之实，矛头直指摧残人性的社会制度，为他提出理想社会构想进行了理论铺垫。

（二）马克思批判资本主义的"革命的实践"和孔子积极入世的"道德实践"

《德意志意识形态》一书阐明，唯物史观发端于人的物质生产活动的，唯物史观中的人是"现实的人"，这种现实性的根本特征就是实践性，指"从事活动的，进行物质生产的，因而是在一定的物质的、不受他们任意支配的界限、前提和条件下活动着的"① 现实的人，这些"现实的人"的解放，"实践的唯物主义者即共产主义者来说，全部问题都在于使现存世界革命化，实际地反对并改变现存的事物"②。无产阶级要解决现存的社会关系和现存的生产力之间的矛盾，消灭社会分工，只有通过革命的实践实现自己的解放。实践是人本质的表现形式，实践分为必然性的实践和革命的实践两种形式，必然性的实践是人丧失其本质的过程，在这种实践中，无产阶级变成资本的牺牲品："对于无产阶级

---

① 《马克思恩格斯选集》第 1 卷，人民出版社 1995 年版，第 72 页。
② 同上书，第 75 页。

来说，他们自身的生活条件，即劳动，以及当代社会的全部生存条件都已变成一种偶然的东西，单个无产者是无法加以控制的……单个无产者的个性和强加于他的生活条件即劳动之间的矛盾……他早年就成为牺牲品"①；"他们同生产力并同他们自身的存在还保持着的唯一联系，即劳动，在他们那里已经失去了任何自主活动的假象，而且只能用摧残生命的方式来维持他们的生命。"② 而革命的实践则是人的本质得以实现的过程，革命的实践必须消灭其生存方式，"无产者，为了实现自己的个性，就应当消灭他们迄今为止的社会的生存条件，即消灭劳动"③。必然性的实践塑造的只能是"现实的人"，而革命的实践的目的则是"全面发展的人"。"革命的实践向上贯通于人的本质，向下贯通于人的解放与人的全面发展，能够贯通马克思学说的逻辑起点与逻辑终点的实践只能是革命的实践。"④

从孔子的论述中，我们可以将他的道德实践归结为三个方面：一是内圣外王之道，他希望个人能加强道德修养，"克己复礼为仁。一日克己复礼，天下归仁焉。为仁由己，而由人乎哉？"（《论语·颜渊》）只要把个体塑造为君子、圣人，国家自然能够维持治国安民的良好秩序。二是极力推广由内及外，由己而安百姓的道德秩序："子路问君子。子曰：'修己以敬。'曰：'如斯而已乎？'曰：'修己以安人。'曰：'如斯而已乎？'曰：'修己以安百姓。修己以安百姓，尧舜其犹病诸！'"（《论语·宪问》）三是用"仁义礼教"来约束社会道德："道之以政，齐之以刑，民免而无耻；道之以德，齐之以礼，有耻且格。"（《论语·为政》）"仁"是孔子儒学体系的逻辑起点，是孔子伦理道德批判的最基本道德标准，也是孔子道德实践的原点。他将人的本性定义为"仁"，用"礼"来服务于"仁"，主张"克己复礼"，极力推行周朝的礼仪制度来缓和社会冲突，恢复安定的社会局面。"礼"是孔子道德实践的具体原则，他希望人们能将"礼"作为人与人相处的修身准则，用礼来约束自己的行为，做到以礼待人。孔子通过对道德的批判和约束以期达到对社会政治的批判和对社会秩序的维持的目的，是入世的道德

---

① 《马克思恩格斯文集》第 1 卷，人民出版社 2009 年版，第 572 页。
② 同上书，第 580 页。
③ 同上书，第 573 页。
④ 王清涛：《论马克思学说的逻辑起点、逻辑终点及其中介》，《前沿》2010 年第 5 期。

实践观。

三　作为马克思学说体系逻辑终点的"共产主义"和作为孔子儒学体系逻辑终点的"大同世界"是人类终极价值诉求的不同表达

孔子儒学体系的逻辑终点有着"内圣外王"的双重意蕴，其互为表里又一体不二，内圣是外王的根据，外王是内圣的存在方式。与孔子逻辑终点的内圣外王的理想人格相类似，马克思学说体系的逻辑终点，也有向内塑造自身，向外推动世界革命化的两个向度。在向内诉求上，孔子要仁者爱人，仁者有不忍人之心，这仁心即人的本性，人的本心，这也是孔子的理想人格，而马克思则是要实现人本质的复归，是还原人的真实本质而不是被异化了的人；在向往诉求上，孔子以"仁人"结成"大同世界"，而马克思则通过无产阶级对人类史前时期的终结而达到共产主义。于是，在内在诉求维度上，"全面发展的人"是马克思学说的逻辑终点，"仁人"是儒家学说的逻辑终点；在向外拓展维度上，"共产主义"是马克思学说的逻辑终点，而"大同世界"则是儒家学说的逻辑终点。

（一）逻辑终点的内在向度：马克思学说体系"全面发展的人"和孔子儒学体系的"仁人"

从内在角度来说，马克思学说指向"全面发展的人"。马克思从人的异化展开对资本主义的社会批判，而社会批判的结论当然是人的本质的复归，人对其本质的全面占有就是"全面发展的人"，这种"全面发展的人"同时也是"自由的人"。人的解放是马克思全部学说的最终目的，是马克思的理论旨归，是唯物史观的现实指向。人的解放的最终形式是人对人自身的本质的全面占有，这种人本质的全面复归即"全面发展的人"。"全面发展的人"离不开"自由"，只有具备"全面发展"和"自由"的双重属性，这样的个体才能作为人类理想社会的承担者。应该说，维护自由是近代哲学的使命，马克思以人的解放为其价值目标，从而实现了哲学从自由叙事到解放叙事的转向，但马克思并没有把"解放"跟"自由"割裂开来，而是把"解放"作为"自由"的条件，

"自由"成了马克思学说的落脚点，只有"解放"才能"自由"，只有解放的人才能达成"自由人的联合体"。现实的人和全面发展的人分别作为马克思学说的逻辑起点和逻辑终点，二者的辩证统一决定了马克思学说体系的逻辑周延性。"作为逻辑起点的人是尚未展开的、尚未实现的人，作为逻辑终点的全面发展的人则是完成了的人，是人的本质全面复归了的人，是人的本质属性全面展开并最终实现了的人。"①

　　"仁人"是孔子儒学体系的逻辑终点的实质内涵，是孔子儒学体系的内圣之道，是孔子儒学体系逻辑终点的内在要求。在孔子看来，作为一个人，就是要成就一个人，而所成就的人就是仁人，杀身也要成仁，仁人是孔子的理想人格。孔子的理想人格具有层次性，最基本的现实的层次是"君子"，在君子之上是"圣人"。君子是孔子对理想人格的普遍要求，"圣人"则是孔子最高的理想人格境界。但作为圣人的理想人格与君子相比缺乏现实性，所以"尧舜其犹病诸"（《论语·雍也》），"圣人，吾不得而见之矣；得见君子，斯可矣"（《论语·子罕》）。从"仁"到"仁人"，两者之间具有内在的辩证统一性。孔子从"仁"作为人性的理想要求出发，通过对人性的分析，从抽象到具体，打通了从人性到理想人格的道路，最后到达"仁人"。作为孔子儒学体系的逻辑终点的"仁人"同作为其逻辑起点之"仁"是相互照应的，统一的，应该说，作为逻辑起点之"仁"是抽象的，是人的属性的多个可能性的一种形式，承载着孔子对人的希冀；而"仁人"既是孔子理想人格的实现形式，又是现实中的具体之人，只是这个人是合乎孔子理想规范的人，或者从另一方面来说，是对抽象的"仁"赋予了客观的"肉身"，是抽象"仁"的外化、对象化，也就是说，"仁"还只是抽象的道德律令阶段，处于实践理性阶段，而"仁人"则是道德律令的主体，这个道德律令主体——"仁人"首先是孔子道德教化的结果，但更重要的则是，"仁人"是维系理想社会的实践主体："君子之德风，小人之德草。草上之风，必偃。"（《论语·颜渊》）

---

　　① 王清涛：《实践是贯通马克思学说逻辑起点、终点的中介》，《社科纵横》2010 年第 2 期。

（二）逻辑终点的社会实现：马克思学说体系的"共产主义"和孔子儒学体系的"大同世界"

在马克思那里，"共产主义"是"现实的人"的革命的实践的逻辑结论，反过来说，"共产主义"则构成着"全面发展的人"的活动形式；与此相对应，在孔子儒学体系中，"大同世界"是"仁人"德行的逻辑结论，"大同世界"是"仁人"的活动形式。

共产主义，在理论上，是抽象的人类精神的合理化，是社会批判的最终结论；在现实中，是人类实践活动的革命化，是改造世界的必然结果。马克思的共产主义不仅仅是理论的演绎、是人类历史发展规律的逻辑结论，从根本上来说更是当时无产阶级革命运动的必然趋势，是人类的解放实践的最终归宿。共产主义是人的自我实现的形式，在《德意志意识形态》中，马克思从无产者对生产力总和的占有上界定共产主义："只有完全失去了整个自主活动的现代无产者，才能够实现自己的充分的、不再受限制的自主活动，这种自主活动就是对生产力总和的占有以及由此而来的才能总和的发挥。"① 无产者的占有并不是个体的，"占有只有通过联合才能实现，由于无产阶级本身所固有的本性，这种联合又只能是普遍性的"②。在共产主义阶段，自主劳动同物质生活的一致，构成自我发展的条件，"只有在这个阶段上，自主活动才同物质生活一致起来，而这又是同各个人向完全的个人的发展以及一切自发性的消除相适应的。同样，劳动向自主活动的转化，同过去受制约的交往向个人本身的交往的转化，也是相互适应的"③。在《共产党宣言》中，马克思则把共产主义表述为"代替那存在着阶级和阶级对立的资产阶级旧社会的，将是这样一个联合体，在那里，每个人的自由发展是一切人的自由发展的条件"④。在《资本论》中，马克思则指出共产主义社会是比资本主义社会"更高级的、以每个人的全面而自由的发展为基本原则的社会形式"⑤。

孔子憧憬文武盛世，提出"大同世界"的政治理想，"大道之行

---

① 《马克思恩格斯文集》第 1 卷，人民出版社 2009 年版，第 581 页。
② 同上。
③ 同上书，第 582 页。
④ 《马克思恩格斯文集》第 2 卷，人民出版社 2009 年版，第 50 页。
⑤ 《马克思恩格斯选集》第 2 卷，人民出版社 1995 年版，第 239 页。

也，天下为公，选贤与能，讲信修睦。故人不独亲其亲，不独子其子，使老有所终，壮有所用，幼有所长，鳏、寡、孤、独、废疾者皆有所养，男有分，女有归。货恶其弃于地也，不必藏于己；力恶其不出于身也，不必为己。是故谋闭而不兴，盗窃乱贼而不作，故外户而不闭，是谓大同"（《礼记·礼运》）。孔子大同世界政治理想的基本特点是：大道畅行，"天下为公"，生产资源共有，人们没有等级差别，平等和谐相处，没有阴谋欺诈，没有盗窃祸乱，老幼各得其所，各有所养，各有所依。孔子在设计大同世界时候，没有撇下其伦理秩序安排，君君臣臣、父父子子是孔子理想的社会秩序，是他推行内圣外王之道的必然归宿。从孔子的大同世界与伦理秩序安排的共融来推论，孔子所主张的君臣父子，其核心在秩序而不在等级，重人伦物理而不在于把社会分割为对立的部分，所以孔子的君臣父子，重在正名，孔子最为担心的就是"名不正，则言不顺；言不顺，则事不成；事不成，则礼乐不兴；礼乐不兴，则刑罚不中；刑罚不中，则民无所措手足。故君子名之必可言也，言之必可行也"（《论语·子路》）。显然，孔子的"大同世界"只是他对传说中的原始社会的安乐景象的理想化图解，不是对现实世界批判的结论，而只是用假象的过去对未来的理想社会的描绘，尽管他栖栖惶惶奔波十四年，"克己复礼为仁"（《论语·颜渊》），希冀回到充满温情的礼乐社会，但最终还是无果而终，但他知其不可而为之的决绝傲气怎不令人叹惋。

四 马克思学说与孔子儒学体系的相融性对当代中国文化建设的启示

儒家学说与马克思学说都是诞生在社会剧烈变革、动荡的社会历史转型时期。孔子生活在春秋之末，时值封建社会形态行将取代奴隶社会形态，诸侯割据，社会动荡，作为天下之主的周天子已名存实亡。当是时也，诸侯争雄，"礼崩乐坏"、"天下无道"、社会处于大混乱、大变革之中。马克思处在资本主义生产方式经过急风暴雨式的快速发展已经确立但各方面还不够成熟，种种矛盾已经开始大面积暴露但社会还没有采取相应的应对办法，整个社会急剧动荡不安："资产阶级在它已经取得了统治的地方把一切封建的、宗法的和田园诗般的关系都破坏了。……一切社会状况不停地动荡……一切等级的和固定的东西都烟消云散了，一切神圣的东西都被亵渎了"①。

尽管孔子和马克思所处的历史时代不同，但社会剧烈变化、旧有的社会秩序被打破，人们生活在动荡不安中，却是孔子和马克思所处的社会历史背景的共同特性。正是对生存于其中的腐朽没落的政治伦理批判，孔子和马克思才找到了解决时代问题的出路。孔子从伦理批判入手展开他的批判实践的，同时孔子把儒家的仁政当作对政治活动的价值判断标准，于是政治实践就变成了一种道德实践，孔子的伦理批判当然也就成了政治批判。批判同样是马克思发现共产主义社会理想的入口，在批判中马克思厘清了人类历史发展道路，指明了人类未来社会发展方向，规划了未来共产主义社会的基本内涵，并且从在对资本主义理论批判的分析中，找到了物质批判的现实路径。

马克思学说体系与孔子的儒学体系的相融性突出表现在以下三个方面：

第一，马克思与孔子共同的价值立场是马克思学说体系与孔子儒学体系相融性的根本前提。中国有句古话，说"道不同不相为谋"，正因为孔子和马克思都是站在反思人类苦难，构筑理想社会，为灾难深重的民众谋取出路的立场上，才使得马克思学说体系与孔子的儒学体系取得了共同的价值取向而走到了一起。对人的关怀是马克思学说体系的出发点和立足点，马克思学说体系的价值性、正当性也正是以此为基础。马克思是通过对犹太人的苦难的关怀中进而生发出对无产阶级、对整个人类苦难的关怀的，正是以为马克思对人类生存境遇的深度审视，才促使马克思发现了无产阶级被异化的生存状态，继而发现了唯物史观，并在唯物史观基础上，找到了人类苦难的根源——来自自然的压迫和来自人对人的压迫，于是，马克思找到了人的解放现实的道路，并以唯物史观为理论工具对人类解放道路作了不懈探索，最终找到了人类解放道路的目标——共产主义。应该说，马克思学说就是解放学说，尽管在后现代那里所谓的"解放叙事"被解构，但马克思站在无产阶级立场上，他的人类解放思想成为了现代性精神的基本内容，是整个 20 世纪世界无产阶级斗争及民族解放运动的内在精神。

---

① 《马克思恩格斯文集》第 2 卷，人民出版社 2009 年版，第 33—35 页。

　　和马克思相同，孔子儒学体系也是建构在人性关怀基础之上的。呈现在孔子面前的是春秋之末乱象丛生的世道，对礼崩乐坏给民众带来的深重灾难孔子有切肤之痛，为此，孔子力图推行他的仁、礼体系，挽救衰微的周王室，重建礼乐社会，后学者据此判定孔子图谋恢复周礼，是走回头路，但这多是对孔子的误解。欧洲的文艺复兴运动的出发点也是对古希腊文明的复兴，有哪位学者会天真地把文艺复兴运动看作历史的倒退呢？孔子假借复兴周礼之名，倡导他的仁、礼主张，解决现实的民众生存困境是其要旨，而是否恢复周礼，也许只是一个幌子。在对春秋之末的社会批判上，孔子无疑站在了平民视角——因为孔子本身就是平民，在周游列国，推行其仁礼之治的道路上，孔子颠沛流离，衣不蔽体食不果腹，四处行乞，八方碰壁，其弟子颜回贫困而死无疑也是对孔子心灵深深的刺痛。孔子的经历，他的所见所闻，无不加深了他对底层民众苦难的体会，强化了他解民于水火的信心，使得人性关怀成为孔子儒学体系的重要维度。

　　第二，马克思学说体系与孔子儒学体系的相融性根源于他们对辩证法的坚持。无疑，马克思的全部学说是建立在辩证法的基础之上的，马克思学说就是从"现实的人"出发，以"现实的人"为逻辑起点而展开的辩证运动，马克思学说的逻辑展开过程体现为马克思学说的哲学批判和政治经济批判，体现为马克思学说的革命的实践运动，也最终逻辑的走向了人的自由和全面发展，从而达至共产主义这一人类的最终理想。这一学说自身的正反合的逻辑展开就是一个辩证运动过程，这一辩证运动过程同人类历史的辩证过程是相符合，相一致的，马克思学说是人类历史辩证过程的精神形式，人类历史是马克思学说逻辑体系的活的内容。辩证法的科学性是马克思学说体系科学性的必要条件。马克思学说体系的辩证法本质在历时态维度中呈现为正反合的大圆圈，而在共时态维度中则表现为马克思主义不妥协的批判精神，可以说，批判精神是马克思主义哲学的基本精神，正是马克思对批判精神的彻底的坚持，才使马克思发现了资本主义历史性的秘密，最终发现了两个必然和两个绝不会的历史铁律，为无产阶级革命事业的胜利确立了信仰基础。

　　孔子虽然没有关于辩证法思想的理论表述，但孔子儒学体系中也总是闪耀着辩证法的理性之光，承载着素朴辩证法的思维方式。批判是辩证法的基本属性，事物正是在批判中向对立面运动，也在向对立面运动——自我被非我所否定，自我同非我对立统一的斗争中，事物实现发展。孔子儒学体系正是坚持了批判这一辩证法的基本原则，力图批判当时道德沦丧、礼崩乐坏的社会现实，来实现推动社会历史的发展与进步的梦想，也正是在批判中，孔子的儒学体系得以展开，并逻辑地发展到了它的最终形态："仁人"理想人格的成就和"大同世界"理想社会的构筑。孔子儒学体系虽然贯彻着批判精神，但是，却不能将孔子的儒学体系归类于批判理论，批判只是孔子儒学体系的一个向度，是孔子儒学体系的生成理路，从根本上来说，孔子儒学体系是要维护既有的社会结构，孔子的批判只是致力于社会结构的合理化，而不是革命的变化。另外，孔子批判的出发点是"仁"、"礼"，作为抽象的人性之"仁"和作为"仁"的社会化形式之"礼"，因其对人性的误解和跟社会现实的割裂而使得孔子之批判软弱无力，丧失了批判效力，所构筑的"大同世界"也成为空中楼阁，满街都是圣人的政治理想也变成了神话。但是，批判无疑成为孔子儒学体系的基本原则，批判是孔子儒学体系的逻辑展开形式和生成理路。正是孔子这种对辩证法的无意中的坚持与马克思达成了方法论的一致性。

第三，马克思学说体系与孔子儒学体系相融合的根据还在于马克思和孔子的人性力量的光辉。马克思是一个伟人，这个伟人总是在不断的成长之中。还在马克思的中学毕业论文：《青年在选择职业时的考虑》中，马克思就立志"选择最能为人类福利而劳动的职业"，他确立了这样的信仰，"在选择职业时，我们应该遵循的主要指针是人类的幸福和我们自身的完美"，马克思的一生就是要为人类的事业奋斗的一生，"为了克尽职守而牺牲自己幸福的思想激励着我们不顾体弱去努力工作"。事实上，马克思的人生历程正是他青年时候理想的真实写照。马克思的人性魅力还体现在他与恩格斯的友谊上，马克思和恩格斯的友谊是人类友谊的典范。从1842年马克思和恩格斯第一次会晤起，40年里，马克思和恩格斯团结作战，患难与共，在领导国际共产主义运动的伟大斗争中，建立了真挚的友谊。他们之间的革命友谊，正如列宁所赞扬的，"超过了古人关于友谊的一切最动人的传说"，马克思恩格斯之间的由于成为人类友谊的动人的佳话。《德意志意识形态》、《共产党宣言》等，两位巨人友谊的结晶，就是马克思的鸿篇巨制《资本论》也渗透着恩格斯的汗水。

孔子是一位圣人。"为天地立心，为生民立命，为往圣继绝学，为万世开太平"无疑是大儒张载对孔子的人生概括。孔子致力于开拓"此地古称佛国，满街都是圣人"太平盛世，力图成就个体的理想人格，他在"亟拯斯民于水火，切扶大厦之将倾"艰难求索中，孔子首先成就了自己的道德人格，他集华夏上古文化之大成，于在世时就已被誉为"天纵之圣"、"天之木铎"，成为春秋之末最博学者之一；孔子集学问和道德人格于一身，被后世尊为"至圣先师"、"万世师表"，荣"天不生仲尼，万古如长夜"之盛誉而当之无愧。正是在人格力量上，马克思和孔子跨越千年时空比肩齐声，在伦敦同被评为对人类文明最有影响力的千年伟人，伟人和圣人的共同之处在于对人类文明的贡献，在此，马克思学说体系和孔子儒学体系是相通的。

马克思学说与孔子的儒学体系都以人为逻辑起点，以"现实的人"作为逻辑起点的"人学"和以"仁"作为逻辑起点的"仁学"跨越时空，以善的、积极向上的入世之精神遥相呼应，分别构筑理想社会的共同主题，但二者在科学性上还是有着巨大差别的。马克思学说诞生于19 世纪中叶，当时人类已经完成了第一次全球化，人类历史已经进入现代社会，马克思学说更是以现代自然科学为基础，批判地继承了人类历史上的积极、文明成果；但儒家学说创生的土壤却是古代社会，虽然当时中国文化出现了第一次大繁荣，这种繁荣甚至被称作中国文化的"轴心时代"①，但"当时世界文明还处在不同的孤岛之中，相互之间缺乏交流与沟通，农耕技术文明和文化继承都很有限，尤其是儒家学说缺乏现代科学体系建构的技术性手段，如科学体系建构和赖以存在的基本方法——辩证法，都是儒学所不具备的。这些因素使孔子的儒家学说的科学性大打折扣"②。时代的差异与文化基础的不同决定了孔子儒学体系与马克思学说的科学性的差别，但儒家学说在科学性上的缺憾并不影响马克思学说与儒家文化的融合，不会成为马克思主义与中国传统文化相结合的梗阻，相反，孔子的儒学体系因为具有着跟马克思学说所共同的人文精神，强烈的社会批判使命和对理想社会构筑价值诉求，从而铸

---

① ［德］卡尔·雅斯贝斯：《卡尔·雅斯贝尔斯文集》，朱更生译，青海人民出版社 2003年版，第 132 页。

② 王清涛：《试论孔子儒学体系的逻辑起点、逻辑中介与逻辑终点》，《管子学刊》2012年第 3 期。

就了两大显学的内在一致性，成为马克思主义与中国文化相融性的内在根据。

文化建设是中国特色社会主义事业的重要内容，是中国特色社会主义建设总体布局的重要组成部分，中国特色社会主义新文化建设必须以马克思主义为指导，以中国文化为根基，要建设这样一种新文化必须推动马克思主义与中国文化的深度结合；建设中国特色社会主义新文化还是一个马克思主义中国化、时代化和大众化的过程，马克思主义"中国化不仅包括实践诠释，也包括文化解读"①，这种文化解读之要就是正确处理马克思主义与中国传统文化的结合问题。

马克思学说体系与孔子儒学体系的相融性对中国文化建设有深刻启示：

第一，马克思学说体系与孔子儒学体系的相融性对于社会主义核心价值体系建设具有深刻意义。党的十六届六中全会提出建立社会主义核心价值体系建设的历史任务，要建构科学严整的社会主义核心价值体系，必须奠定马克思主义与中国传统文化相融性的基础。马克思主义是我们所要构建的社会主义核心价值体系的灵魂，中国文化是这个体系的土壤和根本，离开了马克思主义的理论指导，社会主义核心价值体系建设将迷失方向，失去了中国传统文化的丰富的价值资源，社会主义核心价值体系建设将没有根基。社会主义核心价值体系建设的基本要求就是马克思主义与中国传统文化的融合，只是这种融合是以马克思主义为指导。本文尝试论证了马克思主义的基本内核——马克思学说体系与中国传统文化的基本内核——孔子儒学体系相融合的可能性，从而为确立马克思主义与中国传统文化融合的可能性奠定了坚实的基础，为在马克思主义与中国传统文化融合语境中的社会主义核心价值体系建设开辟了道路。社会主义核心价值体系的建构将以科学的马克思主义基本理论与中国传统文化的优秀成分相融合、交汇，从而建构21世纪中国人民新型的核心价值体系。

第二，马克思主义与中国传统文化的融合为构建社会主义新型道德提供了可能。马克思主义在走进中国之初，很快被当时先进的知识分子

---

① 郭建宁：《当代中国化马克思主义研究的几个前沿问题》，《理论视野》2011年第2期。

和中国先进阶层所接受，并成为他们的价值观念和革命的指导思想，也正是在马克思主义科学理论的指导下，中国人民才取得了反对帝国主义、封建主义和官僚资本主义的胜利，中国人民在政治上获得了独立和解放，马克思主义成为新中国占统治地位的意识形态。传统的中国人的道德原则是以儒家价值观念的"修齐治平"为坐标的价值系统，马克思主义作为政治意识形态转化为人民大众的道德自觉和道德意识需要一个漫长的过程，新中国成立后，马克思主义的道德形态的生成并未伴随马克思主义中国化取得相应的成就，马克思主义的道德形态的实现是落后于马克思主义中国化的历史进程的。但马克思主义中国化作为一个艰巨的历史任务和漫长的历史过程，其根本地位的确立却有赖于他的道德形态的普遍化。马克思主义只有在道德层面上转变为民众的日常行为准则，转变为民众的道德意识和道德自觉，马克思主义中国化才取得其最基础的根基，马克思主义中国化才能呈现为一种完成了的形态。马克思主义在中国要取得它的道德形式有两个路径，一是马克思主义作为一种独立的价值判断在其大众化过程中，内生性地从其自身开显出基本的道德原则，变成民众的安心立命之地；二是马克思主义与中国传统文化相结合，马克思主义的基本价值判断与中国传统文化的道德原则相融合，而构筑新型的社会主义道德基础。作为中国传统文化核心的儒家思想——尤其是其道德原则——其中的很多优秀成分在当下仍有其现实的根据，具有合理性的，马克思学说体系与孔子儒学体系的相融性判断使得马克思主义价值观同中国传统文化的优秀道德成分的结合成为可能，当代的中国国民道德体系建设，就应当以马克思主义为根本指导原则，充分挖掘中国传统道德中尤其是儒家文化中的优秀成分与合理要素，并使二者相融合，从而建立马克思主义基本原则指导下的具有中国文化传统的优秀道德体系。

　　第三，马克思主义与中国传统文化的结合将开辟 21 世纪中国文化的新形态。当前，中西马对话是中国文化建设中的热点，在对话中，有学者提出"马魂、中体、西用"，有学者提出"中西马综合创新"等等，我看都有其合理性根据，但这种中西马的结合要以解决中西马融合的可能性为前提，只有中西马融合是可能的，才能在融合的基础上谈"中西马的综合创新"。本文探索了中马融合的可能，也为以马克思主义为灵魂充分吸收中国传统文化合理元素的中国当代文化建设开辟了道路。马克思主义不仅在同中国文化日渐融合，同时，马克思主义也成为世界文化的重要元素。尽管在 20 世纪 90 年代，伴随着苏东剧变，马克思主义的科学性遭到质疑，以至于弗朗西斯·福山出版《历史的终结和最后之人》来指认马克思主义行将终结，但马克思主义的生命力并没有因福山而一语成谶，中国改革开放举世瞩目的成就无疑成为马克思主义生生不息的雄辩，倒是雅克·德里达选择了"在最恰当的时机向马克思敬礼"，马克思的精神在全球化的浪潮中已经成为世界性话语。马克思主义与世界各个国家的文化交流是一个历史性潮流，这个潮流不可阻止，不可逆转，德里达在其著作《马克思的幽灵》一书中发掘出了马克思的幽灵已经渗透到人类文化的各个侧面，马克思的精神是人类文明挥之不去的——有人将其比作福音，有人将其比作梦魇，总之，马克思的精神已经不仅仅是镶嵌在社会主义国家意识形态上的标签，而是与各个国家的文化水乳交融——不是整合——而是融合在一起，并且，马克思主义基本精神也成为各个国家文化价值的构成要素之一，当下，诸如"资本""剥削""剩余价值""资产阶级"等富于马克思主义批判色彩的核心概念，已不独是社会主义国家的意识形态范畴，不唯西方左派哲学批判、文化批判、伦理批判的工具，而是日渐变成世界性的语言，资产阶级的学者、政要也成为马克思批判概念的使用者和传播者，甚至可以说是不自觉地认同了——如果说他们不是认同了就是盗窃了马克思主义的一些普适性价值。马克思主义已然成为照亮世界精神的光源。

本文通过对中国文化之内核——孔子的儒学体系与马克思主义的核心内容——马克思学说之精髓的剖析，从价值论向度上揭示了二者的可融性本质，为推动当代中国文化建设和发展开拓了可能性空间。

附录2

也论当代中国学术话语
体系的自主建构

当下中国正经历深刻的社会转型，这样一场重大的、历史性的转变正在努力寻找一种理论表述。这种理论表述的冲动就是当代中国学术话语体系自主建构的内在动力。新中国成立以来，中国学术话语体系的自主性历经了一个丧失与重建的过程，市民社会与政治国家的分离是其自主性丧失与重建的内在根据。当代中国学术话语体系自主性的重建不仅限于对中国社会现实的揭示，其深层含义在于：中国学术话语体系是一个自觉自为的主体，其自主性重建过程就是其自我扬弃的过程，在自我批判中实现统一的主体—客体。

近年来，"中国学术话语体系的建构"已成为一项重要的学术议题。不同的学者有不同的认识，可以说，仁者见仁、智者见智。就当代中国学术话语体系的建构问题，涉及的主要内容是当代中国学术话语体系之"实体性"内容的自主建构，也就是这种建构的可能性及其自主性丧失与重建的前提与理路。对此，本文力图回答：当代中国学术话语体系自主性丧失与重建的过程与根源，以及当代中国学术话语体系"实体性"内容生成的内在理路。

一　中国学术话语体系自主性丧失与重建的过程

要解答中国学术话语体系的当代建构，首先必须对"中国学术"的指称予以界定，按照"第三届中国社会科学前沿论坛"（2009 年 9 月，西安）、"第四届中国社会科学前沿论坛"（2010 年 8 月，伊春）的主旨，当代中国学术并非传统意义上的认识论上的统一体，中国学术话语体系的当代建构当指当代中国人文社会科学话语体系的自主建构，这里的社会科学应该是指除去自然科学之外的全部知识体系，"两种文化"理论有助于澄清社会科学的疆界："社会科学的历史建构是在有'两种文化'存在的历史背景下形成的。"①

要解答中国学术话语体系的当代建构，还需要厘定"当代"中国的历史起点，史学界把 1840 年第一次鸦片战争—1919 年五四运动作为中国近代史，把 1919—1949 年作为中国现代史，把 1949 年至今作为中国当代史，这对中国"当代"的起始点做出了权威的、为公众认可的指认。按照这一历史分期，当代中国学术话语体系的自主性历经了一个从丧失到重建的历史过程。但当下中国学界把 1979 年作为中国"当代"历史起始点的学者也大有人在，中国当代史与中国改革开放史在时间上是重合的，于是，在"当代"，中国学术话语体系就是一个自主性重建的过程。本文按照后一种界定来使用"当代"范畴。

以上两个问题的澄清是探讨中国学术话语体系的当代建构的基本前提。

（一）中国学术话语体系自主性的丧失

我们要探讨中国学术话语体系的当代建构，必须把它放在新中国成立 60 年尤其是改革开放 30 年中国社会历史的深刻变化中去讨论，而要剖析中国学术话语体系与之所赖以产生的社会历史背景的关系，核心问题是剖析中国学术话语体系同政治话语体系的关系，这也是本文所重点解决的难题之一。

新中国成立后，中国学术话语体系历经了一个自主性丧失与重建的过程。这一历史过程可以通过一些标志性的事件进行划分。

1956 年，中国社会主义改造基本完成，以及 1958 年的"大跃进"和人民公社化运动是中国学术话语体系自主性丧失的历史前提。

学术话语体系自主性的丧失还有一个明晰的历史关节点，这一历史关节点跟"百花齐放，百家争鸣"的方针（双百方针）和随后"反右"运动相统一。1956 年 4 月 25 日，毛泽东在中国共产党中央政治局扩大会议上作了《论十大关系》的讲话，提出了"百花齐放，百家争鸣"

---

① ［美］伊曼纽尔·沃勒斯坦：《知识的不确定性》，王昺等译，郝名玮校，山东大学出版社 2006 年版，第 9 页。

的方针（双百方针）。1957 年 5 月 1 日，《人民日报》刊载了中共中央在 4 月 27 日发出的《关于整风运动的指示》，决定在全党开展以反对官僚主义、宗派主义和主观主义为内容的整风运动，号召党外人士"鸣放"，鼓励群众提出自己的想法、意见，也可以给共产党和政府提意见，帮助共产党整风。于是各界人士，主要是知识分子们，开始向党和政府表达不满或建议改进。新闻界也跟进，刊出各种声音。这段时期被称为"大鸣大放"。这是中国学术话语自主性彰显的爆发期。

但 1957 年 5 月 15 日，毛泽东撰文《事情正在起变化》，6 月 8 日的《人民日报》发表社论《这是为什么?》，提示人们"少数的右派分子在'帮助共产党整风'的名义之下，企图乘机把共产党和工人阶级打翻，把社会主义的伟大事业打翻"，同日，中共中央发出《关于组织力量准备反击右派分子进攻的指示》，从此，开始了大规模的反击右派的斗争，大多数右派分子遭受长达 20 多年的歧视和迫害，尤其是在"文革"期间再次遭到猛烈冲击，给党和国家造成严重损失。

反右开始，中国知识分子集体噤声，中国学术话语体系自主性彻底丧失，学术话语体系淹没在政治话语体系当中，整个中国只有一套话语体系——政治话语体系，政治话语成为中国人的唯一话语。

（二）当代中国学术话语体系自主性的重建

学术话语体系自主性的确立是学术话语体系当代建构的自为过程。新中国成立后，中国学术话语体系自主性的丧失缘于学术话语体系与政治话语体系的合一，并且学术话语体系最终淹没在政治话语体系当中，因此当代中国学术话语体系自主性重建的路径就是学术话语体系同政治话语体系相分离。当代中国学术话语体系的自主建构之本质并不是学术话语体系同政治话语体系的分离，但在形式与建构历程中，却表现为二者的分离。

学术话语体系跟政治话语体系的分离是与二者的重合正相反的过程。

学术话语体系与政治话语体系相分离的历史前提是农村经济体制改革和城市经济体制改革。1978 年 12 月党的十一届三中全会揭开了社会主义改革开放的序幕。农村家庭联产承包责任制确立，城市经济体制改革，确立社会主义市场经济体制。可以说，所有制改革是学术话语体系自主性确立的内在根据，而社会主义市场经济的建设是学术话语体系与政治话语体系相分离并且学术话语体系自主性最终确立的基本逻辑。

以上分析了学术话语体系自主性建构的社会历史前提，而学术话语体系自主性建构的内在机理是：真理标准大讨论、异化和人道主义大讨论使学术话语体系的独立性逐步彰显，学术话语体系与政治话语体系出现分离，而清除"精神污染"运动及其失败则成为学术话语体系与政治话语体系相分离的关节点。

真理标准大讨论带来思想大解放，是当代中国学术话语体系自主性建构的序幕。真理标准问题大讨论是针对两个凡是提出的思想讨论，实质上是"文化大革命"路线和实施经济建设的改革开放路线的较量。1978 年 5 月 11 日，《实践是检验真理的唯一标准》的公开发表在全国引起强烈的反响，由此引发了一场思想解放的大讨论，并揭开了中国学术话语体系的当代建构的序幕。学术话语体系的基本品质就是求真，而真理标准大讨论正是解决了真理标准问题。

中国学术界在 20 世纪 80 年代初展开了关于"人道社会主义"的大讨论，这是真理标准大讨论的继续和深化。这次争论发生在 20 世纪 70 年代末、80 年代初，1983 年 3 月 7 日，周扬在马克思逝世一百周年学术报告会（中央党校礼堂）作题为《关于马克思主义理论的几个理论问题的探讨》的报告，把异化和人道主义大讨论推向顶峰，3 月 16 日，周扬的报告全文在《人民日报》发表。大讨论一直延续到 1984 年，1984 年初胡乔木发表的《关于人道主义和异化问题》一文以及中央为这篇文章在全国学术界组织的学习活动为这次争论画上了句号。

异化和人道主义大讨论是导致中央决定"清除精神污染"运动的原因之一。但反精神污染扩大化，就危及改革和开放。后来，胡耀邦召集人民日报社、新华社、广播电视部的领导人谈话。谈了他对"清除精神污染"不宜扩大化的看法，从此以后，报纸上就很少出现"清除精神污染"的文字了。这场来势很猛的斗争就这样悄悄地结束了。

清除精神污染是当代中国学术话语体系同政治话语体系最终分离的历史关节点，清除精神污染及其失败使中国学术话语体系真正走上了自主建构的道路。"20 世纪 70 年代末围绕朦胧诗、人性和异化、社会主义商品经济等问题，文学界和哲学社会科学界的分歧已尖锐地呈现，到1981 年批判电影《苦恋》和 1983 年清除'精神污染'，新旧知识界营垒分明，裂痕已无法弥合。"① 新旧知识分子相分离的实质是学术话语体系同政治话语体系的分离："阵营的一方，是忠诚于国家体制、以正统的马列毛为理论资源的知识分子，也就是一般所谓的'老左派'；另一方，是以自由、民主等为诉求的知识分子，形成了所谓的启蒙知识界。"② 通常所说的"老左派"没有从政治话语体系中获得新生，仍然是政治话语体系的一部分；而"以自由、民主等为诉求的知识分子，形成了所谓的启蒙知识界"，成为独立于政治话语体系的学术话语体系的代表。

二　当代中国学术话语体系自主性丧失与重建的内在机理

学术话语体系自主性丧失与重建寓于学术话语体系同政治话语体系的重合与分离的过程中，而学术话语体系同政治话语体系的重合与分离的本质是民间话语体系同政治话语体系重合与分离。学术话语体系从属于民间话语体系，因此，学术话语体系同政治话语体系的重合与分离的内在理路只能到民间话语体系同政治话语体系的重合与分离的根据中去寻找。

（一）市民社会与政治国家的重合是民间话语体系同政治话语体系重合的前提

按照马克思市民社会与政治国家理论，新中国成立之后，中国社会历经了市民社会与政治国家的重合与分离的过程，市民社会与政治国家的重合与分离的内在根据是私人利益的丧失与重新确立。

什么是市民社会？什么是政治国家？"市民社会是对私人活动领域的抽象，它是与作为公共领域的抽象的政治社会相对应的。"在马克思看来，在社会利益体系分化为私人利益与公共利益两大相对独立的体系之后，"整个社会就分裂为市民社会和政治社会两个领域。前者是特殊

---

①　公羊编：《思潮：中国"新左派"及其影响》，中国社会科学出版社 2003 年版，"序言"第 1 页。

②　同上书，"序言"第 1 页。

的私人利益关系的总和，后者则是普遍的公共利益关系的总和。"①

从私人利益和阶级利益产生之后，社会就分裂为市民社会和政治国家两大领域，但市民社会和政治国家这种在逻辑上的分离并不必然带来它们在现实中的分离，"恰恰相反，在前资本主义的中世纪社会中，政治国家与市民社会在现实中是重合的。那时，国家从市民社会中夺走了全部权力，整个社会生活高度政治化，政治权力的影响无所不及，政治国家与市民社会之间不存在明确的边限，政治等级与市民等级合而为一，市民社会淹没于政治国家之中"②。

市民社会与政治国家在现实中的分离是资本主义市场经济的必然产物，"市场经济的内在要求是，私人的物质生产、交换、消费活动摆脱政府的家长式干预，成为在政治领域之外的纯经济活动"③。市场经济的这种内在规定必然要求通过资产阶级的政治革命，推翻封建的政治国家的统治，实现市民社会与政治社会的真正分离。

在马克思看来，市民社会与政治国家是一对历史的范畴，市民社会与政治国家一样，都是社会分裂为阶级的产物，"是一种以阶级和阶级利益的存在为前提的历史现象。在无阶级的原始社会没有市民社会，在阶级消失的共产主义社会也将不复存在市民社会"④。从历史的逻辑来说，政治国家与市民社会要历经一个从重合到分离再到重合的过程。

按照马克思的市民社会理论，中国历史上在资产阶级民主革命之前，是政治国家与市民社会的重合时期，而在资产阶级革命革命后，中国发展了资本主义经济，基本完成了市民社会与政治国家的分离。在市民社会与政治国家相分离的条件下，作为市民社会自我意识的民间话语体系与作为政治国家自我意识的政治话语体系是相互分立的。而新中国成立后，通过社会主义改造和人民公社化运动，国家对生产资料和生活资料的垄断，斩断了市民社会的基础——私人利益关系，于是市民社会的独立性彻底丧失，市民社会与政治国家重合，二者的重合导致中国总体性社会的形成。这种社会结构最终使民间话语体系同政治话语体系重合。建立在市民社会独立性基础上的民间话语体系的独立性彻底丧失，

---

① 俞可平：《马克思的市民社会理论及其历史地位》，《中国社会科学》1993 年第 4 期。
② 同上。
③ 同上。
④ 同上。

作为民间话语体系的精致部分的学术话语体系的自主性自然不复存在，学术话语体系淹没在政治话语体系之中。

总体性社会的社会结构分化程度很低，"国家对经济以及各种社会资源实行全面的垄断，政治、经济、意识形态三个中心高度重叠，国家政权对社会进行全面控制"①。于是，代表政治、意识形态的政治国家和代表私人利益的市民社会完全统一，这种统一的形式就是总体性社会，而政治国家话语即政治话语，以及市民社会话语即民间话语重合，学术话语体系自然淹没在政治话语体系之中。

由此看来，学术话语体系自主性丧失的路径是：私人利益的丧失——市民社会的独立地位丧失——私人话语领域独立性的丧失——民间话语系统独立性的丧失——学术话语体系自主性丧失。

（二）市民社会与政治国家的分离是民间话语体系同政治话语体系分离的前提

中国30年改革开放的历史进程就是市民社会与政治国家再度分离的过程。市场逻辑对总体性社会的消解：

1978年开始的经济体制改革触及中国总体性社会体制，"在农村随着人民公社制度的终结，市场的逻辑开始全面替代总体性社会中革命的逻辑"②。一方面，是农村联产承包责任制的实施，使生产资料在形式上属于农民个体所支配；另一方面，由于市场因素的出现并逐渐壮大，市场开始成为配置各种社会资源的主要渠道。在市场化条件下，农民可以自由地通过各种方式从市场当中得到资源的分配，在自然空间和社会空间当中也基本实现了自由的流动，农民开始呈现"去组织化"、"碎片化"和"原子化"的趋势，在中国农村，总体性社会体制整体瓦解。

在城市，随着城市经济体制改革的实施和社会主义市场经济建设的全面展开，"单位制"迅速解体，工人阶级从国家主人的地位演变为企业合同制职工，工人阶级与国家的关系转变为工人同企业的关系，这种关系以合同化的格式固定下来，使整个工人阶级从国家体制中游离出来，呈现为一种"原子化个人"的状态；私营企业主们，由于所有制

---

① 王立胜：《中国农村现代化社会基础研究》，人民出版社2009年版，第86页。
② 同上书，第86—87页。

的性质决定了他们同国家的关系，于是，在中国城市中，总体性社会继农村之后瓦解。

市场经济的逻辑导致了总体性社会的瓦解。市场经济的基础和目的是私人利益关系的重建与壮大，从国家利益、集体利益中分离出来的私人利益关系的总和构成了市民社会。在市场经济条件下，市民社会不再从属于政治国家，成为独立于政治国家之外的结构体系。

市民社会从政治国家中分离出来，相伴产生的是市民社会的话语体系与政治国家的话语体系的分离。于是，作为市民社会话语体系组成部分的学术话语体系随之同政治话语体系相分离。政治话语体系中也包含学术话语体系成分，但此类"学术话语体系"仍然是政治的附庸，仍然没有脱离政治话语体系的束缚，是学术话语体系同政治话语体系相分离时没有完成分离的那部分学术话语体系，在归属上，属于政治话语体系的一部分，不属于学术话语体系范畴。当然，学术话语体系也在探讨政治问题，也为政治服务，但这种服务是从学术话语角度对政治的服务，与政治话语体系内部的学术话语在归属上是根本不同的。

学术话语体系的自主性建构的逻辑是（其重建逻辑恰恰和其丧失的逻辑相逆）：

私有制的重新确立——市场经济体制的建构——市民社会同政治国家相分离——总体性社会的瓦解——市民社会话语体系同政治国家话语体系相分离——学术话语体系同政治国家话语体系相分离并展开自主性建构。

当然，学术话语体系的自主性建构并不是学术话语体系发展的最终归宿，学术话语体系将与市民社会相伴，最后实现与政治话语体系的再度重合。"在政治国家淹没于市民社会的后资本主义时期，市民社会从政治国家中收回了本来属于自己的全部权力，全体人民都成了权力的主人，市民社会与政治国家在新的基础上再度合而为一，它们之间的分离消失了，这时，市民社会和政治国家本身作为一对历史范畴也就不复存在。"① 对此，马克思指出："在真正的民主制中政治国家就消失了。这可以说是正确的，因为在民主制中，政治国家本身，作为一个国家制

---

① 俞可平：《马克思的市民社会理论及其历史地位》，《中国社会科学》1993 年第 4 期。

度，已经不是一个整体了。"①

这将是未来的共产主义社会，政治国家与市民社会的合一，其逻辑结论必然是政治国家话语体系同市民社会话语体系的合一，并且使政治国家话语体系与市民社会话语体系在现实和逻辑中都不复存在。

三　当代中国学术话语体系"实体性"内容生成的根本理路

为了达到学术话语体系的"实体性"内容，吴晓明教授作出了两个层次的努力：

其一，吴教授引申出了当代中国学术话语体系自主建构的三个结论："第一，学术话语体系是整个地建立在'现实生活的语言'的基础之上的。"②"第二，中国学术话语体系的当代建构只有立足于我们民族自身的语言（所谓'中国语'）的基础之上，才有可能实际地开展出来并积极地被构成。"③"第三，中国学术话语体系的当代建构将表现为一项持续的任务，这项任务只有在那种唤起此议题的实体性内容本身得到充分发展，而我们的人文学术和社会科学又有能力深入到这种内容之中并开始思想时，方才有可能逐渐地完成。"④

其二，吴教授指认，中国学术话语体系之当代建构的核心之点在于揭示"社会现实"的实质：在吴教授看来，批判方法是绝对必要的，"批判"最简要、最基本的含义是："澄清前提，划定界限"，"就是不接受未经审查其前提的思想"。没有批判，就"不可能揭示当今中国的社会现实，从而便不可能再来构成真正的中国经验和中国问题"。批判是为了揭示社会现实，"无论是批判的方法本身，还是批判性的学习、研究和对话，归根到底都服从于切中社会现实这一主旨"⑤。

但吴教授到此便戛然而止，他对当代中国学术话语体系的自主建构完成了全部分析，却并未完成当代中国学术话语体系自主建构的最后

---

① 《马克思恩格斯全集》第 1 卷，第 282 页。
② 吴晓明：《论当代中国学术话语体系的自主建构》，《中国社会科学》2011 年第 2 期。
③ 同上。
④ 同上。
⑤ 同上。

的，也是最为关键的一跃——他只是"弄清楚哲学的内容如何就是世界的或者可经验的现实的内容"，而没有指认学术话语体系的自主性建构是一个自我否定的过程，是学术话语体系的自我扬弃。虽然吴教授也举起了批判的大旗，但他的批判仅仅是达到了揭示中国社会现实的层面。

吴教授没有完成最后一跃的根源在于他未深谙马克思辩证法的真谛——他虽然引述了马克思《德意志意识形态》"'精神'从一开始就很倒霉，受到物质的'纠缠'"①，但是，他没有读懂，"精神"倒霉和受到物质的"纠缠"的本意，他只是按照唯物主义的原则去理解马克思这句话的意思，给出"精神"要根源于"感性的意识"中，但他没有从辩证法的视角去理解"倒霉"和"纠缠"这两个判断，事实上，马克思在此已经指出了，现实世界的"主观精神"的境况是"倒霉"和被物质所"纠缠"，而现实世界的"主观精神"的自主性，正是要超越这种"倒霉"和被物质所"纠缠"的状况，而恰恰是这种被超越的状况，是吴教授所致力于达到的。现实世界的"主观精神"的自主性，也正是当代中国学术话语体系的自主性，这两者的自主性，只能是作为正题的现实世界的"主观精神"走向它的反题。

当代中国学术话语体系的自主建构，从内容和形式上来说，都是一种自我否定和扬弃。在内容上，中国社会实践——三十年来的改革开放，这个实践本身是批判的和否定的，是从计划经济体制走向社会主义市场经济体制，是从农业社会走向工业社会，是从封闭社会走向开放社会，是社会的根本转型，是对既有社会结构的批判和否定；同时，中国学术话语体系自主建构，在形式上是中国学术话语体系的本质——现实世界的"主观精神"，而现实世界的"主观精神"的辩证运动是一个"正"、"反"、"合"的过程。

这一主观精神是"正题"，其"反题"，才是当代中国学术话语体系自主建构的目的，自主性是对当代中国学术所摹写的，诞生于其中的社会现实的批判和否定，更是对自身的批判和否定，是一个自我扬弃的过程。

从某种视角来看，当代中国学术话语体系就是当代中国的社会意识，而当代中国学术话语体系的自主建构就是当代中国社会意识的辩证

---

① 《马克思恩格斯选集》第 1 卷，人民出版社 1995 年版，第 81 页。

法。一旦将当代中国学术话语体系的自主建构视为辩证法，当代中国学术话语体系的本质就是具体的总体的范畴，而当代中国学术话语体系自主建构的最完整的形式是高度系统的，不仅内在连贯，而且是完全的和具体的，也就是，最高的思维形式导致这样一种体系，在其中个体没有被抹杀，而是被保存着。① 如果当代中国学术话语体系中个体的存在不被抹杀，那么，当代中国学术话语体系就是一个内在矛盾体，正是这一系列内在矛盾，使当代中国学术话语体系成为一个自为的主体。

学术话语体系内在矛盾沿着两个基本维度展开：一是从革命的理想主义出发对中国问题的回应；二是针对现实问题，不得不撇开救世主义的观念，作出合乎实际的决定，而作出这样的决定时，就不得不遭遇马克思所指出的"倒霉"和被物质所"纠缠"的困境。这两者的矛盾将成为中国学术话语体系内在矛盾的主轴。在实践中，学界不得不面对实际，探寻列宁所说的"下一个环节"的解答，解答的内容，又不得不带有纯粹经验性质，而原则上正确的决定往往不能仅仅满足于对直接事态的思考。这样，"从革命的理想主义出发对中国问题的回应"同"针对现实问题，不得不撇开救世主义的观念，做出的合乎实际的决定"之间就不可避免的产生矛盾。

中国的社会意识还具有"正确的"和"虚假的"两种知性判断：社会意识一方面表现为来自社会的和历史的状况的主观上被证明的东西，表现为可以理解和必须理解的东西，因此表现为正确的社会意识，同时它又表现为某种客观上无视社会发展的东西，表现为不符合社会发展的，没有相应地表现这一发展的东西，因此，表现为"虚假的"社会意识。② 而学术话语体系自主建构的两个标杆，相应地表现为："虚假的"社会意识向"正确的"社会意识的转换，其中，转换的本质是社会意识对社会总体的把握。

中国学术话语体系是一个矛盾的统一体，是一个自为的主体，其自主性建构就必然是一个自我扬弃的过程，就是既有的矛盾统一体的自我否定，走向其对立面的过程，这个过程是通过学术话语体系的自我批判

---

① 参见卢卡奇著《历史与阶级意识》，杜章智、任立、燕宏远译，商务印书馆1999年版，译序第4页。

② 同上书，第106页。

实现的，马克思在《神圣家族》中甚至说："为了迫使理论进行自我批判而痛斥这种理论该是多么必要。"①

　　于是，中国学术话语体系自主建构的目的就是实现同一的主体—客体，就是掌握群众和被群众所掌握。在卢卡奇那里，"在《历史与阶级意识》中，这个过程表现为一种社会—历史的过程，当无产阶级在它的阶级意识中达到了这一阶段，并因而成为历史的同一的主体—客体时，上述过程也就达到了顶点"②。在马克思那里，是理论为群众所掌握和理论掌握群众："理论一经掌握群众，也会变成物质力量。理论只要说服人，就能掌握群众"，并且马克思指出，理论与群众的统一跟理论和社会现实的统一是一致的"理论只要彻底，就能说服人。所谓彻底，就是抓住事物的根本。但是，人的根本就是人本身"③。学术和群众的同一，群众在改造世界的同时改造着自身，同时学术也被改造。

　　当下中国正经历深刻的社会历史变革，中国人文—社会科学的命运不仅被置于这一命运中，同时，其自我扬弃的秉性也决定了中国学术话语体系的当代建构超越于当今中国的社会现实，成为社会发展和群众自我改造的先导。

---

　　① 《马克思恩格斯全集》第 2 卷，第 129 页。

　　② ［匈牙利］卢卡奇：《历史与阶级意识》，杜章智、任立、燕宏远译，商务印书馆 1999 年版，第 18 页。

　　③ 《马克思恩格斯选集》第 1 卷，人民出版社 1995 年版，第 9 页。

参考文献

经典著作

[1]《马克思恩格斯全集》（第1、2、3、10、11、12、13、19、21、25、30、31、32、33、44卷），人民出版社1963—2005年版。

[2]《马克思恩格斯选集》（第1—4卷），人民出版社1995年版。

[3]《列宁选集》（第1—4卷），人民出版社1995年版。

[4] 马克思：《资本论》（第1 3卷），人民出版社2004年版。

专著

[1]［古希腊］柏拉图：《理想国》，商务印书馆1986年版。

[2]［德］康德：《纯粹理性批判》，人民出版社2004年版。

[3]［德］康德：《历史理性批判文集》，商务印书馆1991年版。

[4]［德］黑格尔：《精神现象学（上、下）》，商务印书馆1979年版。

[5]［德］黑格尔：《小逻辑》，商务印书馆1980年版。

[6]［德］黑格尔：《法哲学原理》，商务印书馆1961年版。

[7]［德］费尔巴哈：《基督教的本质》，商务印书馆1984年版。

[8]［德］费尔巴哈：《费尔巴哈哲学著作选集（上、下）》，商务印书馆1984年版。

[9]［德］梅林：《论历史唯物主义》，生活·读书·新知三联书店1958年版。

[10]［匈］卢卡奇：《历史和阶级意识》，重庆出版社1989年版。

[11]［匈］卢卡奇：《关于社会存在的本体论（上、下）》，重庆出版社1993年版。

[12]［意］葛兰西：《狱中札记》，人民出版社1983年版。

[13]［意］柯尔施：《马克思主义和哲学》，重庆出版社1989年版。

［14］［德］海德格尔：《存在于时间》，陈嘉映、王庆节合译，生活·读书·新知三联书店 2006 年版。

［15］［英］马克斯·韦伯：《新教伦理与资本主义精神（全译本）》，龙婧译，群言出版社 2007 年版。

［16］［英］罗素：《西方哲学史（上、下）》，商务印书馆 2004 年版。

［17］［法］萨特：《存在主义是一种人道主义》，上海译文出版社 1988 年版。

［18］［法］阿尔都塞：《保卫马克思》，商务印书馆 1984 年版。

［19］［德］哈贝马斯：《重建历史唯物主义》，社会科学文献出版社 2000 年版。

［20］德里达：《马克思的幽灵》，中国人民大学出版社 1999 年版。

［21］［英］弗里德里希·冯·哈耶克：《通往奴役之路》，中国社会科学出版社 1997 年版。

［22］［美］罗尔斯：《正义论》，中国社会科学出版社 1988 年版。

［23］［德］赫伯特·马尔库塞：《单向度的人》，重庆出版社 1988 年版。

［24］［英］卡尔·渡普尔：《开放社会及其敌人》第 1—2 卷，中国社会科学出版社 1999 年版。

［25］［英］卡尔·波普尔：《历史决定论的贫困》，华夏出版社 1987 年版。

［26］［英］戴维·麦克莱伦：《卡尔·马克思传》，中国人民大学出版社 2005 年版。

［27］［英］伯尔基：《马克思主义的起源》，武庆、王文扬译，华东师范大学出版社 2007 年版。

［28］［英］戴维·麦克莱伦：《马克思以后的马克思主义》，中国人民大学出版社 2004 年版。

［29］衣俊卿：《20 世纪的新马克思主义》，中央编译出版社 2001 年版。

［30］何中华：《重读马克思》，山东人民出版社 2009 年版。

［31］郝敬之：《回到整体马克思》，东方出版社 2004 年版。

［32］陈必辉：《科学社会主义体系结构新论》，江西人民出版社 2003 年版。

［33］王荣栓：《重读马克思》，人民出版社 2007 年版。

［34］　任平：《当代视野中的马克思》，江苏人民出版社 2003 年版。

［35］　赖泽民：《人类历史科学原理》，中央编译出版社 2006 年版。

［36］　高放：《马克思主义与社会主义新论》，黑龙江人民出版社 2007
年版。

［37］　王东：《马克思学新奠基——马克思哲学新解读的方法论导言》，
北京大学出版社 2006 年版。

［38］　鲁路：《马克思博士论文研究》，中央编译出版社 2007 年版。

［39］　冯契：《逻辑思维的辩证法》，华东师范大学出版社 1996 年版。

［40］　张一兵：《文本的深度耕犁——西方马克思主义经典文本解读》，
中国人民大学出版社 2004 年版。

［41］　赖泽民：《人类历史科学原理》，中央编译出版社 2006 年版。

［42］　王复三、汪建主编：《马克思主义哲学史教程》，山东大学出版社
1989 年版。

［43］　陈先达：《走向历史的深处——马克思历史观研究》，上海人民出
版社 1987 年版。

后　记

　　对马克思学说体系的深入研究始于我对马克思哲学命题的困惑。作为一名教师，我给学生讲授马克思哲学，但在讲授中，有学生就马克思对人本质的定义对我提出了他的疑问：马克思用一切社会关系的总和来指示人的本质，既然人的本质即一切社会关系的总和，那马克思为什么还要号召无产阶级起来革命，起来推翻作为其本质的社会关系呢？在当时，我无法回答他的疑问，但也正是这一困惑，成为我系统阅读马克思文本的原初动力。

　　在把马克思的本真思想从遮蔽她的层层迷雾中剥离出来之后，完整的马克思逐渐在我面前呈现，或者从另一个角度来讲，也只有对马克思有一个整体的把握，才能回答我遭遇的困惑，于是，找到一个马克思的体系，成为我哲学探索的重大课题。

　　但是，马克思学说体系的建构自然是一个艰巨的工程。在沉思马克思学说体系的建构问题上，我首先碰到的困惑就是马克思的黑格尔哲学背景。我曾不得不捧起黑格尔的《小逻辑》，又不得不茫然地把它放下。所幸的是，在山东大学攻读博士学位期间，让我有机会得到周向军教授的指导，同时，也可以向山东大学的教授们请教。在修习博士课程期间，我也有幸得到了何中华、傅永军等教授的指导，这使我能够在我能力所及的范围内不断把思路引向深入。如果不是周先生和其他老师的悉心指导与启示，我也许没有足够的耐心和勇气去和马克思学说体系打交道，也许不会把马克思学说体系作为自己的研究课题。

　　在本书正式出版之前，陈先达先生、孙正聿先生都曾提出过一些宝贵意见。本书的责任编辑田文先生也为本书的出版做了许多工作。此外，在本书写作过程中，我和我的师兄弟蔡卫忠、孟宪霞和魏连等人就有关问题有过多次讨论，在这里也一并表示谢意。

最后，我还要感谢我的家人，是他们一路陪伴我走过这艰辛又充实的三年博士生生活，没有他们的鼎力支持，我不可能顺利完成论文。我的儿子王岳，现在也开启了他的大学时代，从他身上，我看出了自己读书的影子。以上这些，我希望能够通过我对本书所涉及的有关问题的真诚追问与思考来表达我的真诚谢意。

王清涛

2013 年 12 月于北京